공자와 주판

공자와 주판

초판발행일 | 2021년 12월 17일

지은이 | 최정헌
펴낸곳 | 도서출판 황금알
펴낸이 | 金永馥

주간 | 김영탁
편집실장 | 조경숙
인쇄제작 | 칼라박스
주소 | 03088 서울시 종로구 이화장2길 29-3, 104호(동숭동)
전화 | 02) 2275-9171
팩스 | 02) 2275-9172
이메일 | tibet21@hanmail.net
홈페이지 | http://goldegg21.com
출판등록 | 2003년 03월 26일 (제300-2003-230호)

값은 뒤표지에 있습니다.

ISBN 979-11-6815-011-9-03320

일본 설계자 시부사와 에이이치의 성공철학

공자와 주판

최정헌 지음

황금알

머리말

이 책의 가장 큰 특징은 성공의 근원적인 부분을 다루고 있다는 점이다. 시중에 나와 있는 성공학과 자기개발서 관련 책들은 대부분 '습관', '시간 관리', '자신감', '열정', '집중력', '목표' 등, 피상적이고 기술적인 부분만 다루고 있다. 필자도 이전부터 이에 대해 상당한 관심이 있어서 전국을 다니며 강의를 들었고, 수백 권의 책도 읽었다. 하지만 이들은 성공을 이루는 근원적인 내용이 아닌데도 불구하고 대부분 여기에 초점이 맞춰져 있었다. 그래서 필자는 이들보다 더욱 중요하고 근원적인 부분인 '인성', '도덕', '윤리', '의로움'을 내세워 '시부사와 에이이치 성공학'을 설명하고자 한다.

이것이 중요한 이유는 뿌리에서 가지가 나듯이, 근원적인 올바른 뿌리가 있어야 기술적인 부분도 제대로 빛을 발할 수 있는 것이다. 잘못된 뿌리에서는 아무리 훌륭한 기술적인 부분을 지녀도 단기간의 성공은 있을지언정, 지속 가능한 성공은 어렵다는 게 필자의 생각이다. 전 세계 3,000만 부 이상 판매된 『성공하는 사람들의 7가지 습관』의 저자 스티븐 코비도 이 부분을 지적하였다. 코비는 자신의 저서를 출판하기 전, 약 200여 년 동안 출판되었던 성공에 관한 저작물들을 모두 조사하였다. 그 결과 코비도 필자의 생각과 같았다.

그도 최근 50년간의 성공에 관한 문헌들 대부분이 필자가 언급한 피상적·기술적인 부분만 다루고 있다고 지적하였다. 코비의 주장에 따르면 제1차 세계대전을 기점으로 성공을 바라보는 기본적인 시각이 '성품 윤리'에서 '성격 윤리'로 바뀌었다고 주장한다. 그래서 이 책은 인생의 성공에 있어서 가장 근원적인 부분인 '성품 윤리'를 중심으로 설명하고 있는 점에서 다른 성공학 관련 책들과는 뚜렷한 차별성을 지니고 있다. 이 책에서 '성품 윤리'란 곧 '논어 정신'을 의미한다.

1953년 5월 29일, 당시 33세였던 에드먼드 힐러리는 '하늘 아래 가장 높은 곳'인 에베레스트(8,848m)를 등반한다. 그로부터 매년 수많은 사람이 에베레스트에 도전하지만, 정상까지 등반하는 확률은 매우 낮았다. 하지만 1987년까지는 고작 몇 명밖에 되지 않던 것이 1988년 이후부터는 매년 수십 명에서 수백 명에 이르렀고, 2009년 한 해에는 무려 465명이나 정상에 올랐다.

그 이유는 무엇일까? 아무리 등산 장비와 기술이 발달했다고 해도 이렇게 비약적으로 성공률이 오르는 것은 불가능하다. 인간의 신체 능력도 갑자기 향상되지는 않았을 건데 갑자기 높아진 성공의 비결은 무엇일까?

그 해답은 다음과 같다. 1987년까지는 베이스캠프를 2,000m 지점에 구축하는 것을 당연하게 생각하였다. 그것이 이후 많은 등반가에게 아무런 의심 없이 그 높이에 베이스캠프를 구축하는 것이 관례가 되었던 것이다. 그러나 1988년에 어느 혁신적인 등반가가 베이스캠프를 6,000m라는 높은 곳에 구축하였다. 이를 보고 많은 사람들이 한결같이 베이스캠프를 6,000m에 설치하였고, 그 사건 이후 모든 것이 바뀌었다. 베이스캠프가 2,000m에 있으면 정상까지 6,848m를 올라가야 하지만, 6,000m에 있으면 2,848m만 올라가면 되는 것이다. 즉, 기존보다 등반하는 거리가 절반 이하로 낮아진 것이다. 이처럼 정상을 향해 2,000m 지점에서 오르는 것과 최대한 체력을 비축한 뒤 6,000m 지점에서 오르는 것은 정말 엄청난 차이다. 결국, 에베레스트 등반의 높은 성공률의 비결은 바로 베이스캠프의 위치에 있었던 것이다.

그러므로 우리는 지금 당연시 생각하는 모든 것에 대해서 다시 점검해 봐야 한다. 본래 성공학에서 중요시했던 개념도 '성격 윤리'가 아니고 '성품 윤리'였고, 당연하다고 여겼던 2,000m 높이의 베이스캠프 설치도 6,000m까지 올릴 수 있었던 것처럼, 우리는 전체를 볼 수 있는 생각을 키우면서 사고를 유연하게 할 수 있어야 한다. 이러한 생각과 사고를 키우는 행위는 곧 자신만의 베이스캠프를 높이는 행위다. 우리는 기존의 베이스캠프에서 벗어나 새롭고 높은 베이스캠프를 향해 노력해야 한다. 이 책을 읽고 시부사와의 '논어와 주판정신'을 꾸준히 실천한다면, 누구나 자신만의 베이스캠프를 더욱 높은 곳에 설치할 수 있을 것이다.

일러두기
(이 책의 특징 및 알림)

1. 이 책『공자와 주판』은 필자의 박사 논문 '〈시부사와 에이이치(渋沢栄一) 연구: -『논어와 주판』의 '지(智), 정(情), 의(意)'를 중심으로 한 성공학적 요소 고찰-〉'을 취사 선택해서 정리하였고, 동서양의 철학, 경제학 등 다양한 사상들을 두루두루 담아내고자 노력하였다.

2. 왜 일본 사람을 존경하고 미화하는가에 대해 지적하는 사람이 있을지 모르겠다. 민족의 사학자 함석헌은 자신의 일본인 스승 우치무라 칸조(内村鑑三)를 매우 존경하였다. 그래서 그는 "나는 모든 것에 있어서 우치무라가 표준이다."라고 말하며, 우치무라의 정신을 계승하려고 노력하였다. 필자의 생각도 일맥상통한다. 현재 필자의 모든 것에 있어서 시부사와 에이이치가 표준이다. 일본이 우리나라에 온갖 악행과 만행을 저지른 부분에 대해서는 너무 억울하고 분하지만, 필자는 시부사와의 '논어 정신'을 계승시켜나가고 싶다. 필자에게 중요한 것은 '시부사와 에이이치'라는 인물의 철학과 행적이지 그의 국적이 아니다. 오늘날 현시점에서 유익한 것이 있다면 기존 사고를 고수하는 것보다 시대에 맞게 승화시켜야 한다.

3. 이 책은 누구나 알기 쉽게 최대한 풀어서 쓰려고 노력하였다. 논문에서 제대로 언급하지 못했던 개인적인 견해들을 많이 언급하였고, 때로는 그 견해를 더욱 확장해서 논하기도 하였다. 그래서 견강부회한 내용도 있을 것이다. 하지만 주관적인 내용을 많이 언급한 만큼 성공학과 자기계발에 관심 있는 독자들에게는 흥미로운 내용이 다분하다고 여겨진다.

4. 국내에는 시부사와 에이이치에 관한 책이 총 5권이 있다. 그중 4권은 시부사와의 저서를 번역한 책이고, 나머지 한 권은 시부사와의 인생을 단계별로 정리한 얇은 책이다. 이 책들은 시부사와 저서의 단순 번역본 또는 그의 업적과 사실적 기술만 다루었을 뿐, 저자의 독창적인 견해가 미흡하다. 그런 점에서 이 책『공자와 주판』은 국내에서 유일하게 시부사와 에이이치에 관한 독창적인 의견을 제시한 첫 책이라고 자부한다.

5. 언어는 말과 말 사이의 논리적인 구조를 중시한다. 하지만 필자의 견해는 다

르다. 필자는 논리적인 구조보다 말과 말 사이의 느낌을 더욱 중요시한다. 논문은 학위를 받기 위해 전자를 중시하면서 썼다. 그래서 책의 느낌과 울림이 다소 떨어진다. 하지만 이 책은 논리적인 것보다 느낌과 울림을 남기기 위해 노력하였다. 이 책을 처음부터 끝까지 읽을 때 저변에 깔린 필자의 생각들이 일관된 느낌으로 전달되기를 희망하며 집필하였다. 마지막 장을 넘길 때 '필자의 주장이 바로 이거구나'라는 느낌이 명확히 전달되면 좋겠다. 시간이 지나면 이 책에 담긴 내용 대부분은 기억나지 않겠지만, 이 책에 대한 여운만큼은 오래 남기를 바란다.

6. 필자는 이 책 제목 『공자와 주판』을 『왜 논어와 주판이 필요한가?』로 하고 싶었다. 『공자와 주판』이라는 제목은 시부사와 에이이치의 저서 『논어와 주판』과 비슷한 느낌이고, 필자가 전하려는 의사와도 미묘한 차이가 있었기 때문이다. 원고를 마무리하고 주위 사람들에게 조언을 구하자, 제목에 대한 의견이 분분했다. 그래서 깊은 고민 끝에 변경하였는데, 변경하고 보니 나름 간결하고 전달력이 더욱 가미된 것 같다.

7. 가독성을 위해서 참고주석을 상세하게 표시하지 않았다. 그 부분에 대해서 참고하고 싶은 독자가 있다면 필자의 졸저 논문을 참고 바란다.

8. 이 책은 '渋沢栄一(1956), 『論語と算盤』, (角川ソフィア文庫)'를 기본서로 하여 번역하였고, '渋沢栄一(訳 守屋淳, 2010), 『論語と算盤』, (ちくま新書)'와 시부사와 에이이치(옮긴이 노만수, 2009), 『논어와 주판』, (페이퍼로드)도 참고하였다. 그리고 2장 5절 〈시부사와 에이이치 명언〉'의 내용은 시부사와의 5대 후손이 직접 집필한 책 〈시부사와 켄(옮긴이 홍찬선, 2007), 『철학이 있는 부자』, (다산라이프)〉'을 많이 참조하였고, 시부사와 관련 사진은 〈시부사와 에이이치 기념재단(渋沢栄一記念財団), https://www.shibusawa.or.jp/〉'에서 도움받았다.

9. 인용문은 " "으로 표시하였고, 필자의 주장과 생각을 강조한 글은 ' '으로 표기하였다.

차 례

머리말 • 4

일러두기 • 8

프롤로그 • 13

제1장 왜 '논어'와 '주판'이 필요한가? • 19

1. 오늘날 '논어'가 필요한 이유 • 20

2. 오늘날 '주판'이 필요한 이유 • 44

3. '논어와 주판 정신'이란? • 58

제2장 시부사와 에이이치는 누구인가? • 69

1. 일본의 설계자가 있다고? • 70

2. 그의 성공철학 '지 · 정 · 의' • 86

3. 그가 말하는 성공이란? • 91

4. 남다른 그의 철학 • 97

5. 시부사와 에이이치 명언 • 106

제3장 '논어와 주판 정신'을 가져라 • 113

1. 의(義) – 의로움을 지녀라 • 116

2. 대장부 마음가짐 – 대장부의 마음가짐을 가져라 • 121

3. 천벌(天罰) – 하늘이 모든 것을 보고 있다 • 125

4. 불원천불우인(不怨天不尤人) – 모든 해답은 자기 안에 있다 • 129

5. 소사즉대사(小事卽大事) – 작은 일이 곧 큰일이다 • 131

6. 인즉보(人卽寶) – 사람이 곧 보물이다 • 135

7. 향상심(向上心) – 향상심을 지녀라 • 138

8. 긍정적이고 진취적인 마음 • 142

9. 혁명론적 인생관 – 인생의 혁명을 꿈꿔라 • 147

10. 법신(法身) – 자신의 이름을 남겨라 • 149

제4장 시부사와 에이이치 성공철학 • 153

1. 인성은 자아실현의 근본이다 • 155

2. 목표와 방향이 전부다 – '지(智, 방향성)' • 162

3. 의식판단과 감정조절이 핵심이다 – '정(情, 우수성)' • 180

4. 꾸준함으로 모든 것을 이룬다 – '의(意, 지속성)' • 200

제5장 '논어와 주판 정신'을 가진 사람들과 기업들 • 227

1. 가장 큰 영향을 준 책은 '논어'다 – 삼성 이병철 • 230

2. '보이지 않는 손'은 '논어 정신' – 애덤 스미스 • 239

3. '논어'가 지금의 나를 있게 했다 – 이나모리 가즈오 • 245

4. '논어 정신'이 전부다 – 가수 박진영 • 253

5. 행복은 '논어와 주판 정신'에 있다 – 아리스토텔레스 • 258

6. 그 외 인물과 기업들 • 264

7. '논어와 주판 정신'으로 이 세상에 당신의 흔적을 남겨라 • 271

에필로그 • 287

시부사와 에이이치 경력 및 이력 • 295

참고문헌 • 299

일문초록 • 302

프롤로그

제목: 지금 우리에게 가장 필요한 것은 '논어와 주판 정신'이다.

"'나'라는 인간을 형성하는 데 가장 큰 영향을 미친 책은 논어다."

삼성 창업자 이병철 회장의 말이다. 논어는 어떤 책일까? 왜 이런 말까지 했을까? 이유는 분명하다. 논어 정신을 가진 사람의 인생은 반드시 달라지기 때문이다.

이 책에서 말하는 '논어와 주판 정신'이란 무엇일까? 왜 논어면 논어지, '논어와 주판 정신'은 과연 무엇을 의미할까? 그 이유는 바로 일본의 근대 자본주의의 아버지로 일본을 설계하고 만든 인물인 시부사와 에이이치 때문이다. 그는 '논어와 주판 정신'을 통해 혼자서 잘 먹고 잘살고 입신양명한 사람이 아니라, 자신의 울타리를 뛰어넘어 국가와 사회를 위해 기여를 크게 한 사람이기 때문이다.

그는 노벨 평화상 후보에 2번이나 올랐다. 현대 경영학의 창시자이자 대가인 피터 드러커는 그를 통해 경영의 본질을 배웠다며 이렇게 말했다.

"시부사와는 누구보다도 먼저 경영의 본질이 책임과 신뢰란 것을 꿰뚫어 보았다."

배울 것이 있다면 어린아이에게도 배워야 한다. 하물며 이런 인물이라면 국적과 시대를 초월해서 배워야 한다. 이 책을 쓰는 이유가 바로 이것이다. 우리는 그의 '논어와 주판 정신'을 배워서 자아를 실현하고, 사회에 조금이나마 도움이 되는 가치 있는 사람이 되어야 한다. 누구나 이 책을 읽고 노력한다면 다 그렇게 될 수 있다. 그의 저서 『논어와 주판』을 수십 번 읽으면서 필자도 시부사와처럼 남들에게 크게 베풀 수 있는 위치까지 올라서는 존재가 되고 싶다고 다짐했다.

시부사와는 왜 그토록 올바름을 강조하는 '논어'를 선택했을까? 이와 관련해서 아리스토텔레스는 다음과 같이 말한 적이 있다.

"탁월한 사람이라서 올바르게 행동하는 것이 아니라 올바르게 행동하기 때문에 탁월한 사람이 되는 것이다."

결국, 올바름을 지니고 있다면 시부사와처럼 탁월한 사람이 되는 것은 당연하다는 논리가 아리스토텔레스의 주장이다. 생각이 오롯해지면 행동이 당당해진다. 행동이 당당해지면 자신감이 차고, 자신감이 차면 남들보다 앞설 수 있고, 남들보다 앞서면 결국 성공으로 이어지는 것이다.

시부사와 에이이치 성공방정식

시부사와의 성공방정식으로 다음과 같다.

성공 = 인성 × 지(방향성) × 정(우수성) × 의(지속성)

여기에서 '방향성, 우수성, 지속성'의 점수는 최소 '1'에서 최대 '100'까지다. 이 3요소를 최대치로 계산해 보면, $100 \times 100 \times 100 = 1,000,000$이다. 즉, 지금 이 사람이 가질 수 있는 성공 능력은 최대치가 1,000,000이라는 의미다.

중요한 것은 이제부터다.

시부사와는 '인성'의 점수를 1~100이 아니고, 최소 '−100'에서 최대 '100'이라고 말한다. 앞에 말한 3요소는 마이너스(−)는 없고 플러스(+)만 있었지만, 인성에는 마이너스(−)가 존재하는 것이다. 이 성공의 요소 4가지 모두를 그의 성공방정식에 적용해서 최대치와 최저치를 계산하면 다음과 같다.

> 최대치 점수 : 100,000,000 =
> 인성(100) × 방향성(100) × 우수성(100) × 지속성(100)
> 최저치 점수 : −100,000,000 =
> 인성(−100) × 방향성(100) × 우수성(100) × 지속성(100)

본문에 언급하였지만 '이나모리 가즈오의 인생 방정식'을 시부사와의 성공철학으로 응용해 보았다. 간단한 표현이지만 너무나 알기 쉽게 시부사와의 생각을 잘 표현하고 있는 것 같다.

일본의 일러스트레이터 나카무라 미츠루는 "인생은 곱셈이다. 어떤 찬스가 와도 내가 제로면 아무런 의미가 없다."라고 말했다. 그의 말처럼, 인생의 방향성을 잘 세우고 우수성과 지속성을 잘 발휘해도, 결국 '인성'이 제로거나 마이너스(−)면 전부가 제로 또는 마이너스가 되는 것이다. 인성이 마이너스면 아무리 큰 성공을 해도 의미 없다. 시부사와는 이러한 사람을 가치 없는 사람이라고 규정한다.

듀크대학의 행동경제학 댄 애리얼리(Dan Ariely) 교수는 '사람들이 결정을 내리는 순간, 그 상황에 미치는 결정적인 요소가 무엇인가?'에 관해서 많은 연구를 하였다. 그중 하나가 "도덕적 각성(Moral reminder)의 메시지가 사람들의 행동을 어떻게 변화시키는가?"이다. 그는 윤리적 도덕성이 확보된 사회일수록 대부분 사람들도 윤리적이고 올바른 행위를 한다고 주장하였다. 다시 말해 도덕적인 판단의 귀로에 서 있을 때 그 결정에 지대한 영향을 미치는 것은, 그 사람이 속해있는 사회의 윤리적 도덕성에 달려 있다는 의미이다. 그래서 그의 결론은 도덕적 각성(Moral reminder)의 메시지를 자주 접하는 환경일수록, 그 사람들은 더욱 윤리적으로 행동하고 인생에도 큰 영향을 준다는 것이다.

이 책의 목적 중 하나도 시부사와의 '논어와 주판 정신'을 통해서

'도덕적 각성'을 일깨우고 올바름과 의로운 마음을 키우기 위해서다.

이 책의 메시지는 명확하다. 정확하다. 심플하다.

"올바름이 탁월성을 만들고, 그 탁월성이 성공으로 이끈다."

이 책의 주제도 같은 맥락이다. 공자의 '논어 정신'은 '주판'에 의해서 널리 행할 수 있고, '주판'도 '논어 정신'에 의해서 더욱 완벽해진다는 내용이다. 이러한 완벽한 인생의 성공을 위해서 우리는 공자와 시부사와의 지혜를 빌려야 한다. 공자의 가르침을 깨달아서 올바른 인성을 갖추고 시부사와가 말하는 '지(智)·정(情)·의(義)'를 노력해서 실천한다면 기적과 같은 일들이 우리 앞에 펼쳐질 것이다.

정자(程子)는 다음과 같은 말을 하였다.

"논어 읽으매,
어떤 자는 읽고 나서도 전혀 아무 일이 없었던 것과도 같다.
어떤 자는 읽고 나서 그중의 한두 구절을 깨닫고 기뻐한다.
또 어떤 자는 읽고 나서 참으로 배움을 즐기는 경지에 오르는
자도 있다.
그런데 어떤 이는 읽고 나서 자기도 모르게 손으로 춤을 추고
기뻐 발을 구르는 자도 있다."

이 책을 읽고 많은 독자들이 자기도 모르게 손으로 춤을 추고 기뻐 발을 구르기를 희망한다. 이 책을 통해서 한 번뿐인 자신의 인생을 더욱 윤택하게 하고, 나아가서 이 사회에 선한 영향력을 줄 수 있는 계기가 되기를 바란다.

제1장
왜 '논어'와 '주판'이 필요한가?

1. 오늘날 '논어'가 필요한 이유

미국의 저명한 역사학자 헤어리 글레스너 크릴(Herrlee Glessner Crill)은 자신의 저서 『공자: 인간과 신화(Confucius, the Man and the Myth)』(1949)에서 공자에 대해 이렇게 말했다.

"2,500년 전 중국에서 태어난 한 사람의 일생처럼 인류 역사에 커다란 영향을 미친 예도 없을 것이다."

공자는 인간 성공의 표본이다. 초상집 개로 불리던 그가 2,500여 년이 지난 오늘날 최고의 성인으로 추앙받는 것을 보면 공자처럼 성공한 사람도 없다. 그 비결은 뭘까? 2,500여 년 전 공자라는 인물에 대해 알 수 있는 『논어』는 지금도 유용하게 사용되는 지혜의 보고다.

『논어』는 시공간을 넘어서 인간에 대한 보편적인 진리를 담고 있고, 그 진리들이 인간의 올바른 삶을 인도하기 때문에 항상 주목을 받는다. 사람에 대한 이해와 공부, 진리에 관한 깊은 탐구, 그리고 삶의 통찰력까지 가르쳐주는 공자 철학은 철저한 인간 중심의 '인본주의' 사상을 많이 내포하고 있다.

다양한 지혜가 녹아있는 『논어』는 누가 읽느냐에 따라 제각각 느낌이 다르다. 심지어 같은 사람이 읽더라도 몇 번 읽느냐에 따라 다르고, 연륜이 쌓여서 읽으면 또 달리 느껴지는 것이 『논어』의 맛이고 매력이다.

필자는 『논어』의 많은 지혜 중, 우리의 삶을 지탱해주고 자아실현에 도움이 되는 유용한 지혜 5가지만 이야기하고자 한다. 공자 사상의 지극히 일부분만 다루는 내용이지만, 오늘날 유용하게 활용할 수 있는 촌철살인의 내용을 담고 있다고 생각한다. 언급할 논어의 지혜들을 깨닫고 실천해서 체화한다면 인생에 강력한 무기가 될 것이다.

1) 논어의 지혜 5가지

(1) 첫 번째 지혜 – '의로움(義)'은 가장 강력한 무기다.

공자 사상은 대표적으로 '인(仁)'과 '호학(好學)'으로 표현한다. 하지만 필자는 인과 호학보다 '의(義)'가 공자 사상을 더욱 대표하는 상위 개념이라고 생각한다. '인의예지'라고 해서 절대로 '의'가 '인'보다 하위개념이 아니다. 오늘날 공자라는 인물을 만들어 준 근원적인 덕목은 '의(義)', 즉 '의로움'이라고 말할 수 있다.

앞서 언급했듯이 아리스토텔레스는 다음과 같은 말을 했다.

"탁월한 사람이라서 올바르게 행동하는 것이 아니라, 올바르게 행동하기 때문에 탁월한 사람이 되는 것이다."

아리스토텔레스는 인간이 탁월한 능력을 지니기 위해서는 올바른 행동이 가장 중요하다고 말한다. 즉, 탁월함의 근본이 올바름이라고 생각한 것이다. 올바르게 행동한다는 것은 단순히 바르게 행동하는 의미가 아니다. 여기는 올바름이란 자신의 말과 행동에 대해서 얼마나 떳떳한지를 말하는 것이다. 자기 생각을 불의와 타협하지 않고 끝까지 관철하는 것을 의미한다. 그래서 공자도 다음과 같이 말했다.

"사람이 살 수 있는 바탕은 정직함이다. 속이는 사람들이 사는 것은 요행이 (죽음을) 면하고 있는 것일 뿐이다."

공자의 '정직함'과 아리스토텔레스의 '올바름'은 같은 의미다. 공자는 '정직함'이 사람이 살아가는 근본 바탕이 된다고 생각하였다. 아리스토텔레스도 '올바름'이 그 사람의 근본 바탕은 물론 탁월함을 만드는 지표도 될 수 있다고 생각한 것이다. '정직함'과 '올바름'은 그 사람의 존재 자체를 결정하는 가장 근원적인 부분이라는 사실을 두 사람은 이미 간파했던 것이다.

공자는 학문을 '위기지학(爲己之學)'에서 '위성지학(爲聖之學)'으로 나아가는 돌파구로 생각했다. 즉, 공부의 목적은 자아실현을 이룸과 동시에 성인이 되는 것을 목표로 삼아야 한다는 말이다.

'위기지학'을 실현하기 위해서는 '올바름'과 '정직함'이 있어야 가능하다. 자신의 판단과 행동에 있어서 이들은 명확한 기준점이 되어 준다. 하지만 자신의 울타리를 뛰어넘어 '위성지학'과 같은 큰 자아를 실현하기 위해서는 올바름과 정직함만으로는 부족하다. 자아를 넘어서서 많은 이들에게 보편적 가치관을 심어주고, 위대한 선한 영향력을 줄 수 있는 사람이 되기 위해서는 이들뿐만 아니라 '의로움(義)'을 반드시 지녀야 한다.

'의로움'은 인간 존재의 근원이 되는 '올바름'과 '정직함'을 넘어서서, 타인과 사회 나아가 국가와 세계에 대한 헌신적인 생각을 가질 때 지닐 수 있는 덕목이다. '의로움(義)'은 '정직함'과 '올바름'을 포괄하는 개념이다. 의로우면 당연히 정직하고 올바르다. 정직하지 않고 올바르지 못하면 절대 의로울 수 없다. 의로움이 있어야 누구에게도 비굴해지지 않고 당당해질 수 있다. 의로움이 있어야 늦은 듯 보여도 크게 성공할 수 있을 뿐만 아니라, 쌓아 올린 성공과 명성도 오랫동안 유지되는 것이다.

이 '의로움'이 오늘날 공자를 만들었다고 해도 과언이 아니다. 그래서 공자는 '의'에 대해서 다음과 같이 말하였다.

"군자는 의로움을 최상으로 삼는다."

부모가 있어야 자식이 존재하듯, 뿌리가 있어야 줄기가 나온다. 공자는 인간의 근원적인 뿌리를 '의(義)'라고 생각했다. 이 '의'가 있

어야 모든 것이 의미가 있는 것이다. 많은 이들은 공자 사상에서 '인'
과 '호학'을 떠올리지만, 이것들은 '의'라는 뿌리에서 나온 줄기에 지
나지 않는다. 공자는 이 의로움을 최상으로 삼았고, 진정한 인생의
성공을 생각한다면 이 '의로움'을 꼭 갖추어야 한다고 주장한다.

영화 〈봉오동전투〉를 보면, 사마천의 『사기』를 다음과 같이 인용
한다.

> "사람은 누구나 한번 죽지만
> 어떤 죽음은 태산보다 무겁고
> 어떤 죽음은 새털보다 가볍다.
> 이는 죽음을 사용하는 방향이 다르기 때문이다."

공자의 '의(義)'를 가장 단적으로 잘 표현하는 내용이다. 위에 내
용처럼 '의'를 생각하는 사람은 새털보다 가벼운 죽음을 생각하지 않
고, 태산보다 무거운 죽음에 대해서 항상 고민한다. 태산보다 무거
우므로 인생에서 가장 근원적인 근본이 될 수 있다. 논어에 "덕불고
필유린(德不孤必有隣)"이라는 말이 있다. '덕이 있으면 고독하지 않
고, 반드시 이웃이 있다.'라는 의미인데, 여기에서 '덕(德)'이라 추상
적인 의미를 지닌 '덕'이 아니다. 정직함과 올바름으로 무장된 의로
움을 지닌 '덕'이다. 이 '덕'은 '의로움'을 기반으로 하므로 외롭지 않
고 항상 이웃이 있는 것이다.

2,500년 전에 살았던 공자에게 가장 큰 무기는 '의로움(義)'이

었다. 그는 이것으로 불의와 절대 타협하지 않았고, 이것으로 그의 일생을 관철해 나갔으며, 이것을 중심으로 자신의 꿈을 이루려고 노력하였다. 즉 그에게 있어 가장 강력한 무기는 '의로움'이었던 것이다. 이 '의(義)'에 대한 공자의 마음가짐은 오늘날뿐만 아니라, 앞으로도 영원히 통용될 수 있는 천고 불변의 진리라는 사실을 절대 잊으면 안 된다.

(2) 두 번째 지혜 – 낮은 처세는 모든 것을 이루게 해 준다.
노자 『도덕경』 「8장」을 보면 다음과 같다.

"가장 좋은 것은 물과 같다.
물은 만물을 이롭게 하고 다투지 않는다.
뭇 사람들이 싫어하는 낮은 곳에 처하기를 좋아한다.
그러므로 도에 가깝다.
살 때는 낮은 땅에 처하기를 잘하고,
마음 쓸 때는 그윽한 마음가짐을 잘하고,
벗을 사귈 때는 어질기를 잘하고,
말할 때는 믿음직하기를 잘하고,
다스릴 때는 질서 있게 하기를 잘하고,
일할 때는 능력 있기를 잘하고,
움직일 때는 바른 때를 타기를 잘한다.
대저 오로지 다투지 아니하니 허물이 없어라."

필자가 좋아하는 "상선약수(上善若水)"장 이다. 노자는 상징적으로 '물'을 많이 비유한다. 물은 항상 자신을 낮추면서 만물을 이롭게 한다. 물은 흐르다가 큰 돌이 있으면 부딪히지 않고 옆으로 비키면서 다투지도 않는다. 다들 싫어하는 더러운 곳도 깨끗이 치우기도 하고 항상 자신을 겸허하게 낮춘다.

이처럼 인생을 물처럼 살면 하찮고 비굴해 보일지 모르지만, 물은 모든 만물을 이롭게 하는 절대적인 힘을 가지고 있다. 그래서 노자는 '물(水)'을 '도(道)'에 가깝다고 말한 것이다.

공자도 '물'처럼 항상 자신의 자세를 낮추면서 행동하였다. 『논어』 「공야장」에 보면 다음과 같은 내용이 있다.

"공자가 제자 자공에게 '너와 회(안연) 가운데 누가 더 훌륭하냐?'라고 하시자, '제가 어떻게 감히 회와 비교하겠습니까? 회는 하나를 들으면 그것으로 미루어 열을 알고 저는 하나를 들으면 그것으로 미루어 둘을 압니다'라고 대답했다. 공자께서 말씀하셨다. '그만 못하다. 너와 나는 그만 못하다.'"

공자는 제자 자공에게 제자 안연은 자신보다 더 뛰어나다고 말하며 자신을 낮추었다. 그리고 "가난하면서 원망하지 않기 어렵고, 부유하면서 교만하지 않기 어렵다(貧而無怨難, 富而無驕易)."라고 말하며, 가난할수록 불평하지 말고 부유할수록 겸손해야 한다고 지적하였다. 게다가 공자는 매사에 "아랫사람에게 묻는 것을 부끄러워하지 않았다(不恥下問)."라는 사실도 우리는 잘 알고 있다. 이렇게 솔직하고 인간적인 공자의 모습을 본 제자들은 이러한 점 때문에 그를 더욱 존경하였다.

많은 것을 배우고 얻기 위해서는 자신보다 못한 사람일지라도 자존심 따위를 생각해서는 안 된다. 자존심을 생각하는 것은 그만큼 자신을 낮출 수 없다는 의미이고, 그만큼 자신의 성장 가능성이 더욱 줄어든다는 의미이다.

이와 관련해서 노자는 다음과 같이 말한다.

"강과 바다가 모든 계곡의 왕이 될 수 있는 까닭은
스스로를 잘 낮추기 때문이다. 그래서 모든 계곡의 왕이 되는 것이다.
사람들 위에 있고자 한다면 반드시 낮은 자세로 대해야 한다."

능력 있는 매는 발톱을 감춘다. 당시 최고의 지식인이었던 공자도 자신을 그렇게 낮춘 이유가 노자의 '물의 철학'처럼 자신을 낮출수록 자신에게 더욱 도움이 된다는 진실을 간파했기 때문이다. 겸손한 사람에게는 적이 없다. 노자의 '물'처럼 겸손하게 처세를 낮추면 낮출수록 만물이 모여드는 게 세상 이치다. 그래서 성공할수록 겸손해야 한다. 그렇지 않으면 한꺼번에 잃을 수 있다. 인생의 성공을 위해서는 공자처럼 처세를 낮추는 것도 하나의 무기라는 사실을 절대 잊으면 안 된다.

(3) 세 번째 지혜 – 배우고 생각하며 항상 '아웃풋'을 고민하라.

공자는 "열 집이 모여 사는 마을에도 반드시 나만큼 충신 한 사람은 있겠지만, 나처럼 배우기를 좋아하는 사람은 보지 못했다."라고 말하였다. 이처럼 공자는 평생을 끊임없이 공부를 즐겨 한 사람이다. 그래서 공자 사상을 대표하는 의미로 '호학(好學)'을 자주 표현한다.

인간의 성장에 있어서 가장 확실한 방법은 '호학'보다 좋은 것은 없다. 학문을 좋아해야 많은 것을 흡수할 수 있다. 많은 것을 흡수해야 남들보다 앞서갈 수 있으며, 앞서야 의미 있는 인생이 될 확률이 높은 것이다.

뭔가를 배우면 그것을 어떻게 활용할까를 항상 고민해야 한다. 배우고 거기에서 그치면 남는 게 아무것도 없다. 그래서 공자는 배움을 배움에서 그치지 않고, 깊이 생각하라고 말한다.

그는 다음과 같이 말하였다.

"배우기만 하고 생각하지 않으면 얻는 것이 없고, 생각만 하고 배우지 않으면 위태롭다."

독일 철학자 임마누엘 칸트도 이와 비슷한 명언을 남겼다.

"감각이 없는 개념은 공허하고, 개념이 없는 감각은 맹목적이다."

공자가 말하는 '생각하지 않는 배움'을 칸트는 '개념이 없는 감각'으로 표현하였다. 이런 식으로 익히면 얻는 것이 없고 맹목적이라고 이들은 말한다. 그리고 이와 상반된 의미로 공자는 '배움이 없는 생각은 위태롭다.'라고 생각하였고, 칸트도 '감각이 없는 개념은 공허하다.'라고 주장하였다.

말장난으로 보일 수 있지만 '생각=개념', '배움=감각'으로 생각하면 쉽게 이해된다. 그래서 공자와 칸트의 주장을 정리하면 다음과 같다.

'생각만 하지 말고 개념만 정립하지 마라. 생각한 만큼 배워야 하고, 정립한 개념만큼 느껴야 한다. 배우기만 하고 느끼기만 하지 마라. 배운 만큼 생각도 해야 하고, 느낀 만큼 개념도 정립해야 한다.'

생각대로 살지 않으면 사는 대로 생각하는 것처럼, 우리는 매 순간 생각하면서 살아야 한다. 철학자 데카르트는 "나는 생각한다. 고로 존재한다."라고 말했다. 그는 '생각하는 힘'을 인간의 근원으로 생각하였다. 천재 아인슈타인도 "상상력이 지식보다 훨씬 중요하다. 지식에는 한계가 있기 때문이다."라고 말하며 지식의 유한성을 인정하였다. 유한한 인생에서 무한히 지식을 쌓는 것은 의미가 없다. 그래서 인생의 성공을 위해서는 아인슈타인의 말처럼 지식이 아니고 생각을 어떻게 하는가에 달린 것이다.

필자도 배움보다는 생각이 더 중요하다고 말하고 싶다. 옛날에는 지식이 곧 권력이었다. 그래서 극히 일부의 사람들이 지식을 독점했고, 그들만이 지식의 특권을 누렸다. 하지만, 인류역사상 오늘날처럼 지식이 평준화되고 정보가 넘쳐나는 시대가 없었다. 그래서 오늘날 부족한 것은 지식의 양이 아니라 깊이 사고하는 생각하는 힘이다. 생각을 깊이 하면 할수록 지금까지 공부한 지식을 더욱 새롭게 만들 수 있다. 지금까지 배운 지식만으로도 우리가 살아가는데 아무런 문제가 없다. 문제는 쌓아둔 지식을 활용하지 않고 계속 배우려고만 하는 생각 자체가 문제인 것이다. 그래서 공자는 '배우기만 하지 말고 생각하라'라고 말한 것이다.

이러한 생각에 대해서 국내 최고의 바둑 기사 조훈현도 자신의 저서 『고수 생각법』에서 이렇게 말했다.

"바둑이 내게 가르쳐준 바에 따르면, 세상에 해결하지 못할 문제는 없다. 집중하여 생각하면 반드시 답이 보인다."

조훈현도 어떤 문제든 생각에 집중하면 모든 것을 해결할 수 있다고 믿었다. 그는 깊이 생각할수록 더욱 쉽게 답을 구할 수 있다고 생각하였고, 생각의 깊이가 곧 그 사람의 깊이요 크기라고 생각하였다. 필자 생각은 여기에 그치지 않는다. 지금은 생각만 깊이 해서도 안 된다. 오늘날 자신의 가치를 증명하기 위해서는 배우고 생각해야 하는 것은 당연하고, 이러한 생각들을 어떻게 잘 표현할지를 더욱 깊이 고민해야 한다. 왜냐면 이 세상은 아웃풋으로 평가받고 아웃풋으로 그 사람의 가치가 매겨지기 때문이다. 결국, 우리의 인생도 순간순간 선택한 아웃풋의 집합이라고 말할 수 있다. 그래서 우리는 탁월한 아웃풋(결과)을 만들기 위해서 더 고민하고 더 예민해져야 한다.

배움과 생각은 자신의 내면에서 일어나는 행위로 겉으로 나타나지 않는다. 사회는 겉으로 나타나지 않는 것에 대해서는 매우 인색하다. 그래서 우리는 외면적으로 표현하는 것에 대해서 항상 고민해야 한다. 그 이유는 뛰어난 외면적 표현들이 이 세상을 지배하기 때문이다.

아웃풋을 잘하는 사람은 항상 일을 대할 때 다른 사람들보다 더욱 깊게 고민하고 예민하며, 항상 날카로운 날 위에 서 있다. 자신의 디테일한 표현이 엄청난 결과를 만들 수 있다는 사실을 잘 알고 있기 때문이다. 그래서 그들은 입력된 다양한 정보를 생각의 필터에 걸려서 진액만 저장하고, 그 진액을 출력하기 좋도록 항상 정리해 둔다. 그래서 때가 되면 그 진액을 잘 융합시키고 표현해서 뛰어난 결과물로 만든다.

많은 사람들이 지식을 활용하지 않고 배우려고만 하는 이유는 무엇일까? 그것은 배우기는 쉽고 표현하는 것은 어렵기 때문이다. 인간은 쉬운 것은 계속하고 싶어 하고 어려운 것은 피하려는 본성을 지니고 있다. 독서와 글쓰기를 비교해 보면, 독서는 글쓰기에 비해 쉽다. 독서는 외부의 지식이 내부로 들어가는 행위로서 얼마나 들어

가는지에 대한 기준점이 없지만, 글쓰기는 내부의 지식이 외부로 나올 때 얼마나 나오는지에 대해서 명확히 알 수 있다. 독서도 물론 들어오는 지식과 정보를 이해하고 저장하는 어려운 작업이지만, 컴컴한 두개골 속에 묻혀있는 지식의 퍼즐들을 끼워 맞추기 위해 뇌 안 구석구석을 파헤쳐야 하는 글쓰기 작업보다는 훨씬 수월하다. 훌륭한 문장을 쓰기 위해서는 아주 깊숙이 숨어있는 퍼즐들을 얼마나 헤매고 다녀야 하는지 직접 겪어보지 않으면 모른다.

다시 강조하지만, 우리는 쉬운 입력보다 힘든 출력에 더욱 노력해야 한다. 이유는 이 세상을 움직이는 사람들 대부분이 출력에 탁월하기 때문이다. 그들이 탁월한 뭔가를 만들어 내면 우리는 그것을 주목하고 사용한다. 사용하면서 그 탁월함에 놀란다. 그 놀람은 다시 출력한 사람들에게 존경으로 이어지고, 그 존경은 그들의 명성을 만든다. 그 명성은 그들 자신에게 엄청난 자부심으로 이어져 또 다른 탁월한 출력을 유도한다. 이러한 방식으로 그들은 항상 앞서는 것이다.

여기에서 간과해서는 안 되는 것이 있다. 출력에 탁월하다고 해서 그들은 출력만 생각하지 않는다. 출력에 대해서 고민하는 이상으로 질 높은 입력에 대해서도 깊이 생각한다는 점이다. 출력을 잘하는 사람들은 완성도 높은 결과물을 만들기 위해 배움을 배움에 그치지 않고 항상 어떻게 표현할까를 깊게 고민하는 사람들이다. 그래서 우리는 무엇이든 입력할 때, 출력을 전제로 한 입력을 항상 생각해야 한다. 그래야 입력이 입력에 그치지 않고 쉽게 출력할 수 있으며,

이러한 행위의 반복이 순간순간 탁월한 출력으로 이어지는 것이다.

　지금까지 필자 인생은 입력의 시간으로 가득 찼다. 하지만 최근 1년간은 논문과 책을 집필하느라 출력에 대해서 깊이 고민하는 시간이었다. 어둠침침한 밀실 속에서 글쓰기에 집중했다. 글쓰기라는 출력은 입력에 비례해서 나오지 않았다. 그동안 입력한 내용이 도움은 되었지만, 절대적으로 비례하지 않는다는 사실을 이번에 알았다. 반대로 입력이 적더라도 생각을 어떻게 하느냐에 따라 출력을 잘할 수 있는 사실도 깨달았다.

　인생을 축구에 비유하면 필자의 인생은 전반전이 끝나고 후반전에 들어간 시점이다. 전반전은 입력의 시간이었고 앞으로 남은 후반전은 탁월한 출력을 위해서 항상 고민하는 시간을 가질 것이다. 그렇다고 입력을 전혀 무시할 생각은 없다. 왜냐면 양질의 입력이 있어야 양질의 출력도 가능하다는 사실을 알기 때문이다.

　공자는 배움과 생각이 상호보완하면서 발전하기를 원했다. 오늘날 우리는 너무 많이 배웠다. 지식을 배우는 것도 중요하지만, 그 지식을 자신만의 지혜로 만들어서 어떻게 출력할지에 대한 깊은 고민이 필요하다. 오늘날처럼 엄청난 정보가 범람하는 시대였다면, 공자도 분명히 아래와 같이 말했을 것이다.

　'배우고 익히고 생각해서 표현하니 즐겁지 아니한가!'

배우는 것만이 능사가 아니다. 배움의 곱절로 생각하고 표현하는 것이 곧 당신의 무기다.

(4) 네 번째 지혜 – 본질을 파악하라.

독일 철학자 니체는 『권력의 의지』에서 "사실이라는 것은 존재하지 않는다. 존재하는 것은 '해석'뿐이다."라고 말하였다. 그리고 소설 『셜록홈즈』에서도 "사실에 기만당하지 마라"는 내용도 나온다.

이들의 말처럼 우리는 존재하지 않는 사실을 사실로 생각하고, 심지어 사실을 진실로 받아들이는 경향이 있다. 사실이 맞더라도 그것이 진실인지 아닌지는 판단할 수 없을뿐더러, 니체의 말처럼 사실이 과장한 '해석'일수도 있다. 특히 친한 사람이나 유명언론에서 사실을 진실처럼 주장한다면 우리는 그것을 아무런 여과 없이 무조건 진실로 받아들인다.

사실과 진실은 엄연히 다르다. 사실은 사실일 뿐이고 진실과는 큰 차이가 있다. 그래서 우리는 진실을 파악하기 위해서 사실 뒤에 숨어있는 맥락을 정확히 짚어야 한다. 맥락을 확실히 알아야 진실을 구분할 수 있고 상황의 본질도 파악할 수 있는 것이다.

프랑스 작가 알베르 카뮈는 "창조, 이것이야말로 위대한 모방이다."라고 말한 것처럼, 우리에게 새롭고 창의적으로 보이는 것은 결국 기존에 있는 것들의 변형일 뿐이다. 즉, 창의성의 핵심은 이미 존재하는 사물로부터 새로운 무언가로 연결하는 능력이다. 예를 들면, 셰이크 모하메드 국왕은 두바이를 세계적인 도시로 만들어

냈다. 그는 척박한 사막 위에 최고층 빌딩과 지하철, 스키장, 수중호텔 등 쉽게 생각해내지 못할 일들을 만들었다. 그는 이러한 창의적인 생각으로 세계인들의 눈을 집중시켰고, 그 결과 국민소득이 무려 6만 불이 넘는 나라로 만들었다.

두바이 도시를 메우고 있는 것 중 새로운 것이 없다. 대부분이 우리가 익숙하게 알고 있는 것들의 또 다른 조합이다. 결국, 우리가 창의적이라고 생각하는 것들의 대부분이, 익숙한 것들을 이질적으로 보이게 하는 능력일 뿐이다. 그래서 21세기 가장 창의적인 천재로 불리는 스티브 잡스(Steve Jobs)는 "혁신은 대개 과거의 경험들을 잘 연결한 결과물이다."라고 말하였다. 삼성 이건희 회장도 "무에서 유를 만들어 내는 것도 창조이지만, 기존 것에서 새로운 것을 발견하는 것 역시 창조다."라고 말했다. 그리고 아리스토텔레스의 "사물들이 어떤 연관성을 가지게 하는 것이 창의적인 사고"라는 주장도 기존에 없었던 것을 새롭게 만드는 것이 아니고, 있는 것을 다르게 표현하라는 의미이다. 참고로 애플 회사의 슬로건 "다르게 생각하라(Think different)"와 천재 화가 피카소의 "전문가가 될 때까지 기존의 형식을 익혀라. 그래야 그 형식을 깨뜨리는 예술가가 될 수 있다."라는 말도 같은 맥락이다.

하늘 아래 새로운 것은 없다. 새롭게 보이는 창의적인 것들도 결국은 익숙한 것들을 다르게 나열했을 뿐이다. 하지만 다르게끔 보이게 하는 능력은 본질적인 것을 알 수 있을 때 가능하다. 아무리 세상이 변해도 그 속을 꿰뚫는 본질은 항상 존재한다. 그 본질을 알아야 경쟁에서 이길 수 있다. 그래서 우리는 많은 경험을 할수록 그것들을 본질과 이치를 파악하는 데 적극적으로 활용해야 한다. 똑같은 일을 하면서도 다른 결과가 나는 것은 바로 이러한 본질을 파악하는 능력에서 차이가 나는 것이다. 생각이 빈곤할수록 그걸 깨닫지 못한다. 깊이 고민하면 모두가 생각할 수 있는 것들이다.

사실과 진실을 이어주는 맥락을 명확히 알아야 문제를 해결할 수 있듯이, 본질을 명확히 알아야 그 본질에서 파생될 수 있는 것들을 쉽게 생각할 수 있는 것이다. 이러한 본질의 중요성에 대해서 공자도 다음과 같이 말한다.

"'자공아, 너는 내가 많이 배워 지식을 쌓은 사람이라 생각하느냐?', 자공이 대답했다. '그렇습니다. 그렇지 않습니까?', '아니다. 나는 하나로 꿰뚫었을 뿐이다.'"

이처럼 공자는 모든 것을 하나에 연관 지어 생각했다. 세상에 드러나는 모든 현상은 결국 하나의 본질과 통한다는 사실을 공자는 꿰뚫고 있었다. 그래서 공자는 다음과 같은 말도 하였다.

"군자는 근본에 힘쓴다. 근본이 서면 도가 생긴다."

근본과 진실과 본질은 같은 맥락이다. '근본이 서면 도가 생긴다.'라는 의미도 '하나로 모든 것을 꿰뚫고 있다'라는 의미와 같은 뜻이다. 본질을 파악하지 못하면 창의적인 생각은 나올 수 없다. 창의적인 생각이 있어야만 우리는 성공을 이룰 수 있고 앞설 수 있다. 창의적인 생각은 특별한 사람들만의 전유물이 아니다. 우리가 좀 더 깊이 생각하는 힘을 기르면 누구나 가능하다. 같은 것을 다르게 표현할 수 있는 능력, 즉 '창의력'은 본질을 알고 다르게 표현하는 기술적인 요소다. 그래서 우리는 생각하는 힘을 길러 본질을 파악하는 연습을 해야 한다.

서양 철학자 화이트 헤드는 다음과 같은 말은 했다.

"방대한 서양철학사는 사실상 플라톤 철학의 각주(annotation, 註釋)에 불과하고, 지구상의 모든 수신서(修身書)는 아리스토텔레스의 주석에 불과하다."

현대 서양철학사의 근본은 플라톤 철학에서 나왔고, 오늘날 사용되는 자기계발서는 아리스토텔레스 철학의 해석에 지나지 않는다는 의미다. 바꿔 말하면, 근본이 되는 플라톤과 아리스토텔레스 철학만 알면 부분적인 내용을 다루는 수많은 철학책과 자기계발서는 보지 않아도 된다는 의미다.

배우고 생각하는 것만이 전부가 아니다. 때로는 진정한 무기가 될 수 있는 '본질을 파악하는 힘'을 길러야 한다. 그래서 공자는 "나는 하나로 꿰뚫었을 뿐이다(吾道一以貫之)."라고 말한 것이다.

(5) 다섯 번째 지혜 – 모든 일에는 때가 있다. 그 '때'를 기다려라.

인생을 살다 보면 수많은 시행착오를 겪는다. 그 안에서 기회를 잘 포착하는 사람은 항상 앞서가고, 그렇지 못한 사람은 도태되거나 뒤처진다. 많은 사람들이 눈앞의 좋은 기회를 제대로 보지 못하고 자신과 무관한 것으로 치부해 버리지만, 극소수의 사람들은 무관하게 보이는 그 기회를 최대한 살려 자신의 능력을 마음껏 발휘한다.

이 극소수의 사람들은 이러한 경험들을 계속 쌓아서 비슷한 기회가 오면 절대 놓치지 않는다. 이런 식으로 학습능력과 감각을 키워나가면서 전혀 다른 기회가 와도 그걸 다시, 자신만의 방식으로 바꾸어서 또 다른 성공의 기회를 만든다.

결국, 그들은 이러한 방식으로 이 세상을 이끄는 것이다. 그래서 그들이 만들어 놓은 것을 우리는 이용할 수밖에 없고, 그들이 가리키는 방향으로 우리는 갈 수밖에 없다. 이러한 부분에 대해서 깊이 고민하지 않으면 평생 그들을 이길 수 없다. 그래서 우리는 지금부터라도 그들의 울타리 안에 들어갈 수 있도록 항상 노력해야 하며, 그들도 우리가 생각해서 만든 것들을 사용하게끔 고민해야 한다. 절대 그 사람들이 우리와 무관하다고 생각해서는 안 된다. 그들은 그렇게 멀리만 있는 존재가 아니다. 그들은 우리와 큰 차이가 없다. 그들은 우리가 보지 못한 것을 먼저 보고 실행했을 뿐이다. 현재 모습은 큰 차이가 나더라도 한 번 실타래가 풀리면 그 실은 일사천리로 풀리듯이, 우리도 꾸준히 자신의 실력과 내공을 쌓으면서 그 기회를 잡으려고 노력해야 한다.

말년에 공자는 자기 뜻을 펼치기 위해 14년간의 유랑생활을 하였다. 그 긴 세월 속에서 그는 자신의 내공을 쌓으면서 진정한 인생의 방향에 대해 깊이 고민했을 것이다. 결국, 오랜 유랑생활 동안 자신을 알아주는 곳이 없어서 체념한 공자는 남은 삶을 후학양성에 노력한다. 그때 3,000여 명의 제자가 모여서 공자에게 가르침을 받았고, 그 제자들이 공자 철학을 계승 발전시켰다. 그래서 오늘날 공자가 존재할 수 있었던 이유는 바로 뛰어난 제자들 덕분이라고 말할 수 있다.

미국의 28대 대통령 토머스 우드로 윌슨은 "운명에는 우연이 없다. 인간은 어떤 운명을 만나기 전에 벌써 스스로 그것을 만들고 있다."라고 말하였다. 그의 말처럼 우리는 필연적인 멋진 운명을 만나기 위해서 항상 자신의 내면을 채워나가야 한다. '주머니 속의 뾰족한 송곳'의 의미인 "낭중지추(囊中之錐)"의 교훈처럼, 많은 사람들이 '주머니 안'과 같은 어두운 인생을 보내고 있다. 현재 자신의 인생이 컴컴한 터널 속일지라도 분명히 터널 끝이 있듯이, 어둠 속을 지나서 빛을 보는 순간에 자신의 모든 역량을 발휘할 수 있는 준비를 항상 해 두어야 한다. 그러면 필연적으로 송곳이 주머니를 삐져나올 것이다. 그래서 시부사와는 다음과 같이 말하였다.

"아무리 공부를 열심히 하고 성실해도 생각처럼 안 되는 일도 있다. 이것은 기회가 아직 오지 않았기 때문이다. 자신을 더욱 고무시키면서 견며내야 한다."

시부사와는 일이 순조롭게 되지 않을수록 자신을 더욱 절차탁마해서 기회를 기다리라고 말한다. 그는 기회가 왔을 때 제대로 준비가 되어있다면 큰 기회를 잡을 수 있다고 생각하였다. 그래서 우리는 기회가 올 때까지 묵묵히 실력을 쌓아야만 한다. 노벨 평화상을 받은 슈바이처 박사는 "내 안에 빛이 있으면 스스로 빛나는 법이다. 중요한 것은 나의 내부에서 빛이 꺼지지 않도록 노력하는 일이다."라고 하였다. 도쿠가와 이에야스(德川家康)의 스승 세쓰사이 스님도 도쿠가와에게 "사람이 무슨 일을 하려면 '시기'라는 것이 필요하다. 지금의 너에게는 아직 그런 시기가 찾아오지 않았어, 그러니까 참고 기다려라. 참고 기다리면서 시기가 왔을 때에 당황하지 않도록 학문을 익혀라."라고 말한 바 있다. 이런 관점에서 보면, 인간의 진정한 가치는 인생의 황금기가 아닌 암흑기에서 형성된다고 말할 수 있다.

조선의 천재라고 불리는 다산 정약용은 여러 업적을 남겼지만, 그 중에서 500권이라는 책을 남긴 업적이 제일 크다. "과골삼천(踝骨三穿)"이라는 유명한 고사가 있듯이, 그는 유배지에서 끊임없이 공부했으며 복사뼈에 구멍이 세 번이나 났다고 한다. 그가 그렇게 엄청난 책을 쓸 수 있었던 이유는 18년간 유배를 당했기 때문이다. 만일 그가 유배 생활을 하지 않았더라면 그 많은 책을 저술하는 것은 절대 불가능했고, 그랬다면 오늘날 우리가 생각하는 정약용의 모습과는 크게 다를 것이다. 이처럼 그는 긴 유배 생활이라는 암흑의 시간을 치열하게 노력해서 가치 있는 인생을 만든 것이다.

중국의 역사가인 사마천도 이와 같다. 그는 이릉이라는 장군을 변호하다가 이릉을 질투하는 이광리의 모략으로 사형선고를 받게 된다. 당시 사형을 면할 수 있는 두 가지 방법이 있었는데, 하나는 어마어마한 벌금을 내거나 또 하나는 궁형을 선택하는 것이었다. 그는 벌금을 내는 것이 도저히 불가능했기 때문에 죽음 대신 궁형을 선택한다. 당시 사회 풍조는 궁형을 선택하느니 차라리 죽음을 선택하는 것이 낫다고 할 정도로 궁형은 정말 치욕적인 것이었다. 그러나 사마천은 아버지 사마담의 유언이었던 역사서 『사기』를 완성하기 위해 궁형을 택한다. 치욕스러운 나날을 보내면서 그는 마침내 『사기』를 완성한다. 사마천이 오늘날 이렇게 높이 평가받는 이유는 궁형을 당한 이후 인생의 암흑기에서 고군분투하여 『사기』라는 작품을 완성했다는 데 있다. 이를 완성하지 못했다면 그를 기억하는 사람들은 거의 없을 것이다. 결국, 그는 인생의 가장 힘든 시기를 잘 이겨내서 대역사서인 『사기』를 만들었기 때문에 대대손손 훌륭한 역사가로서 평가받는 것이다.

공자도 이런 힘든 상황일수록 그 사람의 진가는 더욱 빛날 수 있다며 다음과 같이 말한 것이다.

"소나무와 잣나무의 푸르름은 서리와 눈이 내린 뒤라야 비로소 드러나는 법이다."

"군자는 궁해지면 견고해지지만, 소인은 궁하면 흐트러진다."

니체도 다음과 같이 말하였다.

"왜 살아야 하는지 이유를 아는 사람은 어떤 어려움도 견뎌낼 수 있다."

이 책을 읽는 당신은 왜 살아야 하는지 이유가 명확하다. 그것은 이 세상에 자신의 이야기로 가득 채울 수 있는 뭔가를 만들고 싶기 때문이다. 이런 명확한 이유가 있으면 어떤 어려움도 견뎌낼 수 있다. 14년간이라는 유랑생활을 견딘 공자도 자기의 뜻을 펼치겠다는 명확한 이유가 있었기 때문에 버틸 수 있었다.

불교의 가르침 "일체개고(一切皆苦)"처럼 우리 인생은 고통이다. 만일 지금 당신이 무척 힘들다면, 니체와 공자의 교훈처럼 자신 삶의 의미를 찾으려고 노력해야 하고 더욱 견고해져야만 한다. 그 시련의 시간을 이겨내기만 하면 당신은 빛을 발할 수 있다. 신은 당신이 견뎌낼 수 있는 고통만 준다는 사실을 잊지 마라.

모든 일에는 '때'가 있다. 그 '때'가 왔을 때 기회를 놓치지 않게끔 우리는 끊임없이 자신의 내면과 실력을 키우면서 온갖 고통을 이겨내야 한다. 동이 트기 전 새벽이 가장 어둡고, 추위가 가장 매서울수록 봄이 머지않았음을 알 수 있다. 지금 당신 눈앞에 칠흑 같은 인생이 펼쳐져 있다면, 당신의 시대가 가까이 왔다는 증거다. 절대 그 상황을 피하지 마라. 그 시기를 피하지 않고 정면으로 부딪쳐서 극복해 낸다면, 당신은 인생의 노예가 아닌 당당한 주인으로 한 걸음 더 다가가는 것이다. 우리는 자신의 인생에서 스스로 주인 되어야 하고, 주인이 되어야만 진정한 인생을 사는 것이다. 힘든 상황일 때 실력을 다지면서 묵묵히 때를 기다리는 것도 하나의 무기가 될 수 있다는 사실을 절대 잊어서는 안된다.

논어는 사람마다 느끼는 것이 다르다. 이유는 제각각 다른 인생을 가진 사람들에게 논어의 빛이 투영되면 다양한 형태의 스펙트럼으로 나타나기 때문이다. 이것이 바로 논어의 매력이다. 시부사와는 이런 다양한 논어의 매력 중, 필자가 첫 번째로 언급한 '의로움(義)'을 가장 중요시하였다. 이 '의로움'을 '도덕'으로 표현하였고, '도덕'을 '논어'로 다시 비유해서 그의 철학에 적극적으로 활용하였다. 이 부분에 대해서는 뒤에 상세히 언급하기로 하겠다.

필자는 시부사와가 중시한 의로움뿐만 아니라 오늘날 시점에 필요한 논어의 지혜를 5가지만 정리해 보았다. 너무 많이 언급하면 책 주제의 일관성이 흐트러져서 이쯤에서 마치고자 한다. 필자가 깨달은 오늘날 논어의 매력을 문장으로 정리하면 다음과 같이 표현할 수 있겠다.

'의로움을 생각하며 낮은 처세로 행동하라.
배우고 깊이 생각하며 아웃풋을 고민하라.
그러면 진정한 삶의 본질을 알게 될 것이다.
인내할 수만 있다면 무엇이든 이룰 수 있다.'

2. 오늘날 '주판'이 필요한 이유

『논어와 주판』은 시부사와의 대표적인 책이다. 그는 이 책에서 〈도덕·경제합일설〉을 끊임없이 주장한다. 이 주장을 논리적으로 설명하기 위해서 '논어'를 '도덕'으로, '주판'을 '경제'로 비유하였다. 여기서 도덕과 경제는 서로 다른 개념이 아니라 톱니바퀴처럼 잘 맞물려서 균형을 이루어야 한다고 그는 말한다. 즉 '논어(도덕성)'와 '주판(경제력)'의 조화가 매우 중요하다고 생각하였다. 그래서 그는 "전혀 다른 의미를 지닌 논어와 주판을 하나로 일치시키는 것은 매우 중요하다."라고 말한 것이다.

1) '경제력'을 의미하는 '주판'은 왜 필요한가?

미국의 심리학자 매슬로는 〈인간 욕구 5 단계설〉을 주장하였다. 다음장에 있는 그림을 보면 알 수 있듯이, 경제력(주판)이 필요한 이유는 명확하다. 1단계 '생리적 욕구'와 2단계 '안전의 욕구'를 벗어나기 위해서라도 경제력은 꼭 필요하다. 당장 생계가 힘든 사람은 다른 생각을 하기 어렵다. 생계 문제가 해결되어야만 다른 욕구들을 생각할 수 있는 것이다. 그래서 시부사와는 "부귀는 성욕과 같은 욕구다"라고 말한 것이다. 즉, 인간이 경제력(주판)을 추구하는 것은 본능에 가깝고 당연하다는 의미다.

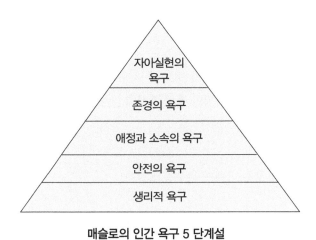

매슬로의 인간 욕구 5 단계설

맹자도 다음과 같이 말하였다.

"항산이 없으면 항심을 지키기 어렵다(無恒産, 難無保有恒心)."

'안정된 경제력이 없으면 평상시 마음을 지키기 어렵다'라는 맹자 말처럼, 경제력을 의미하는 주판은 오늘날 정말 중요하다. 하지만 주자학의 영향으로 유교 사회에서는 '돈' 이야기를 입 밖으로 꺼내는 것은 금기시되었다. 선비(士)가 '부(富)'를 자주 언급하는 것은 자신의 격을 낮추거나 미천한 사람으로 간주했기 때문이다. 주자는 유교의 세속적이고 즉물적인 부분을 경시하였고, 이념적이고 관념적인 부분만을 중요시하며 '성리학(性理學)', 즉 주자학을 완성하였다.

'부'를 부정적으로 보는 것은 전통적인 유교 이념이 아니다. 공자는 결코 '부'에 대해서 부정적이지 않았다. 부에 대한 공자의 생각은 다음과 같다.

"부를 올바른 방법으로 손에 넣을 수 있다면 비록 채찍 잡는 일일지라도 나는 기꺼이 하겠다. 하지만 올바른 부를 손에 넣을 수 없다면 나는 내가 좋아하는 일을 하겠다."

"의롭지 못한 부는 나에게 뜬구름과 같다."

이처럼, 공자는 '부'에 대해서는 부정적으로 생각하지 않았다. 올바르지 않은 방법으로 획득한 부에 대해서는 부정적이었지만, 정당한 방법으로 획득한 '부'는 오히려 긍정적이었다. 그리고 『논어』「술이」를 보면 "속수(육포)를 가져온 자에게 내 일찍이 가르쳐주지 않은 적이 없다."라는 "속수지례(束脩之禮)"의 내용을 보더라도, 공자는 인생에서 주판의 실용성이 꼭 필요하다고 생각한 사람이었다.

그의 제자 중에 자공(子貢)이라는 사람이 있다. 그는 당시 엄청난 부자였고, 공자학교의 재정을 충당하는 사람이었다. 자공은 자신의 재산을 헌신해서 공자의 뜻을 펼칠 수 있도록 엄청나게 노력을 한 사람이다. 공자가 이러한 자공을 아낀 것을 보면 공자도 '부'에 대해서 부정적이지 않았다는 것을 알 수 있다.

그럼, 주판(경제력)의 필요성에 대해서 더욱 구체적으로 이야기를 해보자.

2) 주판(경제력)의 필요성

『사회적 지위가 건강과 수명을 결정한다』라는 책을 쓴 마이클 마멋은 '사회적 지위와 경제력'이 얼마나 중요한가에 대해서 잘 표현하고 있다. 그는 '사회적 지위'에 따라 병에 걸릴 확률이 달라지고, 심지어 자살과 살인까지도 영향을 끼친다고 말한다. 즉, 낮은 사회적 지위에 있는 사람일수록 건강 악화의 주된 원인이라고 그는 주장하며, 이른바 '지위신드롬'을 만들어 내었다.

그가 주장하는 내용을 정리하면 다음과 같다.

- 심장병조차 계급이 낮을수록 더 흔하게 발견된다.
- 지위가 낮은 원숭이가 지위가 높은 원숭이보다 심장병에 더 잘 걸린다.
- 왜 석사학위를 가진 사람은 학사학위를 가진 사람보다 수명이 더 긴 것인가?
- 높은 지능이 높은 사회적 지위를 가져오고 높은 사회적 지위에 부가된 환경이 건강에 영향을 준다.

그는 30여 년에 걸쳐 수집한 방대한 자료와 연구를 통해서 '사회적 지위의 차이가 건강에 직결된다.'라고 강조한다. 게다가 그는 '사회적 지위'와 동시에 '경제적 지위'에 대해서도 다음과 같이 주장한다.

- 소득 불평등이 커질수록 평균 수명이 짧아진다.
- 가장 가난한 사람은 가장 부유한 사람보다 죽음의 위험이 거의 4배가량 높다.
- 상위계층 남성이 하위 계층보다 평균 5cm 더 크다. 여성의 경우에는 그 차이가 약간 덜하지만 역시 높은 계급은 낮은 계급보다 키가 더 크다. (…) 키 180cm 이상의 남성은 173cm가 안 되는 남성보다 심장병 위험이 40% 더 낮다.
- 물질적으로 거의 가진 것이 없는 경우에는 소득이 건강에 중요한 영향을 미친다.

마멋은 '사회적 지위'와 '경제적 지위'가 인생을 결정하는 중요한 요인으로 보았고, 이들이 결국 사회적 불평등으로 이어진다고 생각하였다. 그리고, 실리콘밸리 투자자인 데이브 아스프리도 자신의 저서 『최강의 인생』에서 다음과 같이 주장하고 있다.

"서구 문화권에서는 인간이 행복을 느끼기 위해서는 일정한 수입이 보장되어야 한다는 것이 연구를 통해 밝혀졌다. 2010년 프린스턴 대학에서 진행한 연구에서는 연간 수입 7만 5,000달러가 그 기준이라고 발표했다. 이 기준에 미치지 못한다고 해도 행복할 수 없다는 것은 절대로 아니다. 하지만 수입이 많은 사람들보다는 기본적 욕구를 충족하기 위해 좀 더 큰 스트레스와 피로를 느낄 수밖에 없는 것은 사실이다."

"부는 행복의 결과물이다. (……) 행복한 사람이 그렇지 않은 사람들에 비해 더 크게 성공한다. 과장처럼 들리겠지만 사실이다. 조금 더 정확히 말하자면 행복한 사람들이 평균 31%나 생산성이 높고, 창의력은 세 배나 뛰어나다. 많은 연구가 이 간극을 긍정적인 사고의 여부로 이해한다. 행복한 사람들은 긍정적으로 생각하고 '할 수 있다'는 태도는 성공을 불러들인다."

절대적인 기준은 아니겠지만, 데이브 아스프리의 말처럼 일반적으로 일정한 수입이 있어야 행복을 느낄 수 있고, 행복을 느껴야 더욱 성공할 가능성이 큰 것이다. 이처럼 행복과 경제력은 밀접한 관계에 있다고 말할 수 있다.

『당신을 1등으로 만드는 인체경영』이라는 책을 쓴 이욱 교수도 "부와 지위가 높을수록 건강 호르몬이 더 많이 분비된다."라고 주장한다. 그는 런던대학교 연구팀이 영국인 1,880명을 조사하고 비교한 결과를 보고, 경제력과 사회적 지위에 따라 노화나 질병에 영향을 끼치는 호르몬 분비량에 뚜렷한 격차가 있다고 말한다. 런던의 부자 동네인 첼시 주민이 중서부 도시인 블랙풀 주민보다 평균 8.6년을 더 사는 것에 대해서 그는 다음과 같이 주장하였다.

"그 이유는 호르몬에 있다. 연구팀에 따르면 연 소득이 6,000파운드인 남성들은 30,000파운드 이상을 버는 남성보다 남성호르몬인 테스토스테론이 10% 적은 것으로 나타났다. 테스토스테론이 적으면 골다공증과 우울증에 걸린 확률이 매우 높아진다. 또한, 근육량이 급격하게 줄어든다고 한다"

이들의 주장을 정리하면 '돈이 많고 지위가 높을수록 더 건강하고 오래 살 수 있으며 더욱 행복해질 수 있다.'라고 말할 수 있다. 자본주의 울타리에 갇힌 우리는 굳이 이러한 내용을 이론적으로 학습하지 않아도 경험을 통해서 충분히 알고 있다.

필자는 풀** 건강기능식품을 사업한 적이 있다. 그때 우연히 남승우 사장의 강의를 접한 적이 있다. 그는 사람이 살면서 조심해야 할 3가지가 있는데, '1) 초년 성공 2) 중년 상처 3) 말년 빈곤'이라고 말하였다. 너무 일찍 성공하면 오히려 마이너스 부분이 많다고 '초년 성공'을 지적하였고, 살면서 가정이 파탄하는 '중년 상처'도 꼭 피해야 한다고 말하였다. 그리고 '말년 빈곤'만큼 비참한 것은 없으므로 이에 대해서 잘 대비해야 한다고 강조하였다.

3가지 모두 깊이 새겨들어야 할 내용이다. 여기에서 '주판(경제력)'과 관련된 '말년 빈곤'에 대해서 좀 더 이야기하면, 초년과 중년에는 그나마 건강과 체력이 있어서 다시 일어설 기회들이 있다. 하지만 말년에는 무엇을 다시 하려고 해도 체력과 기력이 현격히 떨어져서 모든 것이 힘들 것이다. 말년에 빈곤한 것은 누구 탓도 할 수 없다. 오롯이 자신 탓이다.

지인이 이런 말을 한 적이 있다. '부모가 부동산이 많으면 자식들은 빨리 죽기를 원하고, 부모가 현금이 많으면 하루가 멀다고 집을 찾아온다.'라고…. 씁쓸한 이야기지만 이게 현실이다. "지갑이 가벼울수록 마음은 무겁다."라고 말하는 벤자민 프랭클린을 말을 잘 새겨들어서 우리는 지갑을 무겁게 하고 마음이 가볍도록 노력해야 한다.

'왜 주판이 필요한가?'는 '왜 돈이 필요한가?'와 같은 질문이다. 오늘날 왜 돈이 필요한지는 사람마다 생각이 다르겠지만, 돈이 없으면 우선 모든 것이 불편하다. 좋아하는 음식을 먹고 싶어도 비싸면 고민하게 된다. 입는 것도 그렇고, 선물할 때도 그렇고, 집을 살 때도 그렇고, 모든 것이 다 그렇다. 자본주의 사회는 구매력이 있는 사람이 인정받기 때문에 대부분이 돈과 연관되어 있다. 만일 수중에 돈이 없으면 작은 일도 고민하게 되고 소심해지며, 전혀 걱정하지 않아도 될 쓸데없는 시간도 늘어난다. 지금 이 책을 읽고 있는 여러분의 고민도 대부분이 '돈'과 연결되어 있을 것이다. 그래서 우리는 하루라도 빨리 '경제적 독립 선언'을 해야 한다.

경제력이 필요한 또 다른 이유는 돈 때문에 자신이 비굴해질 수도 있고, 의지와 다르게 자신을 배반할 수밖에 없는 상황에 놓일 수도 있다는 것이다. 그래서 우리는 반드시 충분한 경제력을 갖추어야 한다. 경제력이 있어야 모든 것이 다 편하다.

아직도 설명이 부족한가?
마이클 마멋은 또 이렇게 이야기한다.

"어린이에게 좋은 인생의 출발을 선사하는 최고의 방법은 그들의 부모를 돕는 것이다."

이 말은 부모가 사회적·경제적 지위가 높다면 그 자녀의 인생도 좋아질 확률이 높다는 의미다. 자신을 위해서 성공해야 한다는 동기부여가 약하다면 가족을 위해서라도 경제력을 꼭 갖추자. 경제력만 있으면 가족들을 보호하고 가족들에게 윤택한 삶도 선물할 수 있다. 만일 가족이 병원에 입원하면 시끄러운 다인실이 아니고 편하게 지낼 수 있는 1인실에 입원시킬 수도 있고, 가족들과 좋은 음식을 먹으면서 멋진 장소로 여행 갈 수도 있으며, 그들이 진정으로 원하는 것이 있으면 쉽게 도와줄 수도 있다. 이처럼 돈은 우리가 겪을 많은 걱정거리를 해결해 주고, 더 편하게 살 수 있도록 큰 도움을 준다.

방송인 강호동 명언을 본 적이 있다. "세상에 모든 물은 위에서 아래로 흐릅니다. 하지만 단 하나 아래에서 위로 흐르는 물이 있는데요. 그것은 바로 가슴에서 생겨 눈으로 흘러나오는 눈물입니다. 화나고 분할 때 흘리는 눈물이 기쁠 때 흘리는 눈물보다 나트륨 함량이 많아 더 짜다고 합니다. 여러분 모두 짜지 않는 싱거운 눈물만 흘리기를 바랍니다"라는 내용이었는데 필자에게는 무척 인상적인 내용이었다. 강호동이 말하는 '아래에서 위로 흐르는 단 하나의 물, 가슴에서 생겨 눈으로 흘러나오는 눈물'이라는 문장을 보고, 순간 온몸이 정지되며 깊은 생각에 빠진 적이 있다. 살다 보면 가슴에서 생기는 눈물이 나올 때가 있다. 필자도 그러한 경험을 몇 번 한 적이 있다. 특히 경제력이 없어서 내 가족들에게 큰 도움이 되지 못할 때 그러한 눈물들이 많이 나온다.

개인적인 이야기를 좀 하겠다. 2021년 4월 13일 국제신문에 〈수당 기부하던 82세 이장님 '반백 년 봉사' 빛나는 마침표〉라는 필자 아버지에 관한 기사가 실렸다. 50년 가까이 동네 이장을 하셨던 아버지는 항상 남을 위해 평생을 봉사하신 분이다. 사회 환원을 자주 하시는 아버지를 보고, 어릴 때 철없이 이렇게 물었던 적이 있다. '가정도 힘든데 왜 사회기부를 그렇게 하나요? 그 돈을 엄마 용돈이라도 주시지'라고⋯. 이 질문에 대한 아버지의 대답은 '여유가 있을 때 하는 봉사는 진정한 봉사가 아니다. 조금 덜 쓰고 아껴 쓰면서 어려운 사람을 도울 때 그게 진정한 봉사다. 그리고 사회에 베푸는 것만큼, 결국 그러한 도움은 너에게 돌아온단다. 네가 직접 도움을 받지 못하더라도 너의 자식과 손자가 그 혜택을 볼 수도 있단다. 꼭 득을 보기 위해서 선행을 하는 것은 아니지만, 조금이라도 남에게 베풀 수 있을 때 도와주는 것이 사람이 살아가는 도리(道理)다 아들아!'. 어릴 때부터 필자는 부모님에게 이러한 정신적인 유산을 물려받았다. 아버지의 선행에는 발밑에도 못 미치지만, 크게 성공해서 아버지에게 물려받은 정신적인 유산을 많은 이들에게 베풀고 싶은 마음은 항상 가슴 깊숙이 자리 잡고 있다.

아버지는 필자가 어릴 때부터 신문사를 운영하시면서 매년 백만 원 이상을 불우한 이웃을 위해 기부하셨다. 다른 나라에 지진이 일어났을 때도 헌금을 보내셨고, 한때 북한 동포들이 굶어 죽는다는 기사가 났을 때도 기부를 하셨다. 수십 년간 이어진 이러한 아버지의 모습에 주위에서는 대단하다는 칭찬 일색이었지만, 필자는 그것이 대단한 일인지 몰랐고 당연한 일인 줄 알았다. 그러던 중 어느 날 아버지께서 지역사회를 위해서 보다 큰일을 해보고 싶다며 선거에 출마하고 싶다고 하셨다. 평생 가족을 위해 살아오신 분이 처음으로 본인이 하고 싶은 일을 가족에게 표현했기 때문에 꼭 당선시키고 싶었다.

아버지가 지금까지 걸어오신 흔적은 어느 후보보다도 훌륭했다. 지역에 끼친 영향력만 보더라도 당연히 되실 줄 알았다. 8명이 출마해서 2명이 선택받는 선거였지만 아버지는 공천까지 받았기 때문에 크게 걱정하지 않았다. 그래도 불안해서 미친 듯이 사람들을 만나러 다녔고, 분주하게 움직였다. 선거 막바지쯤에는 거의 밥도 먹지 못했다. 지금까지 살면서 온종일 아무것도 먹지 않은 날은 없었는데 아버지 선거운동할 때에는 그런 날이 며칠이나 있었다. 선거기간 동안 아버지의 당선을 위해서 모든 것을 쏟아부었다.

선거일이 다가왔다. 투표를 마치고 저녁에 개표장에 갔다. 예상대로 아버지를 지지해 주신 분이 많았다. 개표 중반까지는 큰 무리 없이 상승세였는데 중반 이후부터는 타 후보와 비슷해지더니 마지막에는 타 후보에게 몰표가 나와서 아깝게 낙마하고 말았다. 차이가 크게 났으면 억울함이 덜 했을 건데, 근소한 차이로 지는 바람에 너무 억울했다. 당시 필자는 30대 초반이었고 경제력도 넉넉하지 않았다. 만일 그때 경제력이 있었더라면 선거운동원들을 더 많이 활용할 수 있었고 쉽게 당선되었을 것이다. 그랬다면 아버지도 당신의 꿈을 그때 펼쳤을 것인데…. 그때 생각만 하면 많은 아쉬움과 죄책감이 남는다. '효도하고 싶을 때 부모님은 안 계신다.'라는 말처럼, 그때의 경험은 평생 가슴에 남을 것이다. 그날 밤 필자는 하늘을 보면서 가슴에서 나오는 뜨거운 눈물을 흘렸다.

필자가 말하는 눈물을 이해하는 사람이 많을 것이다. 필자의 경험보다 더한 사연을 가진 사람도 많이 있을 것이다. 그래서 우리는 가능하면 빨리 경제적으로 독립해야 한다. 자본주의 사회에서는 어쩔 수 없다. 자본이 사회를 지배하는 구조에서는 자본이 막강한 힘을 가지는 것은 당연한 일이다. 그래서 우리는 막강한 자본, 즉 '주판(경제력)'에 대해서 깊게 고민해야 한다. 만일 여러분이 완성도 높은 주판 능력을 지니고 있다면, 지금 여러분이 고민하는 많은 문제를 쉽게 해결될 수 있을 것이다.

우리는 태어날 때 100%의 가능성을 지니고 태어났다. 수많은 정자 속에서 치열하게 경쟁해서 선택된 사람이 바로 당신이다. 당신은 어마어마한 확률 속에서 1등을 한 경험이 있는데도 불구하고 삶에 쫓겨서 그 사실을 잠시 잊고 살았다. 이제부터라도 그 가능성을 믿어라. 당신이 꼭 믿어야 하는 이유는 경제적으로 성공한 많은 이들은 이러한 승리 경험의 중요성에 대해서 매우 잘 알고 있기 때문이다. 이들은 매번 이런 승리의 경험을 다시 쟁취하기 위해서 치열하게 노력하고 있으며, 이러한 노력으로 막강한 경제력을 확보했다는 사실을 절대 잊으면 안 된다.

아직도 경제적 성공을 결심하지 못한 자에게 마이클 마멋은 다음과 같은 잔인한 농담까지 한다.

"가난이 당신을 처참하게 만든다는 것은 나쁜 소식이지만, 그런 상태로 오래 생존하지 않아도 된다는 것은 좋은 소식이다."

'곳간에서 인심 난다.'라는 옛말이 있다. 곳간이 두둑하지 않으면 우리의 마음은 불안하다. 옛날에도 이런 말을 했을 정도면 자본주의 시대인 오늘날 곳간의 중요성은 더욱 말할 필요도 없다. 배우 정우성이 출연한 바둑영화 〈신의 한 수〉를 보면 "세상은 상수에게는 놀이터, 하수에게는 지옥"이라는 대사가 나온다. 이 말을 물질만능주의가 팽배한 요즘에 맞게 바꿔말하면, '세상은 부자에게는 놀이터, 빈자에게는 지옥'이라고 할 수 있다. 자본주의 시대에서 돈이 없는 것만큼 비참한 것도 없다. 오늘날 돈이 없으면 아무것도 할 수 없는 환경에 노출되어 있다. 돈이 전부는 아니지만 돈이 있어야 편하므로 기회가 되면 돈을 최대한 벌어야 한다. 하지만, 무작정 돈만 좇으면 안 된다. 애덤 스미스는 "윤리 없는 경제는 악이다."라고 말했다. 이 말은 '논어가 없는 주판은 악이다.'라는 의미다. '윤리와 논어'가 없는 '경제와 주판'은 도움은커녕 오히려 마이너스라는 뜻이다. 그래서 '주판'의 완성도를 의미 있게 하기 위해서는 '논어'라는 필터를 반드시 걸쳐야 하는 것이다.

위에 언급한 내용을 가슴에 새기고 실천하는 것은 여러분의 몫이다. 주판의 중요성에 대해서 빨리 고민하고 노력하는 사람만이 경제적으로 빨리 자유로워질 수 있고, 막강한 주판을 가질수록 더욱 많은 기회와 선택권이 당신에게 주어질 것이다. 당신의 인생에서 주판의 극대화를 위한 도전도 하나의 목표인 것을 잊으면 안 된다.

3. '논어와 주판 정신'이란?

과학 문명은 끊임없이 발전하지만 이에 비해 정신문명은 큰 변화가 없다. 하이데거와 함께 독일 실존주의 철학자로 불리는 칼 야스퍼스(Karl Jaspers)는 자신의 저서 『역사의 기원과 목표』에서 "축심시대(軸心時代)"라는 개념을 주장하였다. 이는 "기원전 800년에서 기원전 200년까지 약 600년 사이에 생긴 인류 문명의 정신들은 일대 축을 그을만한 시기"라는 주장이다.

오늘날 인류의 과학 문명은 상당한 진보를 거듭했다. 하지만 이에 반해 '축심시대'의 철학자들이 만들어 놓은 정신문명은 오늘날까지 큰 변함이 없다. 이 '축심시대'의 가장 중심에 서 있는 사람은 바로 공자다.

공자와 시부사와가 살았던 시대, 지금 시대 다 똑같다. 공자도 당시 정신문명의 타락으로 세상이 어지럽다고 생각하였고, 시부사와가 살았던 메이지 시대에도 황금만능주의와 배금주의, 물질만능주의가 팽배한 시대였다. 시간이 많이 지나서 현실감은 떨어지겠지만, 그들이 살았던 시대와 지금은 별반 차이가 없다. 여전히 정신문명과

물질문명의 불균형이 존재하고 있고, 정신문명의 중요성에 관해서
주장하고 있다.

일본의 '살아 있는 경영의 신', 이나모리 가즈오는 다음과 같이 말
하였다.

"인류는 과학 문명의 발전에 비해 정신문화의 발달 수준이 크게 뒤처져
있는 듯하다. 나는 과학 문명과 정신문화가 결코 대립하는 것이 아니므
로 양쪽 모두 균형 있게 발전하지 못하면 인류가 불행해질 것이라고 생
각한다."

시대를 막론하고 정신문명과 물질문명은 조화를 이루지 못했다.
시대의 선각자들은 이러한 불균형을 조화롭게 하려고 노력한 사람
들이다. 시부사와도 이러한 조화를 이루기 위해서 『논어와 주판』이
라는 책을 집필하였고 '논어와 주판 정신'인 〈도덕·경제합일설〉을
주장한 것이다.

1) 논어와 주판의 조화

"훌륭한 인격과 돈 버는 것은 양립할 수 있다."

시부사와의 명언 중 논어와 주판의 조화에 대해서 단적으로 잘 표
현한 말이다. 그는 '논어'와 '주판'은 항상 일치해야지 멀리 떨어지면

안 된다고 말한다. 인생의 성공을 위해서는 항상 이 두 가지를 염두에 두지 않으면 안 된다. 그래서 그는 다음과 같이 말하였다.

"'주판'은 '논어'에 의해서 완성된다. 또한 '논어'도 '주판'에 의해서 참된 부(富)를 알릴 수 있다. 따라서 논어와 주판은 멀리 떨어진 것 같아도, 가까이 있는 것이라고 시종일관 주장하는 것이다."

주판은 논어에 의해서 올바른 '부'를 쌓을 수도 있고, 또 그 '부'를 지킬 수 있다. 그리고 논어도 주판에 의해서 부의 참된 의미를 알릴 수 있다고 시부사와는 생각하였다. 논어와 주판은 동떨어지는 것처럼 보여도 뗄 수 없는 관계라고 생각한 그는 이들을 일치시키기 위해서 다음과 같이 말한다.

"저는 사물의 진보에 대해서 다음과 같이 생각합니다. 반드시 큰 욕망을 품고 이식(利殖)을 충분히 도모하지 않으면 결코 앞으로 나아가지 못합니다. 단지 공리공담에 빠지고 허영심에 가득 찬 국민은 진정한 발전을 이룰 수가 없습니다. 따라서 우리는 가능한 정치계와 군사 쪽에 치우치지 말고, 실업계가 최대한 힘을 발휘할 수 있기를 희망합니다. 이것은 곧 사물을 증식하기 위한 노력이고, 이것이 생각이 없으면 국부(國富)를 이룰 수가 없습니다. 부의 근원은 인의도덕(仁義道德)입니다. 올바른 도리로 쌓은 부가 아니면, 그 부는 완전하지도 않고 영원하지도 않습니다. 그러므로 '논어'와 '주판'이라는 동떨어진 개념을 일치시키는 것이 오늘날 우리들이 가장 시급하게 해야 하는 임무입니다."

이식(利殖)을 중요시한 시부사와처럼 애덤 스미스도 인간의 이기심을 긍정적으로 바라보았다. 이기심이 많을수록 그 이기심을 조절하는 '보이지 않는 손'에 의해 그 사회와 국가는 발전한다고 믿었다. 이처럼 시부사와도 사회가 발전하려면 이식(利殖), 즉 이기심이 있어야 한다고 말한다. 인간의 강렬한 욕망인 이기심이 상업 발전으로 이어지고, 이것이 곧 국가의 부(富)로 이어지는 원동력이 되기를 희망했다. 이러한 '발전'과 '부'는 논어 정신이 깃든 도덕성을 기반으로 해서 정당해야 한다는 것이다.

"사상누각(砂上樓閣)"이라는 말처럼, 기반이 허술한 상태에서 '부'를 계속 쌓아 올리면 어렵게 쌓아 올린 '부'가 한방에 무너질 수 있다. 그래서 시부사와는 '논어'와 '주판'을 상호보완적인 관계로 유지하는 것이 중요하다고 말하는 것이다. 본질적인 토대가 되는 논어 정신이 있어야 더디게 가더라도 큰 성취를 이룰 수 있다고 그는 말한다. 파스칼은 "힘없는 정의는 무력하고, 정의 없는 힘은 폭정이다."라고 말했다. 필자는 이 말은 "주판 없는 논어는 무력하고, 논어 없는 주판은 폭정이다."라고 바꾸고 싶다. 그만큼 논어와 주판의 조화는 중요하다.

2) 사혼상재(士魂商材)

시부사와는 도덕적 윤리의 '논어'와 경제적 논리의 '주판'이 일치하고 조화를 이루는 표현으로 "사혼상재"를 예를 든다. 사혼은 '사무라이 정신'을 말하고, 상재는 '상인적 재능'을 뜻한다. 그는 이 "사혼상재"의 마음가짐을 매우 중요하다고 생각하며 다음과 같이 말하였다.

"사람이 세상에 바로 서기 위해서는 사무라이 정신이 꼭 필요합니다. 하지만 사무라이 정신만 있고, 상인적 재능이 없으면 경제적으로 자멸을 초래하게 됩니다. 따라서 사무라이 정신과 상인적 재능이 없으면 안 됩니다."

도덕적인 바탕이 아무리 잘 되어있어도 경제적인 관념이 없으면 안 된다. 반대로, 경제적인 '상재'는 뛰어난데 도덕적인 '사혼'도 없으면 안 된다. 그래서 시부사와는 이 두 가지의 조화를 위해서 다음과 같이 말한 것이었다.

"상인의 재능과 도덕이 멀어지지 않도록 하기 위해서는, 도덕을 강조하는 '논어'를 통해서 상인의 재능을 키워야 합니다."

『논어』「태백」 편을 보면 공자는 "나라에 도가 있을 때는 가난하고 천한 것이 부끄러운 일이지만, 나라에 도가 없을 때는 부유하고 귀한 것이 부끄러운 일이다."라고 말한다. 그리고 '육포를 가져와야 가르침을 줬다'라는 "속수지례(束脩之禮)"의 교훈을 보더라도, 공자는 부에 대해서 절대 부정적으로 보지 않았다. 공자가 걱정한 것은 '부' 자체가 아니라, '부'를 얻는 과정에서 올바르지 못한 과정을 걱정하고 지적한 것이다.

3) 논어 정신

"나쁜 짓을 하지 않는다는 것이 좋은 일을 한다는 의미는 아니다."

시부사와의 명언 중 필자가 좋아하는 말이다. 우리는 사회에 해를 끼치지 않는 것으로 사회에 도움이 되고 있다고 착각을 한다. 시부사와는 이러한 사람들에게 더 구체적이고 적극적으로 사회에 도움이 되는 행위를 하라고 무언의 압력을 넣는다.

시부사와의 논어 정신은 다양한 방식으로 설명할 수 있지만, 한마디로 규정하면 '선한 영향력'으로 정의할 수 있을 것 같다. 선한 영향력이란, 말 그대로 자신의 행위가 사회에 좋은 영향을 끼치는 것을 의미한다. 좋은 영향을 주기 위해서는 우선 생각 자체가 긍정적이어야 한다. 그래야 최소한 사람들에게 피해를 주지 않는다. 그리고 자신이 가진 능력을 최대한 사회에 이롭게 하는데 고민해야 한다.

글쓰기를 잘하면 좋은 책을 쓰는데 고민하고, 노래를 잘하면 사람들의 귀를 즐겁게 해 주는 것에 대해서 고민하며, 요리를 잘하면 사람들이 정말 맛있어하는 음식에 대해서 고민해야 한다. 나는 재능이 없어서 어렵다고 생각하는 사람이 있을지 모르겠다. 선한 영향력이란 어렵고 힘든 것이 아니다. 길거리에 떨어진 쓰레기를 줍거나, 사람들의 도보를 방해하는 넘어진 자전거를 세우거나 하는, 작은 거 하나부터 시작하면 된다. 이렇게 하나씩 하나씩 사회에 도움 되도록 고민하고 생각하는 일, 이것이 바로 '선한 영향력'인 것이다.

'테레사 효과'라는 말이 있다. 1988년 하버드 대학교 의과 대학에서 마더 테레사 수녀가 활동했던 영상을 보여준 뒤, 면역 항체 수치를 확인해보니 면역 수치가 높게 나오고 스트레스 지수가 크게 줄었다는 내용이다. 실제로 대학생들을 두 그룹으로 나눠서 실험도 해보았다. 한 그룹은 봉사에 대한 대가를 주고, 다른 한 그룹은 봉사에 대한 대가를 전혀 주지 않았다. 실험을 끝난 후 몸의 변화를 확인했더니 엄청난 차이가 나타났다. 대가를 받고 봉사한 사람들에게는 큰 변화가 없었고, 대가 없이 봉사한 사람들에게는 면역 수치의 증가뿐만 아니라, 스트레스 지수 하락, 게다가 몸에 좋은 호르몬들이 더욱 왕성하게 활동하였다. 이처럼 남에게 좋은 일을 하면 자신이 더 건강해지고, 남에게 베풀수록 자신이 더 도움을 받는 것이다.

'테레사 효과', '선한 영향력', '논어 정신'은 모두 같은 맥락이다. 지금 우리 사회가 절대적으로 필요한 것은 이러한 논어 정신을 바탕으로 한 선한 영향력이다. 이러한 선한 영향력을 주는 사람이 많을수록 우리 사회는 더욱 올바른 방향으로 갈 수 있다.

백범 김구의 〈나의 소원〉의 내용은 다음과 같다.

"나는 우리나라가 세계에서 가장 아름다운 나라가 되기를 원한다. 가장 부강한 나라가 되기를 원하는 것은 아니다. 내가 남의 침략에 가슴이 아팠으니 내 나라가 남을 침략하는 것을 원치 아니한다. 우리의 부력(富力)은 우리의 생활을 풍족히 할 만하고, 우리의 강력(強力)은 남의 침략을 막을 만하면 족하다. 오직 한없이 가지고 싶은 것은 높은 문화의 힘이다. 문화의 힘은 우리 자신을 행복하게 하고 나아가서 남에게 행복을 주기 때문이다.

지금, 인류에게 부족한 것은 무력도 아니요, 경제력도 아니다. 자연 과학의 힘은 아무리 많아도 좋으나 인류 전체로 보면 현재의 자연 과학만 가지고도 편안히 살아가기에 넉넉하다. 인류가 현재에 불행한 근본 이유는 인의가 부족하고 자비가 부족하고 사랑이 부족했기 때문이다. 이 마음만 발달이 되면 현재의 물질력으로 20억이 다 편안히 살아갈 수 있을 것이다. 인류의 이 정신을 배양하는 것은 오직 문화이다.

나는 우리나라가 남의 것을 모방하는 나라가 되지 말고 이러한 높고 새로운 문화의 근원이 되고 목표가 되고 모범이 되기를 원한다. 그래서 진정한 세계의 평화가 우리나라에서, 우리나라로 말미암아서 세계에 실현되기를 원한다."

백범 김구의 소원은 높은 문화의 힘이었다. 이 문화의 힘은 선한 영향력처럼 자신뿐만 아니라 많은 이들을 행복하게 해 준다. 오늘날 인류가 부족한 것은 경제력이 아니고 '인의·자비·사랑'과 같은 '논어 정신'이 절대 부족한 것이며, 이것이 전 인류를 편안하게 해 줄 수 있는 근원이라고 김구는 생각하였다.

표현이 다르지만, 시부사와도 비슷한 생각을 했었다. 나라가 발전하기 위해서는 민간 주도의 상공업이 성장해야 하고, 그 성장 과정에 있어서 가장 중요한 것은 '올바른 도리(논어 정신)'라고 그는 말한다. 여기에서 올바른 도리란 김구가 말하는 높은 문화와 같은 의미다.

시부사와는 『논어와 주판』에서 도쿠가와 이에야스(德川家康)를 극찬하는 내용이 나온다. 무력이 팽배한 전국시대임에도 불구하고 "말 위에서는 천하를 다스릴 수 없다."라는 것을 꿰뚫은 도쿠가와는 송나라 때 주자(朱子)에 의해서 일어난 신유학(주자학)의 이념을 깊이 받아들여 적극적으로 활용하였다. 무력이 만무한 시대에 이러한 결정을 내린 도쿠가와는 무분별한 외적 성장보다는, 이념을 기반으로 한 견고한 내적 성장이 중요하다는 사실을 간파한 것이다.

이것은 독일의 사회학자 막스 베버의 『프로테스탄티즘의 윤리와 자본주의 정신』에서 "근대적 자본주의 정신은 (…) 기독교적 금욕의 정신에서 탄생한 것이다."라는 내용과 일치한다. 게다가 현대 경영학의 창시자 피터 드러커도 『경영학(management)』에서 시부사와의 '논어 정신'에 대해서 "시부사와는 누구보다도 먼저 경영의 본질이 책임과 신뢰라는 것을 꿰뚫어 보았다."라고 말한 바 있다.

막스 베버의 '기독교적 금욕정신', 도쿠가와 이에야스의 '주자학 이념', 시부사와의 '논어 정신'과 같은 사상들은 구체적으로 드러나지 않지만, 이러한 사상들에 의해서 그 사회는 유지, 발전할 수 있다는 사실을 이들은 명확히 알고 있었다. 일본 자본주의를 만든 그가 비자본주의적 이념을 중시하는 것이 이상하겠지만, 긴 안목을 보면 올바른 정신문명의 토대에서 쌓은 물질문명이야말로 진정한 문명이라고 말할 수 있는 것이다.

시부사와와 김구는 함께 말한다.

'우리의 소원은 높은 논어 정신과 높은 문화의 힘이다. 이 정신과 힘은 자신뿐만 아니라, 사회, 국가, 나아가 전 인류를 행복하게 해 준다. 이 정신과 힘으로 만든 부귀와 평화를 유지할 수 있는 유일한 방법은, 논어 정신과 문화의 힘을 더욱 배양하는 것뿐이다.'

앞서 '주판'의 중요성을 언급하였다. 인생에서 경제적인 여유가 없으면 우리의 삶도 많이 제한된다. 우리를 제한시키는 그 족쇄에 얽매이지 않으려면 경제적으로 여유가 있어야 한다. 하지만 무작정 '부'만 추구해서는 절대 안 된다. 시부사와와 공자는 부를 쌓기 전, 아래의 내용을 명심하라고 주장한다.

"재부의 근원은 인의도덕이다." - 시부사와 에이이치

"눈앞의 이익을 보면 의리를 먼저 생각해야 한다." - 공자

부를 쌓기 위해서는 반드시 '도덕성'과 '의(義)'를 기반으로 해야 한다. 그래서 시부사와는 "주판은 논어에 의해 더욱더 완벽해진다고 늘 생각해 왔습니다. 또한, 논어도 주판에 의해 참된 치부(致富)의 도가 널리 행해질 수 있도록 합니다."라고 말하였고, 그리고 "부귀는 모든 사람이 바라는 것이지만 정당한 방법으로 얻은 것이 아니라면 부귀를 누리지 않아야 한다."라고 말한 것이다. 논어와 주판은 전혀 다른 개념이 아니다. 서로 완벽하게 해 주고 서로 도와줄 수 있는 상호보완적인 관계이다.

이것이 바로 '논어와 주판 정신'이다.

'일본 자본주의 아버지'라고 불리는 시부사와 에이이치
[시부사와사료관소장(渋沢史料館所蔵)]

제2장
시부사와 에이이치는 누구인가?

1. 일본의 설계자가 있다고?

2024년 일본에서는 새 지폐가 발행된다. 이때 1만엔 권으로는 시부사와 에이이치(渋沢栄一), 5천엔 권은 쓰다 우메코(津田梅子), 1천엔 권은 기타사토 시부사부로(北里柴三郎)가 선정되었다. 20년 만에 이루어지는 이번 화폐 인물 선정에는 많은 의미가 내포되어 있다고 생각한다.

국가를 상징하는 것으로는 '국기'와 '화폐'가 가장 대표적이다. 이들은 국가의 정체성과 국민의 정서를 반영해야 하므로 화폐 인물로 선정되는 것은 상당한 의미를 지닌다. 특히 가장 상징적인 1만 엔의

2024년 발행될 1만 엔권 지폐 인물로 선정된 시부사와 에이이치
출처: 일본 재무성 (https://www.mof.go.jp/policy/currency/bill/20190409.html)

지폐 인물로 '일본 자본주의의 아버지'로 불리는 시부사와가 채택된 이유는 장기 불황으로 많은 어려움을 겪고 있는 일본 경제를 부활시키려는 의미를 지녔다고 판단된다.

2019년 10월 7일, 소프트뱅크 손정의 회장은 〈닛케이 비즈니스(日経ビジネス)〉와의 인터뷰에서 정부와 기업가들을 강하게 비판했다. 장기 불황으로 일본 사회 전체가 변화와 혁신을 도모해야 살 수 있지만, 정부는 시대의 변화를 전혀 감지하지 못하고 있고, 기업들은 내수시장만 고집하며 도전정신은 전혀 볼 수 없다면서 현재 일본의 모습을 매우 안타까워하였다. 게다가 우수한 인재들도 모두 안전한 공무원만 될 생각만 하는 것을 보고, 이대로라면 "일본의 장래가 매우 어둡다."라며 일본의 미래를 매우 비관적으로 전망하였다.

시부사와가 살았던 시대는 오늘날보다 더욱 심한 격동기였다. 그러한 상황 속에서 그는 500여 개의 회사와 600여 개의 교육·복지 시설을 세우면서 끊임없이 도전하였다. 평생을 변화와 혁신을 위해 살았던 그는 오늘날 많은 것을 남겼다. 『논어와 주판』은 시부사와를 대표하는 저서다. 이 책은 많은 상징성을 가지고 있다. 그가 주장한 〈도덕·경제합일설〉에서 '논어'는 도덕을 의미하고, '주판'은 경제를 뜻한다. 오늘날 그가 주목받는 이유는 일본을 경제 대국으로 만드는 핵심적인 역할을 하였기 때문이다. 즉 그는 논어와 주판에서 '주판'의 완성도를 극대화한 인물이다.

이제 그에 대해서 알아보자.

시부사와 에이이치 당시 생가 모습 (사이타마현 후가야시)
[시부사와사료관소장(渋沢史料館所蔵)]

1) 유년기

1840년(天保11年) 사이타마현 후카야시(埼玉県 深谷市)에서 태어나, 에도·메이지·다이쇼·쇼와에 이르기까지 수많은 격변의 시대를 겪은 그는 가정교육이 매우 엄격한 집안에서 자랐다. 어릴 때부터 『논어』, 『맹자』, 『중용』, 『대학』을 비롯해, 『효경』, 『소학』, 『좌전』, 『사기』, 『한서』, 『국사략』, 『일본외사』 등, 한학과 역사를 익혔다.

대농가의 아들로 태어났지만, 젊을 때부터 아버지 시부사와 이치로우에몬(渋沢市郎衛門)과 함께 다른 마을을 다니면서 소금, 기름, 남옥을 팔기 시작했고, 14세부터는 직접 물건을 매입하고 판매하면서 경영을 배웠다. 이러한 상인의 기질은 훗날 수많은 기업을 만드는데 밑거름이 되었을 것이다.

　유년 시절 시부사와에게 큰 영향을 미친 인물 중 한 사람으로
'오다카 아쓰타다(尾高惇忠)'라는 사촌 형을 언급하지 않을 수 없다.
그는 시부사와에게 다독(多讀)을 권하면서 폭넓은 지식과 사고력을
키우는 데 큰 도움을 주었고, 봉건제 타파와 존왕양이(尊王攘夷) 사상
등, 정치적인 시대의 흐름을 시부사와에게 가르쳐 주었다. 즉, 우물
안에 갇혀 있는 시부사와를 큰 대양으로 인도해 준 첫 번째 인물이
바로 오다카 아쓰타다인 것이다. 그리고 시부사와는 그의 사촌 여동
생 '치요'와도 결혼을 했다. 오다카 아쓰타다는 시부사와가 훗날 많
은 회사를 건립할 때에도 사업에 직접 관여하였고, 시부사와의 인생
에 있어서 빠질 수 없는 인물이다.

왼쪽 오다카 아쓰타다, 오른쪽 시부사와 에이이치 부인 치요
[시부사와사료관소장(渋沢史料館所蔵)]

1867년 파리에서 열린 만국박람회에 일본 사절단으로 갔을 때 찍은 사진(왼쪽 위 첫 번째)
[시부사와사료관소장(渋沢史料館所蔵)]

2) 청·중년기

1853년 시부사와가 13세 때, 미국의 페리 제독이 이끄는 흑선(黑船)이 일본에 내항한다. 그때, 일본 내에서는 쇄국과 개항이 크게 대립하는데, 그 당시 막부 중신인 이이 나오스케(井伊直弼)가 천황의 지시를 무시한 채, 미국과 불평등조약인 '미일수호통상조약'을 체결하고 만다. 이러한 굴욕적인 조약을 비난하던 전국의 사무라이들은 서양 오랑캐들과 그 앞잡이들을 물리치고, 막부를 타도하고 천황을 옹립하자는 존왕양이 운동을 전개한다.

그 당시, 일본은 양이파와 개국파 간의 대립이 심각했고 서양의 선진 자본주의 국가로부터 많은 차관을 받은 일본은 이미 빚쟁이 국가가 되었다. 서구의 공장제 제품들의 대량 유입으로 인해 물가는 폭등하고 서민들의 생활은 더욱더 궁핍한 상황으로 이어졌다. 이때 20대 초반이었던 시부사와는 존왕양이 지사로 목숨을 바칠 것을 각

오하고 존왕양이 운동에 적극적으로 참여했다. 하지만 1864년 24세에는 막부의 가신이 히라오카 엔지로의 추천으로 도쿠가와 요시노부(德川慶喜)의 가신이 된다. 현실을 잘 대처한 시부사와는 그때부터 막부 체재를 위해 헌신하는 사람이 되었다.

1867년 27세 때, 시부사와의 인생에서 가장 중요한 경험을 하게 된다. 도쿠가와 요시노부는 재정확충에 큰 공을 세운 시부사와에게, 그의 동생 도쿠가와 아키타케를 수행하여 파리 만국박람회에 가도록 명령한다. 이 기회가 시부사와의 인생을 근본적으로 바꾸는 계기가 된다. 파리 만국박람회는 그 당시 자본주의 문명의 상징이었던 증기기관, 방적기계 등, 선진 서구화 문명을 볼 수 있는 기회였고, 그는 그곳에서 문화적 충격을 받는다.

청년 시부사와 에이이치의 상반된 모습. 당시 시대적 분위기를 충분히 느낄 수 있다.
(좌 : 1866년, 우 : 1867년)
[시부사와사료관소장(渋沢史料館所蔵)]

일본의 신분제도인 사농공상(士農工商)에서 상업은 신분이 가장 비천한 사람들이 하는 일이었다. 그러나 이곳 상공인들은 높은 사회적 지위를 누리면서 국가발전에 이바지하는 사실을 보고 시부사와는 큰 충격을 받는다. 심지어 프랑스의 나폴레옹 3세와 벨기에의 국왕들도 자국의 부를 늘리기 위한 세일즈 활동을 보고 시부사와는 큰 감명을 받았다. 이때 그는 '결국, 국부를 쌓기 위해서 나라의 상공업이 발전해야 하고, 상공업 전체발전을 위해서는 기반시설이 정말 중요하다는 것'을 깨닫는다.

그는 28세 때부터 선진국에서 배운 경험들을 일본에 적용한다. 첫 번째로 '시즈오카 상법회소(静岡商法会所)'를 만들었다. 이것은 금융업과 상업을 혼합한 조직으로 일본에서 설립된 첫 주식회사다. 다음 해 29세 때 시부사와는 탁월한 경영 능력을 인정받아, 조세 담당 국장으로 첫 관료 생활을 시작해서 조세, 화폐, 은행제도를 개혁하

대장성 관료 시절의 시부사와 에이이치
[시부사와사료관소장(渋沢史料館所蔵)]

는 등, 큰 업적을 남긴다. 이때 지금 사용하고 있는 화폐단위 '엔(円)'이 만들어지고, 지역명도 번이 없어지고 현이 생긴다. 이른바 '폐번치현(廢藩置縣)'이다. 지금 우리가 사용하는 '은행(銀行)'이라는 말도 시부사와가 만들었다.

1870년에 서열 6위인 대장소좌의 자리까지 올라가고, 1871년 31세 때 정부 최고 회의의 서기관까지 되었다. 1873년 33세에 5년간의 관료 생활을 마치고 관직에서 물러난다.

3) 노년기

관직에서 나온 시부사와는 60년 가까운 세월을 일본 경제발전과 사회복지를 위해 헌신한다. 당시 미쓰이, 미쓰비시, 스미토모와 같은 재벌들은 서구식 경영체제를 바탕으로 사적인 영리추구를 목적으로 했지만, 그와 달리 시부사와는 공익을 우선시하며 전체적인 국가 경제발전을 위해 노력하였다. 시부사와는 항상 소수의 이익보다 전체 다수의 부로 귀결시키려고 노력하였기 때문에 그를 '일본 자본주의의 아버지'라고 부르는 것이다.

특히 그는, 도쿄 양육원장을 50년 넘게 맡으며 어린이를 위한 복지에 매진하였다. 일본결핵협회 회장, 일본 국제 아동친선회 회장, 일본적십자사와 한센병 예방협회, 지적장애자 복지시설 등, 공익사업과 사회복지사업에 크게 이바지하였다. 공익사업에 연계된 그의

만년의 시부사와 에이이치
[시부사와사료관소장(渋沢史料館所蔵)]

직책이 약 600개 정도였다고 하니, 그의 업적은 이루 헤아릴 수 없을 정도다. 1916년 76세에 실업계에서 은퇴한 후에도 국제교류와 사회봉사 등 수많은 일을 한다. 그는 1926년과 1927년 두 차례나 노벨평화상 후보까지 오른다.

시부사와를 진정으로 높이 평가해야 하는 이유는, 그는 죽은 후에도 자식들의 재산 분쟁을 방지하기 위해서 '시부사와 동족주식회사'를 설립해서 그의 재산이 한곳에 치우치지 않게 하였다. 재산 대부분도 사회에 환원하였다. 이런 부분은 당시 다른 재벌들은 전혀 생각하지 않은 점이다.

1931년 그의 나이 91살 때, 수많은 업적을 남기고 이 세상을 떠났다.

4) 한국과의 인연

시부사와와 한국과의 인연은 그다지 좋지 않다. 1876년 조선과 일본은 '병자수호조약'을 맺는다. 이때 시부사와는 부산에 '제일은행'을 만들고 우리나라 국고를 관리하게 된다. 그는 우리나라 최초의 철도인 경인선은 물론, 경부선도 만드는 데 큰 역할을 하였고, 전기, 광산 등, 많은 사업에 관여하여 한반도 경제침략에 앞장섰다.

일본으로서는 국부를 증진하고 근대화를 만든 장본인으로 영웅적인 인물이지만, 우리나라 입장에서는 경제침략의 선봉장으로 좋은 인연은 아니다. '일본 제국주의의 심장'이라 불리는 이토 히로부미를 저격한 독립운동가 안중근을 일본에서는 테러리스트라고 하지만, 우리나라에서는 영웅이라고 불리는 것처럼 상대적일 수밖에 없다.

시부사와가 이번 1만엔 권의 화폐 인물 선정이 된 것은 아베 정권을 우경화하는 정치적인 의도로 넣은 것은 아니라고 생각한다. 일본으로서는 언젠가는 화폐 인물로 선정될만한 사람이었다. 실제로 1963년에 일본은행 천엔 권 최종인물로 시부사와가 선택되었지만, 당시 위조 방지를 위해 수염이 있는 인물만이 화폐의 주인공으로 될 수 있었던 탓에 이토 히로부미(伊藤博文)가 선정되었다.

일본 전체에 큰 영향력을 미쳤음에도, 그가 지금까지 화폐의 주인공이 되지 못한 이유는 단순히 지폐 기술의 발달로 인해 늦춰진 것

일제 식민지 시절(1902년~1904년) 한국에서 발행된 최초의 지폐
[시부사와사료관소장(渋沢史料館所蔵)]

뿐이다. 참고로, 1902년에서 1904년까지 대한제국에서 발행된 1엔, 5엔, 10엔 권에는 전부 시부사와의 초상이 그려져 있었다. 경제침략의 중심에 있었던 시부사와를 한국으로서는 부정적으로 보는 것은 당연하다.

5) 사회적 평가

'일본 자본주의의 아버지'라고 불리는 시부사와는 500여 개의 기업을 설립하고, 600여 개의 사회·복지단체를 설립하는 등, 수많은 일을 하였다. 이 많은 일을 한 사람이 어떻게 할 수 있나 할 정도로 그는 엄청난 일을 하였다. 91세 때(1931년) 치러진 그의 장례식은 천왕의 칙사까지 파견되어 국장(國葬) 수준으로 진행되었다. 그의 운구를 실은 차가 지나갈 때 수많은 사람이 그의 죽음을 슬퍼했다고 한다.

많은 사람이 그의 죽음을 애도한 것은, 그만큼 많은 이들에게 도움을 주고 사회적으로 많은 공을 세웠기 때문이다. 그가 남긴 수많은 업적은 다음과 같다.

(1) 도덕 · 경제합일설

'도덕 · 경제합일설'은 시부사와를 가장 대표하는 말이다. 이를 설명하기 위해서는 그가 남긴 대표 저서 『논어와 주판』의 의미를 알아야 한다. 여기에서 '논어'는 '도덕'을, '주판'은 '경제'를 상징한다. 시부사와는 이 '논어'와 '주판'이 서로 다른 개념이 아니라 항상 일치해야 한다고 주장한다. 그래서 그는 『논어와 주판』에서 다음과 같이 말하였다.

> "부의 근원은 인의도덕(仁義道德)입니다. 올바른 도리로 쌓은 부가 아니면, 그 부는 완전하지도 않고 영원하지도 않습니다. 그러므로 '논어'와 '주판'이라는 동떨어진 개념을 일치시키는 것이 오늘날 우리들이 가장 시급하게 해야 할 임무입니다."

'부'를 이루고 지키기 위해서는 '인의도덕'이라는 올바른 도리로 쌓아야 한다고 시부사와는 주장한다. 그가 말하는 '도덕 · 경제합일설'이란, 말 그대로 '논어와 주판', '도덕과 경제', '도덕과 이익'이 일치해야 한다는 이야기이다.

그가 살았던 격변의 시대에는 배금주의와 황금만능주의가 팽배해서, 돈이면 뭐든지 가능한 시대적 분위기가 있었다. 그래서 시부사와는 그러한 형태의 부는 오래가지 못할 것으로 판단하고 '도덕·경제합일설'을 주장한 것이다.

시부사와의 이러한 '부'에 대한 생각들은, 『논어』「술이」편에 나오는 아래의 말을 참고한 것으로 보인다.

"의롭지 않으면서 부귀해지는 것은, 나에게는 뜬구름과 같다."

시부사와가 말하는 '도리'는 공자의 '의로움'과 같은 의미다. 그가 주장한 '도덕·경제합일설'은 도리와 의로움을 지닌 '부'야말로 진정한 '부'라는 의미다.

논어와 주판이 그려진 그림
[시부사와사료관소장(渋沢史料館所蔵)]

시부사와 70세 되던 해, 친구가 화첩 하나를 선물해 준다.
그 그림 안에는『논어』책과 주판이 그려져 있었다.
어느 날 동경대학 미시마 키교수가 시부사와 집에 들렀다가
그 그림을 보고 매우 흥미로워하였다.
교수는 이 그림을 보고, '도리와 이익', '도덕과 경제',
즉 '논어와 주판은 반드시 일치해야 한다.'라는 연구를 한다.
시부사와도 이러한 생각들을 사업에 접목시킨다.
1916년(76세) 그를 대표하는 저서『논어와 주판』이 완성된다.

(2) 사회공헌 활동

일본 근대 자본주의를 만든 시부사와는 '일본 자본주의의 아버지',
'일본 현대문명의 창시자', '일본 금융의 왕' 등 수많은 수식어를 가진
인물이다. 20대에 서양으로 가서, 선진 자본주의 국가 산업 제도를
익힌 후, 일본으로 돌아와 조세, 화폐, 은행 등 일본의 기반시설이
되는 수많은 사업을 추진했으며, 그가 주도적으로 만든 기업이 500
여 개에 이른다.

'국립제일은행', '도쿄전력', '일본철도', '제국호텔', '도쿄가스', '도
쿄해상보험', '삿포로맥주', '기린맥주', '도쿄수도회사', '일본상공회
의소' 등 수많은 회사를 세웠다. 그는 이러한 산업 분야뿐만이 아니
라, 당시 남존여비 사상이 팽배한 사회에서 여성 교육을 위해 '일본
여자대학'과 '도쿄여학관' 설립에 이바지했다. 당시 멸시당하던 상인

들에게도 교육이 필요하다고 말하며, 히토쓰바시대학, 도쿄게이자이대학, 도시샤 대학 등의 설립에도 관여하였다.

빈곤층을 구제하기 위해서 '도쿄양육원'도 만들었다. '도쿄양육원'은 50년 넘게 원장 자리를 지켜왔으며, '일본결핵협회' 회장, '일본국제아동친선회' 회장 등을 역임하고, '일본적십자사', '도쿄자혜회', '한센병예방협회' 설립도 주도했다. 약 600여 개의 교육과 복지에 관련된 공익단체 설립에 직접적인 관여와 기부를 하면서 업적은 헤아릴 수 없을 정도다.

여기서 주목해야 할 부분은 불쌍한 어린아이, 노인 등, 혼자 살아갈 능력이 없는 사람들을 위해서 '도쿄양육원'의 원장을 50년 (1885~1931) 가까이 역임한 부분이다. 그는 성공하고 나서 사회봉사에 노력한 것이 아니다. 성공하기 전부터 사회의 사각지대를 개선하기 위해서 노력하였다. 500여 개의 회사를 설립한 수보다 600여 개의 사회공헌에 더욱 노력한 부분이 그를 더욱 빛나게 하는 것이다.

시부사와는 이렇게 온몸을 헌신하여 1900년 60세에 남작(男爵) 칭호를 받는다. 그리고 그는 1903년에 '일-인도협회'를 창설하고, 1914년에는 "아시아와의 협력 없이 일본의 번영은 없다"라며 중국과 경제외교를 벌인 등, 국제교류에도 많은 힘을 쓴다. 수많은 공로로 시부사와는 1920년 80세에는 자작(子爵)까지 오른다. 1927년에는 '일본국제아동친선회'를 설립해서 미국과의 교류에도 힘을 썼다.

1931년에 중국에서 터진 수해 피해를 돕기 위해 '중화민국수재동정회(中華民國水災同情會)' 회장으로 모금 활동을 펼쳐 민간외교의 선구자적인 모습도 보였다.

일본 국내뿐만 아니라, 국제 사회에서도 많은 선행을 보여준 그는 평생을 도덕과 경제를 일치시키려는 '논어와 주판 정신'을 실천한 것이다. 이러한 그의 업적과 신념들이 축적된 1926년과 1927년에는 두 번이나 '노벨 평화상' 후보에 올랐을 정도로 평생을 사회공헌에 헌신한 인물이다.

(3) 정치 활동

시부사와는 1889년부터 1904년까지, 15년간에 걸쳐 후카가와구(深川区)에서 의원으로 정치 활동을 하였다. 구 의장까지 선출되어 후카가와의 발전을 위해서 노력하였다. 제1회 중의원 의원 총선거에는 출마할 의사표명도 하지 않았는데도, 도쿄 5구에서 94표를 얻어서 당선되었다.

1890년 9월 29일 귀족원 의원으로 칙선(천황이 몸소 뽑음) 되었고, 같은 해 12월 15일 제1회 제국의회 귀족원 본회의에 출석하였으나, 이후로는 출석하지 않고 이듬해 1891년 10월 29일에 사임하였다.

2. 그의 성공철학 '지 · 정 · 의'

시부사와는 '지 · 정 · 의'를 성공의 요소로 보았다. 그는 '지(智) · 정(情)' · '의(意)'를 '지혜(智惠)' · '정애(情愛)' · '의지(意志)'로 다시 정의하고, 이 3요소를 골고루 갖춘 사람을 상식적인 사람이라고 말한다.

먼저, 상식에 대한 그의 생각을 알아보자.

"상식은 어느 자리에 있어도 필요한 것이고, 또 어떤 장소에서도 빠져서는 안 되는 것입니다. (…) 즉, 매사에 기교를 부리지 않고 완고하지 않으며, 시비선악을 분명히 하고, 이해득실을 식별하며, 모든 말과 행동에 중용을 따르는 것입니다. 학리적으로 해석하면 '지(智) · 정(情) · 의(意)' 3요소가 모두 균형을 이루고, 고르게 발달하는 것을 완전한 상식이라고 생각합니다."

시부사와는 인생의 성공을 위해서는 '지 · 정 · 의'라는 3가지 상식의 요소를 먼저 몸에 익혀야 한다고 말한다. 이 3가지를 균형 있게 갖추면서 높은 수준으로 나아가면 완벽한 인간의 의미인 '완인(完人)'이 될 수 있다고 그는 생각하였다. 시부사와는 이 완인의 상태로 갈

수록 쉽게 성공할 수 있다고 믿었다.

완인에 대한 그의 생각은 다음과 같다.

"완인은 '지·정·의' 3요소를 골고루 갖춘 사람입니다. 즉, 상식을 갖춘 사람입니다. (…) 지금 사회는 완인을 많이 필요로 합니다. 사회의 모든 설비가 오늘날과 같이 정돈되어 있고 발전하고 있는 때에는 상식이 풍부한 사람이 많이 일할수록 그 사회의 결핍과 부족한 것이 없어지기 마련입니다. (…) 이상적인 정치를 실현하기 위해서는 국민들의 상식이 필요하고, 산업이 발전하고 진보하기 위해서는 실업가의 상식의 수준을 끌어올리는 것이 필요합니다."

시부사와는 '지·정·의'를 골고루 익히면서 높은 수준의 상식을 갖추면 누구나 '완인'이 될 수 있다고 생각하였다. 이 '완인'은 '완전하고 완벽한 인간'이라는 뜻으로, 그 쓰임이 무궁무진하다는 의미다. 그래서 우리는 인생의 성공을 위해서 먼저 완인을 목표로 해야 한다.

필자는 그의 성공철학의 3요소인 '지(智)·정(情)·의(意)'를 다시 '방향성·우수성·지속성'으로 개념화한 뒤, 그의 성공학을 정리해 보았다. 이 부분에 대해서 대략적인 부분만 언급하고 자세한 부분은 4장에서 상세히 언급하겠다.

1) 지(智, 방향성)

우선 '방향성(智)'의 중요성에 대해서 말하면, 시부사와 본인도 15년이나 늦게 인생의 방향을 정한 것에 대해서 한탄하며 아쉬워한다. 인생은 빨리 가는 것만이 정답은 아니지만 빨리 선택할 수 있다면, 그만큼 인생을 효율적으로 보낼 수 있다는 것이다.

헨리 데이비드 소로는 "우리는 목적지로 향하는 과정을 의식하며 걸어야 한다."라고 말했다. 이 말처럼 많은 성공자들은 '방향성'의 중요성에 대해서 누구보다도 잘 인식하고 있다는 것을 우리는 간과해서는 안 된다.

2) 정(情, 우수성)

'우수성(情)'은 매 순간 조화롭고 탁월한 결과를 만드는 덕목이다. 시부사와는 『논어와 주판』에서 '정'에 관하여 길게 설명을 하였지만, 짧게 정의하면 '자신의 감정과 생각을 잘 다스려서 모든 상황에서 원만하게 대응하고, 뛰어난 결과를 만들어 내는 능력'이라고 말할 수 있다.

이와 관련해서 심리학자 빅터 프랭크는 "자극과 반응 사이에 공간이 있다. 그리고 그 공간에서 선택이 우리의 삶의 질을 결정짓는다."라고 말하였다. 이처럼, 매 순간 자신의 감정과 생각들을 잘 조절해서 명확한 판단을 내릴 수 있도록 도와주는 '정'의 기능은 매우 중요하다. 왜냐면, 우리의 인생은 매 순간의 결정과 깊은 관련이 있기 때문이다. 현재 모습도 순간순간의 선택에서 판단한 결정의 총합이다. 그래서 미국의 정치가인 윌리엄 제닝스 브라이언도 "운명은 기회의 문제가 아니라 선택의 문제다."라고 말한 것이다.

이러한 선택의 기능과 깊은 관련이 있는 '정'의 감각을 탁월하게 만들기 위해서 시부사와는 '의지단련법'을 주장한다. 매 순간의 '탁월함'은 자신의 의지를 어떻게 훈련하는가에 달려 있다고 그는 생각한 것이다.

3) 의(意, 지속성)

'지속성'의 의미인 '의(意)'에 대해서 시부사와는 "강한 의지가 있다면 인생에서 매우 중요한 사람이 될 수 있습니다."라고 할 정도로 모든 것을 가능하게 만드는 덕목으로 생각하였다.

김대중 전 대통령은 다음과 같은 말을 했다. "기적은 기적처럼 오지 않는다. 인간이 할 수 있는 모든 노력을 하고 마지막으로 기도만 남아 있을 때, 비로소 기적이 기적처럼 오는 것이다."라고, 이처럼 우리 인생에서 기적과 같은 성공을 맞이하기 위해서는 마지막 기도만 남을 때까지 최선의 노력을 다해야 한다. 마지막 기도만 남을 때까지 포기하지 않는 것이 중요하다. 그래서 시부사와도 "자신이 해야 할 일은 끝까지 할 수 있도록 노력하고, 그 뒤의 결과는 하늘에 맡겨라."라고 말한 것이다. 꿈과 목표에 다가가는 속도가 더딘 것을 걱정하지 말고 멈추는 것을 걱정하라. 멈추지 않고 꾸준히 최선을 다할 수 있는 노력, 이것은 결국 강한 의지인 '의'에서 나오는 것이다.

방향성 '지(智)'가 없으면 아무리 탁월한 능력과 강한 의지가 있어도 목적지를 잃은 배처럼 영원히 성공의 항구에 도착하지 못할 수 있다. 그리고 탁월한 '정(情)'이 없으면 아무리 방향성을 잘 세우고 강한 의지가 있어도 성공의 시간이 언제 올지 모른다. 마지막으로 꾸준히 노력하는 '의(意)'가 없으면, 아무리 방향성을 잘 세우고 탁월한 능력을 발휘해도 일시적인 성공에 지나지 않는다. 그래서 인생의 성공을 위해서는 '방향성', '우수성', '지속성'이 필요한 것이다. 이들을 시부사와는 '지(智) · 정(情) · 의(意)'라고 표현했다.

'지 · 정 · 의'를 한 문장으로 표현하면 다음과 같다.

'제대로 된 목표를 가지고 탁월함을 추구하라. 포기하지 않으면 뭐든지 이룰 수 있다!'

시부사와 성공철학의 요체인 '지 · 정 · 의'에 관한 내용은 〈4장 시부사와 에이이치 성공철학〉에서 상세히 다루어 보겠다.

3. 그가 말하는 성공이란?

시부사와가 생각했던 성공은 오늘날 우리가 생각하는 성공과 다르다. 그는 인생의 성공을 '사회공헌(社會貢獻)'과 '인사유명(人死留名)'으로 판단하였다. 이에 관련된 내용은 다음과 같다.

1) 사회공헌(社會貢獻)

일본에 '살아 있는 경영의 신'이라고 불리는 이나모리 가즈오(稻盛和夫)는 1984년 4월 '교토상'을 만들어서 사회공헌에 노력하고 있다. 그는 이 '교토상'을 만들 당시 아래와 같은 생각으로 '교토상'을 만들었다.

"사람은 혼자서는 살 수 없다. 우리가 오늘 살아 있는 것. 그리고 마음껏 일할 수 있는 것은 공기와 물, 음식 등 지구환경에서부터 사회, 가족과 직장 동료에 이르기까지 우리 주변을 둘러싼 온갖 존재가 우리를 돕고 있기 때문이다. 그런 의미에서 '우리가 스스로 살아 있다'기보다 '무언가가 우리를 살게 해 주는' 셈이다. (…) 어떤 경우에든 불평불만을 품지 말고, 살아 있는 것, 아니 무언가가 우리를 살게 해 주는 것에 항상 감사하자. 그렇게 행복을 느낄 줄 아는 마음이 있어야 인생이 풍요롭고 윤택하고 아름다워진다."

"나는 내가 얻은 것을 어떤 형태로든 세상에 돌려주어야겠다고 생각했다. 그리고 1984년 4월, 내 주식과 현금을 합친 약 200억 엔을 기본 자금으로 삼아 이나모리 재단을 설립하고 '교토상'을 창설했다. 교토상 창설을 발표한 뒤 노벨상의 운영방식을 배우려고 노벨 재단을 방문했다. 그때 그곳 관계자에게 '노벨상과 같은 국제적인 표창 사업을 운영하는 데 가장 중요한 점이 무엇입니까?'라고 물었더니 '국제적인 관점에서 심사가 공평하고 엄정하게 이루어져야 합니다. 그리고 사업을 오래 지속해야 권위가 생깁니다.'라는 대답이 돌아왔다. 또 노벨상의 경우 '노벨의 유언'이 재단이념으로 작용하고 있었다. 그래서 나도 '교토상 이념'을 만들어 향후 교토상의 심사, 운영을 원칙으로 삼았다. 이 이념의 맨 첫 항목에는 '세상과 남에게 도움을 주는 것이 인간으로서 최고의 가치 있는 행위다.'라는 내 오랜 인생관이 담겼다. 나는 오래전부터 지금까지 나를 성장시켜준 인류와 세상에 보답하고 싶다는 마음을 품고 있었고, 그 마음을 어떤 형태로 실천해야 할지 고민하는 중이었다. 또 남모르게 노력하는 연구자가 세상에 많은데도 그들을 진심으로 독려할 수 있는 상이 너무 부족하다고도 느꼈다. 그것이 교토상의 창설 이유가 되었다."

이나모리 가즈오는 개인의 이익보다 사회이익을 우선시하며 항상 사회에 도움이 되는 일을 고민했고, 그러던 중에 '교토상'을 만들어서 사회 환원에 노력하였다. 자신의 성공은 모두 사회에게서 온 것이며, 다시 사회로 환원하려는 그의 사고는 오늘날 우리나라 기업인들이 본받아야 할 점이라고 생각한다. "출이반이(出爾反爾)"라는 말처럼, 남에게 베푸는 사람일수록 그 사람에게 더 많은 것이 되돌아가는 게 세상의 이치다. 그가 많은 이들에게 신뢰를 받고 인정을 받는 이유가 바로 이러한 이타주의적 방식으로 회사를 경영하기 때문이다.

시부사와는 이나모리 가즈오의 이러한 생각들을 훨씬 이전부터 생각했었다. 시부사와도 국가와 사회를 위해 사는 인생이 성공적인 인생이라 생각하며 다음과 같이 말하였다.

"자신의 번영은 물론, 사회를 위해서 일한다. 그래서 가능한 한 자신이 가진 모든 역량을 발휘해서 선의를 베풀고, 사회의 발전을 위해서 노력하고 있습니다. 저 자신의 부와 지위, 자손들의 번영은 두 번째고, 오로지 국가와 사회를 위해서 살고 싶습니다."

시부사와는 자신에게 도움이 되지 않더라도 국가와 사회에 도움이 된다면 그것을 먼저 행동해야 한다고 말한다. 사익보다 공익을 우선시하는 생각, 국가와 사회에 선한 영향력을 주는 행위, 이러한 사회공헌이 그가 말하는 인생의 성공이다.

2) 인사유명(人死留名)

인생은 몇 년을 살았느냐가 중요한 것이 아니다. 세상에 가치 있는 일을 얼마나 많이 했는가가 중요하다. 사람의 진정한 평가는 여기에서 결정된다.

애니메이션 〈원피스〉에 다음과 같은 명대사가 나온다.

"사람은 언제 죽는다고 생각하나?
심장이 총알에 뚫렸을 때? 아니
불치병에 걸렸을 때? 아니
맹독 버섯 수프를 마셨을 때? 아니
사람들에게 잊혔을 때다!"

사람의 죽음은 생물학적으로만 판단하는 것이 아니다. 위의 말처럼, 많은 사람의 기억에 남아 있다면 죽었다고 할 수 없다. 불교에는 '색신(色身)'과 '법신(法身)'이라는 말이 있다. '색신'은 눈에 보이는 육체를 말하고, '법신'은 생사와 상관없이 그 사람의 진리와 법, 정신을 의미한다.

오늘날 시부사와가 거론되는 것을 보면, 그의 '법신'은 아직 생생하게 존재하는 것이다. 필자도 그가 남긴 『논어와 주판』에 깊은 감명을 받았고, 그를 주제로 책과 논문을 쓴 것도 그의 '법신'이 마음에 들었기 때문이다. 시부사와가 살았던 격변의 시대에서 직접 느끼고 깨달았던 그의 사상과 신념, 즉 그의 '법(法)'이 필자의 마음을 움직이게 하였다.

불교에서 진리를 의미하는 '법(法)'처럼 시부사와도 '정신'을 후세에 남기는 것이 하나의 성공이라고 생각하였다. 그래서 그는 다음과 같이 말한다.

"사람의 진정한 평가는 쉽게 판단할 수 있는 것이 아니다. 그래도 해야 한다면, 그 사람이 이룬 부귀공명에 관련된 모든 성패는 두 번째로 하고, 그 사람이 남긴 정신이 얼마나 효과가 있었는지에 대해서 판단해야 할 것이다."

"어느 책의 양생법에는, 만일 몸이 늙고 생명이 존재하더라도, 그저 먹고 자고 하루하루를 보내기만 하는 사람이라면 그것은 생명의 존재가 아니고 고깃덩어리에 불과합니다. 따라서 사람은 노쇠해서 육신이 제대로 움직이지 않더라도, 세상에 우뚝 서겠다는 마음을 가지고 있다면, 그것은 생명의 존재라고 말할 수 있는 것입니다. 인간은 생명의 존재로 있고 싶지, 고깃덩어리로 있고 싶지 않습니다."

시부사와는 그 사람이 후대에 남긴 '정신'을 보고 성공의 여부를 결정하였다. "부자로 죽는 것은 부끄러운 일이다."라며 사회공헌에 앞장선 철강왕 앤드류 카네기처럼, 미국 전역에 도서관을 2,500여 개를 만들고 사회복지를 위해 전 재산을 기부하면서, 후세에 많은 '사회공헌'을 한 것도 하나의 성공이었고, 공자의 『논어』처럼 후대에

'정신문명'을 남기는 것도 하나의 성공이었다.

이러한 관점에서 보면 시부사와는 두 가지 모두를 성공한 사람이다. 그는 일본의 근대화를 위해 500여 개의 회사를 만들고, 600여 개의 교육·복지시설 설립에 직접 관여하여 물질적으로 사회공헌에 크게 이바지하였다. 그리고 『논어와 주판』이라는 '비즈니스 바이블'을 남기며, '기업의 사회적 책임'과 '진정한 부'에 대해서 정신적으로도 많은 영향을 끼쳤다.

4. 남다른 그의 철학

시부사와는 수많은 업적을 남겼지만, 수많은 철학도 남겼다. 그가 남긴 남다른 철학은 크게 3가지로 정의할 수 있다.

첫 번째, 노블레스 오블리주
두 번째, 정의구현
세 번째, 모험정신

1) 노블레스 오블리주

오늘날 한국 기업들의 '기부문화'는 자신들의 선의를 표현하는 하나의 수단으로 사용되고 있다. 사회에 기부하면 세금혜택도 많고 회사 이미지도 좋아지면서 자신들의 세력을 유지하기 위한 하나의 방법으로 사용되는 느낌이다. 필자는 이러한 기업의 기부문화를 부정적으로 보는 이유는 미국의 기부문화와 너무나 큰 차이를 보이기 때문이다.

기부문화에 있어서 미국은 '위대한 나라'라고 생각한다. 빌 게이츠(32조), 위렌 버핏(약 25조), 조지 소로스(약 10조) 등, 기부금액이 상상을 초월한다. 철강왕 카네기도 미국 전역에 도서관을 2,500여 개를 만들고 전 재산을 사회에 환원하였다. 미국 경제지 〈포춘〉에 따르면 석유왕 록펠러도 그가 살아생전 기부한 총금액이 5억 3,000만 달러(한화 약 6,300억 원)였는데, 이 돈은 요즘 가치로 무려 1,280억 달러, 그러니까 150조 원에 이른다고 한다.

우리나라 기업가 중에 이러한 기부를 했다는 이야기를 들어본 적이 없다. 자신이 쌓은 부를 자식들이나 가족들에게 물려주기 위해서 엄청난 돈을 들여 법률전문가는 사지만, 기부에 대해서는 별로 관심도 없고 인색하다. 필자는 우리나라가 초강대국이 되기 위해서는 미국과 같이 많은 기업가들이 엄청난 부를 사회에 환원하는 분위기가 조성되어야 한다고 생각한다. 이러한 '기부문화'에 대한 인식을 부자들뿐만 아니라, 모든 국민들이 가지게 된다면, 우리나라는 반드시 세계를 선도하는 국가가 될 것으로 생각한다. 그런 사회 분위기가 만들어졌다는 것은 그만큼 사회가 성숙하였다는 것을 의미하고, 성숙한 높은 의식문화는 그 나라의 경제력과 밀접하게 연결되어 있기 때문이다.

앞서 백범 김구도 말했듯이, '높은 문화의 힘만 있으면 발전할 수 있는 잠재력이 무궁무진하다'라는 의미는, 기부문화를 당연시하는 높은 의식문화를 가지게 되면 성장 가능성이 무한하다는 이야기와 같은 말이다. 백범 김구도 높은 문화의 힘을 가진 나라일수록 무한히 발전할 수 있다고 생각하였고, 독일 사회학자 막스 베버도 '기독교 윤리'가 있어야 자본주의가 발전할 수 있다고 믿었다. 이처럼 문화와 윤리는 그 사회를 발전시키는 원동력이 될 수 있는 것이다. 이러한 관점에서 보면, 미국은 기부문화와 같은 비자본주의적 정신을 바탕으로 오늘날 초강대국이 되었다고 말할 수 있다.

공자의 "일이관지(一以貫之)"처럼 시부사와도 이 논리를 꿰뚫고 있었다. 그래서 그는 〈도덕·경제합일설〉과 〈의리합일설〉을 주장했고, 자신의 재산 분쟁을 방지하기 위해 '시부사와 동족주식회사'를 만들었으며, 사후에도 자신의 재산을 사회에 환원하려고 노력했다.

그의 아들인 시부사와 이데오는 "내가 만약 내 한 몸과 내 집안의 이익만을 궁리했다면, 미쓰이와 이와사키에게 지지 않았을 거야. 이것은 분명히 졌으면서도 억지를 부리는 게 아니지."라고 말했을 정도로, 시부사와 에이이치와 그 후손들은 당시 어느 기업보다 공익을 항상 우선시하였다.

우리나라에서 최고의 대기업인 삼성의 자산이 400조가 넘는다고 한다. 삼성의 기업 하나가 일본 10대 기업을 합한 자산보다 많을 정도라고 하니 정말 어마어마하다. 이러한 삼성이 시부사와와 같은 정신을 가지고 사회에 환원한다면, 우리나라의 아동, 복지, 빈곤 등 취약한 부분들이 많이 개선될 것이다.

성공한 기업만이 기부하는 것은 아니다. 사회 전체가 기부하는 문화가 되어야 성숙한 문화다. 이런 기부문화가 정착된 사회일수록 그 문화의 힘이 그 나라를 지탱하고 더욱 부강하게 하는 모태가 되는 것이다. 시부사와의 '논어와 주판' 정신이 함축된 '노블레스 오블리주'는 오늘날 우리가 꼭 계승 발전시켜야 할 덕목이다.

2) 정의구현

공자는 '부(富)'에 대해서 "이로움을 보면 의로움을 생각해야 한다 (見利思義)."라고 말했다. 시부사와도 부에 대해서 다음과 같이 말한다.

> "재부를 증진하는 근원이 무엇이냐고 묻는다면 저는 단호하게 '인의도덕 (仁義道德)'이라고 대답하고 싶습니다. 왜냐하면, 올바른 도리로 얻는 부가 아니면 그 부는 아름답지도 않고 영원할 수도 없기 때문입니다."

시부사와는 올바른 도리를 바탕으로 한 정당한 '부', 이른바 '〈도덕 · 경제합일설〉'을 주장하였다. 그는 경제의 성장만큼 도덕의 크기도 커져야 한다고 주장한다. 오히려 경제성장보다는 도덕의 크기가 더욱 중요하다고 여겼고, 도덕적 기반이 있어야 올바른 경제적 성장이 가능하다고 생각하였다. 그리고 그는 "진정한 부는 도덕을 기반으로 해서 만들지 않으면, 영속되지 않는다."라고도 말하며, 지속적인 성장을 위해서라도 도덕성을 꼭 지녀야 한다고 주장하였다.

시부사와는 이러한 도덕성을 회복하기 위해서 공자의 『논어』를 활용하였고, 이 『논어』를 도덕성의 상징으로 생각했었다. 시부사와는 도덕성을 무기로 당당하게 행동하며 자신의 영역을 넓혔다. 그는 도덕성을 지녀야 누구에게도 비굴해지지 않고 떳떳해질 수 있다는 사실을 알고 있었기 때문이다. 그는 이러한 도덕성을 무기로 국가와 사회에 도움이 되는 인생을 항상 생각하였다. 그래서 그는 다음과 같이 말하였던 것이다.

"저는 일을 처리할 때, 도리에 맞는지를 먼저 생각합니다. 그리고 도리에 맞는 방법으로 했을 때, 그것이 국가와 사회에 도움이 되는지도 고려합니다. 그 뒤에 나에게 도움이 되는가를 따집니다. 비록 나에게 이익이 되지 않지만, 도리에 맞고 국가와 사회에 이익을 주는 것이라면, 저는 반드시 자신을 버리고 도리에 맞는 일을 따릅니다."

공자의 "견리사의(見利思義)"처럼, 시부사와도 항상 도리를 먼저 생각하였다. 도리에 맞는다면 그것이 국가와 사회에 도움이 되는가도 고려하였다. 자신의 이익보다 공익에 이익을 주는 것이라면 항상 우선으로 생각하였다. 이러한 생각으로 시부사와는 사회의 지속적인 발전과 정의를 구현하기 위해서 끊임없이 노력한 사람이었다.

3) 모험정신

"이대로 가면 일본은 망한다. (…) 우리는 열등해졌다"

유니클로 야나이 타다시(柳井正) 회장이 한일 갈등을 비롯한 현 일본 상황을 두고 한 말이다. 야나이 회장은 일본 경제주간지 〈닛케이 비즈니스〉 인터뷰에서 "최근 30년간 세계는 급속히 성장하고 있지만, 일본은 최선진국에서 이제 중진국 수준으로 떨어졌다. 어쩌면 개발도상국이 되지 않을까 생각한다."라고 진단하였다.

그는 "국민소득이 늘지 않고, 기업도 아직은 제조업이 우선일 것"이라며, "사물인터넷(IoT) 인공지능(AI), 로보틱스 등 첨단과학 기술이 중요하다고 말해도 본격적으로 임하는 기업은 거의 없다"라고 지적하며, 기존 틀에서 과감히 벗어나야 한다고 주장하였다. 이어서 야나기 회장은 일본의 창업자 수 감소를 지적했다. "창업자가 경영하고 있는 기업만 현재 성장하고 있다"라고 말하며, "최근 30년간 성장하는 회사가 없고, 돈을 버는 개인도 없다. 수출에 의존하고 있다 보니 세계적인 기업으로 성장하지 못하고 있다. (…) 30년간 쇠락하고 있는데, 그걸 눈치채지 못하고 있다"라며 지적하였다. 그리고 아베 총리가 추진해 온 경제정책 아베노믹스에 대해선 "모두 성공했다고 하지만 성공한 건 주가뿐이라며, 주가는 국가의 돈을 뿌리면 어떻게든 된다."라고 비판하였다.

야나이 회장은 일본이 과거 영광에 사로잡혀서 우물 안 개구리처

럼 살고 있다고 비판했다. 그리고 그는 "서점에 가면 '일본이 최고다'
는 책밖에 없어서 언제나 기분이 안 좋아진다."라며, "일본이 최고
였다고 말하면 모를까, 지금 일본의 어디가 최고냐"고 반문했다. 한
국에 대해서도 언급했다. 야나이 회장은 "한국인이 반일(反日)인 것
은 알고 있다. 하지만 본래 냉정했던 일본인이 모두 히스테릭하게
변하고 있다. 일본 역시 열등해진 것"이라고 지적했다. 일본이 한
국에 반감을 갖고 격하게 반응하는 것은 오히려 일본인이 열등해진
증거라고 설명하였다. 이어 그는 "그런 일본에 대해 절망은 할 수
없다. 이 나라가 망하면 기업도 개인도 장래는 없다. 그러므로 대개
혁하는 것 말고는 길은 없다"라고 주장했다.

시부사와가 살았던 시대의 일본은 야나기 회장이 생각하는 오늘
날보다 더욱 변화가 심한 격변의 시대였다. 그런데도 시부사와는
500여 개의 기업설립과 600여 개의 교육·복지시설 설립 등 수많은
업적을 남겼다. 그가 이렇게 수많은 일은 할 수 있었던 이유는, 평생
을 안정적인 삶보다 변화와 혁신을 위한 도전과 모험정신이 있었기
때문에 가능한 것이었다.

시부사와의 명언 중에 "이 세상의 모든 일은 '이제 이것으로 만족
한다'라고 할 때 곧 쇠퇴한다."라는 말이 있다. 시부사와의 모험정신
이 얼마나 강했던가를 단적으로 표현한다. 인생의 성공을 위해서는
'모험정신'이 필요하다. 이것이 없으면 성장과 발전은 어렵다. 도전
과 응전을 두려워하지 않는 큰 모험정신이 있어야 큰 성장과 큰 발

전을 도모할 수 있는 것이다. 시부사와는 이러한 큰 모험정신으로 일생을 살았다.

필자는 시부사와라는 인물을 연구하면서 그를 '심모원려쾌남(深謀遠慮快男)'으로 정의하고 싶다. 이유는 그는 깊이 생각하면서 멀리 내다보는 뛰어난 사람이었다. 항상 의로움을 우선시하며 국가와 사회를 위해 헌신하는 인생을 주장하였고, 이러한 인생의 궁극적인 목적을 달성한 인물이었기 때문이다. 일본 소설가 시로야마 사부로(城山三郎)는 시부사와의 일생을 엮어서 『의기양양하게(雄気堂堂)』라는 역사소설을 썼다. 그는 이 책에서 시부사와를 다음과 같이 표현하고 있다.

"그는 무엇이든 흡수를 잘하는 남자였고,
자신의 주관도 너무나 뚜렷한 남자였으며,
게다가 무엇이든 연결을 잘 시키는 남자였다."

시로야마의 말처럼, 시부사와는 뚜렷한 자신만의 주관을 가지고 무엇이든 흡수했으며, 어떤 일이든 연결을 잘 시켜서 훌륭한 결과를 만들어 내었다. 이 내용만 보더라도 그가 얼마나 멋진 남자(快男)였는지 알 수 있다.

시부사와에게는 '일본 자본주의의 아버지', '일본 금융의 아버지', '일본 현대문명의 창시자', '일본 기업의 아버지' 등, 수많은 수식어가 따라다닌다. 필자는 이러한 수식어보다 '일본 경제철학의 아버지' 또는 '일본 경제학의 아버지'라는 수식어를 붙이고 싶다. 이유는 '논어와 주판'의 논리로 일본의 자본주의를 설립했기 때문이다. 경제학의 아버지라고 불리는 애덤 스미스도 자신의 저서『도덕감정론』에서, "윤리 없는 경제는 악이다."라고 주장하였다. 애덤 스미스의 '윤리', 시부사와의 '도덕', 막스 베버의 '기독교적 금욕정신'과 같은 비자본주의적 요소가 자본주의를 지탱하는 근원적인 요소라고 주장하는 것을 보면, 시부사와를 진정으로 '일본 경제학의 아버지'라고 부를 만하다.

5. 시부사와 에이이치 명언

재부의 근원은 인의도덕이다.

•

작은 일이 오히려 큰일이 되기도 하는 반면에,
큰일이 의외로 작은 일이 되는 경우도 있다.

•

나쁜 짓을 하지 않는다는 것이 좋은 일을 한다는 의미는 아니다.

•

훌륭한 인격과 돈 버는 것은 양립할 수 있다.

•

나의 입신과 동시에 사회에 공헌한다.

•

가능한 많은 사람에게, 가능한 많은 행복을 주도록
행동하는 것이 우리의 의무다.

•

이 세상의 모든 일은 '이제 이것으로 만족한다'라고 할 때,
곧 쇠퇴한다.

•

인간은 모두 자주적으로 독립해야 하는 존재다.
자립정신이 있어야 남들에게 베풀 수 있고
인생의 근본을 이룰 수 있다.

•

사업하는 데 있어서 중요한 것은
경쟁하면서도 도덕을 지키는 것이다.

•

아무리 공부를 열심히 하고 성실해도
생각처럼 안 되는 일도 있다.
이것은 기회가 아직 오지 않았기 때문이다.
자신을 더욱 고무시키면서 견뎌내야 한다.

•

단지 그것을 알고 있는 것만으로는 잘되지 않는 경우가 있다.
그것을 좋아하게 되면 그 길을 향해서 나아갈 수 있다.
만일 그것을 마음속으로 즐길 수만 있다면,
어떠한 어려움에도 굴하지 않고 나아갈 수 있는 것이다.

•

인간은 죽을 때까지 같은 일을 계속해서는 안 된다.
꿈과 이상을 향해서 살아가는 것이 멋진 인생이다.

•

사업할 때는 신용이 제일 중요하다.
세상으로부터 신용을 얻기 위해서는 세상을 신용하는 것이다.

개인도 똑같다.

상대를 의심하면서 자신을 믿으라고 하는 것은

수치스러운 이야기다.

.

비록 자신의 이익이 적고 사업에 큰 도움이 되지 않더라도

나라에 필요한 사업을 한다면

즐거운 마음으로 일을 할 수가 있다.

.

부자를 무조건 나쁘다고 하는 것은 근본적으로 틀렸다.

근데 돈을 버는 데 너무 집중하다 보면,

때로는 나쁜 사람으로 비치는 경향도 있다.

돈을 벌 때도 품위를 잊으면 안 된다.

.

큰 욕망을 가지고 성장을 꿈꿀 때,

충분히 준비되어 있지 않으면 이룰 수 없다.

이것은 탁상공론에 지나지 않으며,

이러한 사람은 결코 성장할 수 없는 것이다.

.

남자는 원만한 성격과 함께 거친 면도 있어야 한다.

.

말없이 실행하는 것도 좋지만, 말하고 실행하는 것도 매우 좋다.

.

꿈이 없는 사람은 이상이 없고

이상이 없는 사람은 신념이 없고

신념이 없는 사람은 계획이 없고

계획이 없는 사람은 실행이 없고

실행이 없는 사람은 성과가 없고

성과가 없는 사람은 행복이 없고

따라서 행복을 추구하는 사람은 꿈을 가져야 한다.

•

유망한 사업이 있는데 자본이 없다고 걱정하는 사람이 있다.

하지만 이것은 어불성설이다.

그 사업이 정말 유망하고, 그 사람이 정말 신용 있는 사람이라면

자본을 구하지 못할 이유가 없다.

그렇게 투덜거리는 사람은

설사 자본이 있어도 크게 성공할 수 있는 인물이 아니다.

•

사람을 뽑을 때, 가족을 소중히 생각하는 사람은 틀림없다.

인자(仁者)는 적이 없기 때문이다.

나는 사람을 뽑을 때,

똑똑한 사람보다는 인정이 많은 사람을 뽑는다.

•

장점을 발휘할 수 있도록 노력한다면, 단점은 저절로 사라진다.

•

전혀 다른 의미를 지닌 논어와 주판을

하나로 일치시키는 것은 매우 중요하다.

·

진정한 부는 도덕을 기반으로 해서 만들지 않으면
영속되지 않는다.

·

지혜와 애정, 의지를 갖고 재능을 발휘하는 사람이
높이 올라갈 수 있는 새로운 사회제도를 만들지 않으면 안 된다

·

비록 사업이 매우 작고, 자신의 이익이 소액이더라도
국가가 필요한 사업을 경영한다면 항상 즐겁게 일에 임할 수 있다.

·

만약 일함에 있어서 스스로 감격한다면
하고자 하는 마음을 불러일으키는 것이다.

·

이 세상의 일은 모두
마음을 어떻게 먹느냐는 한 가지에 따라,
무엇이든지 된다.

·

자신이 해야 할 일은 끝까지 할 수 있도록 노력하고,
그 뒤의 결과는 하늘에 맡겨라.

·

이 세상의 모든 일은 세 번 생각해도 충분하지 않다.
10번 생각하고 100번 숙고하는 것을 필요로 하는 일도 있다.
반면에 두 번 생각할 필요 없이,

즉시 실행하지 않으면 안 되는 일도 있다.

•

스스로 이렇게 하고 싶다거나 저렇게 하고 싶다는 의지가 있다면,
대부분 그 뜻대로 이루어지게 마련이다.
그런데도 많은 사람들은 스스로 행복해지는 운명을
초대하려고 하지 않는다.
오히려 앞에 있는 사람들에게 고의로 왜곡된 사람이 되어
역경을 불러오는 일을 하고 만다.

•

잎을 무성하게 만들고 싶다면
줄기를 튼튼하게 키워야 한다.
줄기를 튼튼하게 키우려면
뿌리를 강하게 만들어야 한다.

•

자신이 믿지 못하는 것은 말하지 않고,
알게 된 이상 반드시 행동하겠다는 의지가 강하다면,
말은 자연스럽게 과묵해지고 행위는 민첩하게 된다.

시부사와 에이이치가 정신 수양하는 모습
[시부사와사료관소장(渋沢史料館所蔵)]

제3장
'논어와 주판 정신'을 가져라

일본 프로야구팀 일본햄(日本ハム)의 쿠리야마 히데키(栗山英樹) 감독은 다음과 같은 말을 하였다.

"승부가 극적으로 되었을 때, 승부를 결정짓는 것은 결국, 사람의 힘이다. 사람의 힘을 키우기 위해서는 『논어와 주판』을 읽으면 된다."

쿠리야마 감독은 일본햄 선수들에게 시부사와의 『논어와 주판』을 읽게 하며 시부사와의 철학을 팀에 접목시켰다. 여기에서 '논어'는 모두를 위한 '팀플레이와 헌신'으로, '주판'은 '자신의 활약과 성적'으로 의미를 부여해서 자신의 팀에 맞게 해석하였다. 이 두 가지를 높은 수준으로 일치시켜야만 일류가 된다고 주장한 쿠리야마 감독은 '논어와 주판의 정신'을 오늘날 되살려서 자신의 팀에 맞게 활용한 것이다.

이 책도 같은 맥락이다. 필자는 『논어와 주판』에 있는 시부사와의 철학을 성공학에 연결해서 오늘날 활용할 수 있도록 유용한 정보들을 발췌·계승·승화시키는 것에 초점을 두었다. '논어와 주판 정신'은 어려운 것이 아니다. 쿠리야마 감독의 말처럼, '나를 넘어선 모든 이들을 이롭게 하는 행위'를 '논어 정신'이라 할 수 있고, '논어 정신을 구현하기 위해서 완벽한 주체적 자아를 만드는 행위'를 '주판 정신'이라고 정의할 수 있다.

이 책은 시부사와의 대표 저서 『논어와 주판』을 중심으로 그의 성공학적 요소를 정리한 책이다. 정작 시부사와 본인은 성공학에 대해서 구체적으로 언급하지는 않았지만, 『논어와 주판』에는 수많은 성공학적인 요소들이 함축되어 있다. 그래서 필자는 체계적으로 그의 성공학을 정리하고 싶어서 필자의 주관적인 견해를 다소 언급하였고, 때로는 언급한 견해를 더욱 확장해서 논하기도 하였다. 그럼, '논어와 주판 정신'을 가지기 위한 마음가짐에 대해서 알아보자.

시부사와는 인생의 성공을 이루기 위해서 몇 가지 마음가짐이 있다고 말한다. 이 마음가짐을 무시한 성공은 "사상누각(沙上樓閣)"이 될 수 있으므로, 자신만의 견고한 성공을 이루기 위해서는 꼭 익혀야 한다고 주장한다. 아래 언급한 내용은 '논어와 주판 정신'의 근원적인 내용이며 이를 정리하면 다음과 같다.

1. 의(義)
– 의로움을 지녀라

『맹자』라는 책을 펴면, 맨 앞에 맹자만의 철학을 알 수 있다. 맹자는 자신의 철학(무기)을 가지고 양혜왕을 찾아갔다. "내 나라에 무슨 이로움이 있겠나이까?"라는 양혜왕의 질문에 맹자는 다음과 같이 말한다.

"왕께서는 하필이면 이(利)를 말씀하십니까?
단지 인의(仁義)가 있을 뿐입니다."

상대방으로서는 이로움을 구하는 것이 당연하지만, 맹자는 '오직 인의(仁義)만이 있을 뿐인데, 왜 이로움만 생각하냐'며 반문을 한 것이다. 이처럼 맹자의 철학 무기는 '인의'였다.

시부사와도 자신만의 철학이 있었다. 그래서 그는 다음과 같이 말하였다.

"끝까지 바른길(正道)을 관철하기 위해서는 절대 투쟁이 없이는 불가능합니다. 투쟁을 피해서 세상을 살려고 한다면, 항상 악(惡)이 선(善)을 지배해서 정의로움을 지킬 수 없습니다. 저는 불의와 다투지 않고 정도(正道)를 양보할 정도로 기개가 없는 사람이 되고 싶지 않습니다."

항상 바른길(正道)을 관철하려는 시부사와의 철학적 무기는 '올바름과 의로움(義)'이었다. 공자도 시부사와처럼 '의(義)'가 자신만의 무기였다. 그래서 그는 '논어'에서 다음과 같이 말한 것이다.

"군자는 의로움을 가지고 최상으로 삼는다."

"백성들을 의롭게 만드는 데 힘쓴다."

이처럼 공자도 '의'를 최상의 덕목으로 생각하였고, '의'를 자신의 근본 뿌리로 삼았다. 뿌리가 견고해야 줄기도 잘 성장할 수 있듯이, 그의 위대한 정신은 '의'라는 뿌리에서 모두 나왔다고 말할 수 있다.

철학자 최진석 교수는 자신의 저서 『탁월한 사유의 시선』에서, "철학은 국가발전의 기초다."라고 말했다. 이 말은 국가발전에만 해당하는 말이 아니다. '철학은 국가발전은 물론 개인발전의 기초'라고 생각한다.

철학이 있으면 자신감이 생긴다. 왜냐면, 철학만큼 자신을 지켜주는 무기가 없기 때문이다. 그 철학에 대한 신념이 강하면 강할수록 그 힘은 더욱 강력해진다. 강력한 힘을 지닌 그 철학은 항상 그 사람의 중심에 서서 많은 것을 도와준다. 시비선악·이해득실을 따질 때 자신만의 철학이 있는 사람이면 빨리 결정한다. 뒤도 돌아보지 않는다. 남들이 우물쭈물할 시간에 이미 결정하고 다른 일에 더욱 집중한다. 사마천『사기』에 "사위지기자사(士爲知己者死)"라는 말처럼, 철학이 있는 사람은 선비(士)처럼 명분에 따라, 자신을 돌보지 않고 과감히 희생할 줄도 안다.

이탈리아 철학자 브루노와 과학자 갈릴레이는 코페르니쿠스의 이론을 옹호하며 우주의 중심은 지구가 아니라 태양이라고 주장한다. 이른바 모든 행성은 태양을 중심으로 돈다는 지동설(地動說)이다. 당시 시대적 분위기는 종교적 폭력과 압력이 심했던 중세시대여서 감히 이러한 이론을 내세우는 것은 목숨을 담보로 주장하는 것이었다. 모든 행성이 지구의 중심, 즉 교황을 중심으로 움직였는데, 지동설의 주장으로 인해 교황의 존재가 하루아침에 우주의 티끌로 전락하는 것은 있을 수 없는 일이었다. 교황의 권위와 국가 안정을 위해서 이 두 사람을 처벌하는 것은 불가피한 것이었다. 그래서 자신의 주장을 끝까지 관철한 철학자 브루노는 장작더미에서 화형을 당했다. 하지만 과학자 갈릴레이는 종교재판소에서 브루노와 달리 자신의 이단 행위를 반성한다며 자신의 이론에 반하는 '천동설'을 다시 주장하며 겨우 목숨을 건진다. 그러나 재판을 마치고 나올 때 '그래도 지구는 돈다.'라고 말했다.

철학자 브루노는 "판결을 받는 나보다 판결을 내리는 당신들의 두려움이 아마 더 클 것이다."라고 말하며, 끝까지 자신의 신념과 철학을 내세웠다. 이처럼 견고한 철학을 지닌 사람은 함부로 자신의 신념을 굽히지 않는다. 상황을 잠시 모면하기 위해 임시방편적인 행동은 절대 하지 않으며, 올바르고 타당한 자신만의 목소리를 낼 줄 안다. 이렇게 자신의 확고한 신념을 드러내는 이유는, 긴 안목을 보면 자신의 주장이 올바르다는 사실을 명확히 알기 때문이다.

우리가 이러한 철학에 깊은 관심을 가져야 하는 이유는 크게 성공한 사람이나 기업, 국가들은 모두 이러한 철학을 지니고 있다. 미국의 시인 헨리 롱펠로는 "자기 자신을 존중하는 사람들은 다른 사람들로부터 안전하다. 그들은 아무도 뚫을 수 없는 갑옷을 입고 있다."라고 말했다. 여기에서 자신을 존중하는 사람들이 안전한 이유는, 바로 자신만의 철학이 있기 때문이다. 이들은 잘못된 세상의 기준을 따르지 않는다. 왜냐면 "사필귀정(事必歸正)"의 교훈처럼 잘못된 기준은 반드시 올바른 기준으로 되돌아가기 때문이다. 이들은 아무도 뚫을 수 없는 자신만의 갑옷(철학)을 입고 있으므로 용감하다.

공자와 시부사와도 '의(義)'라는 갑옷(철학)을 입었고, 맹자도 '인의(仁義)'라는 갑옷을 입었다. 이들이 자아를 넘어선 엄청난 일들이 가능했던 이유도, 견고한 갑옷 중에서도 가장 강력한 '의로움(義)'이라는 갑옷을 입었기 때문이다. 생각이 오롯하면 행동이 당당해진다. 언제나 올바르고 의로운 생각을 가지면 세상의 시선에 휘둘리지 않고, 자신의 인생에서 당당한 주인으로 살 수 있는 것이다. 의롭지 않은 것과는 절대 타협해서는 안 된다. 시간이 지날수록 의로움이 가장 강력한 무기라는 사실을 알 것이다. 의로움은 당신의 가장 강력한 강철 갑옷이다.

2. 대장부 마음가짐
   – 대장부의 마음가짐을 가져라

인생의 성공은 자신이 가진 재능을 끊임없이 연마하고 극대화하는 과정에서 일어난다. 그러한 과정에서는 수많은 시련과 예기치 않은 역경이 찾아오게 마련이다. 이에 대해서 시부사와는 다음과 같이 말한다.

"어떤 사람이라도 자연적인 역경을 만났을 경우, 제일 먼저 그 상황에서 자신의 본분(운명)이라고 생각하는 각오가 유일한 대책이라고 생각합니다. 뭐든지 이렇게 받아들일 수 있다면 초조한 일이 생겨도 천명이니까 어쩔 수 없다고 마음을 가지게 됩니다. 그럼 어떠한 역경이 오더라도 마음은 평정심을 가질 수 있습니다."

시부사와는 평정심을 유지하며 역경을 유연하게 대처하라고 한다. 예기치 못한 역경이 일어나더라도 피하지 말고 당당히 맞서라고 말한다. 니체도 "사람을 망치는 첫 번째 함정이 초조함"이라고 했다. 마음이 초조하거나 조급해지면 예민해지고 판단력도 흐려진다. 그렇게 되면 결국 되는 일도 그르칠 수 있다. 그래서 예상치 못한 일이 생기더라도 어차피 일어날 일이었다고, 운명처럼 받아들이는 평정심이 필요하다. 그래야 그 역경들을 슬기롭게 대처할 수 있고 그 속에서 많은 점을 배울 수 있는 것이다.

속담 중에 "역경에 처해 보지 않은 사람보다 불행한 사람은 없다. 인생의 가장 큰 고통은 고통을 당해 보지 않는 것이다."라는 말이 있다. 이처럼 우리도 대장부의 마음을 가지기 위해서는 역경에 임하는 자세를 바꿔야 한다. 왜냐면 아무리 큰 역경이 닥쳐도 인생 전체를 보면 아주 작은 일일 수 있고, 힘든 역경 속에서야말로 인생의 진정한 의미를 알 수 있기 때문이다. 그래서 영국의 극작가 보몬트는 "인간에게 진정한 시금석은 시련과 상처다."라고 말한 것이다.

아래의 『맹자』 명언은 필자가 좌우명으로 삼고 있는 내용이다.

"하늘이 장차 그 사람에게 큰 사명을 내리려 할 때는
반드시 먼저 그 사람의 마음과 뜻을 흔들어 괴롭히고
뼈마디가 꺾어지는 고통을 당하게 하고
그의 몸을 굶주리게 하여
그가 하는 일마다 어지럽게 하나니
이는 그의 타고난 작고 못난 성품을
두들겨서 참을성을 길러 주어
지금까지 할 수 없었던 일도
능히 할 수 있게 하기 위함이다."

맹자의 교훈처럼, 우리도 대장부의 마음가짐을 가지고 '호연지기 (浩然之氣)'를 길러야 한다. 큰일을 하기 위해서는 마음이 괴롭고 뼈마디가 꺾어지는 고통도 당연하다고 생각해야 하며, 굶거나 어지러운 일들이 생기더라도 이겨내야 한다. 왜냐면 이들이 자신이 타고난 작고 못난 성품들을 단련시켜주기 때문이다.

어릴 때 자주 놀았던 연날리기도 이와 똑같다. 연을 높게 날리기 위해서는 반대편에 강한 맞바람이 있어야 가능하다. 연처럼 우리도 우뚝 서기 위해서는 강한 바람을 상대해야 하는 것이 전제조건이다. 그러므로 인생에서 부딪히는 모든 고난과 역경들은 우리를 성장시키는 과정이라고 생각할 수 있다. 이러한 과정이 없으면 우리는 당당히 일어설 기회를 잃는다. '마디에서 싹이 튼다.'라는 말도 있다. 대나무의 마디에서 싹이 나기 위해서는 엄청나게 힘든 고통의 시간을 이겨내야만 싹이 생긴다. 인생도 이와 똑같다. 살면서 큰 마디가 생기면 그것을 이겨내야 한다. 싹을 틔우기 전까지는 당연히 힘들겠지만, 이 고통의 시간을 슬기롭게 이겨낸다면 더욱 크고 위대한 일도 할 수 있게 되는 것이다.

프랑스 전 대통령이었던 샤를 드골도 "사람은 스스로 위대해지기를 작정했을 때만 위대해진다."라고 말했다. 그래서 우리는 인생에서 위대한 일을 하고 싶다면 마음가짐을 대장부처럼 크게 가져야 한다. 시부사와도 이러한 대장부의 마음을 적극적으로 권하며 다음과 같이 말하였다.

"'업을 이루지 못하면 죽음으로 갚겠다.', '큰 공을 위해서는 작은 것에얽매여서는 안된다.' 이처럼 대장부가 한번 결심하면 건곤일척의 쾌거를 위해서 끝까지 시도해 보아야 한다."

소설가 헤밍웨이도 "세상은 그 어떤 사람일지언정 부러뜨릴 수 있다. 하지만 부러지고 난 뒤에 강해지는 사람들도 있다. 그 사람이 바로 위인이다."라고 말하였다. 이처럼 우리는 대범하고 큰 생각을 해야 한다. 인생의 크기는 그 사람의 생각만큼 커지듯이 위대한 생각을 해야만 인생에서 위대한 일들이 생길 수 있다. 위대한 일을 생각하지도 않으면서, 위대한 일을 꿈꾸는 것은 씨앗을 뿌리지 않고 열매를 기대하는 것과 같다. 시부사와는 인생의 위대한 성공을 위해서는 이러한 대장부의 마음가짐이 꼭 필요하다고 말한다.

3. 천벌(天罰)
– 하늘이 모든 것을 보고 있다

〈프롤로그〉에서 언급한 것처럼, 듀크대학의 댄 애리얼리 교수는 "도덕적 각성(Moral reminder)의 메시지가 사람들의 행동을 변화시킨다."라고 굳게 믿었고, 윤리성과 도덕성이 있는 사회일수록 대부분 사람들도 올바른 행동을 한다고 주장하였다. 이처럼 그는 도덕적 메시지를 자주 접하는 사람일수록 더욱 윤리적인 행동을 한다고 본 것이다.

시부사와는 이러한 도덕적 각성의 메시지 역할을 하늘(天)이 한다고 생각하였다. 그래서 그는 다음과 같이 말한다.

"저는 유교를 신앙으로 삼고 있고, 이것을 저의 언행의 규범으로 생각합니다. '하늘에 죄를 지으면 빌 곳도 없다.'라는 믿음만으로도 저는 좋습니다."

시부사와는 물론, 옛날부터 우리 동양인들은 하늘을 숭배하고 하늘을 종교처럼 생각하였다. 공자와 맹자도 이런 하늘에 대해서 다음과 같은 말을 하였다.

"하늘이 무슨 말을 하더냐? 사계절이 운행되고 만물이 자라난다. 하늘이 무슨 말을 하더냐?"

"하늘은 말을 하지 않는다. 행동과 일로 그 뜻을 보여줄 따름이다."

하늘은 말이 없지만, 만물을 생성하고 우리 주위에 일어나는 사실로써 자신의 존재를 알린다고 공자와 맹자는 생각하였다. 시부사와도 이러한 하늘에 대해서 다음과 같이 구체적으로도 언급하였다.

"사람이 무리한 행동을 하거나 부자연스러운 행동을 하여 하늘에 죄를 지었다고 해도, 하늘은 어떠한 형태로 그 사람에게 벌을 주지 않습니다. 주위의 사정에 따라, 그 사람이 고통을 느끼도록 할 뿐입니다. 이것이 바로 천벌입니다. 비록 인간이 천벌에서 벗어나려고 해도 결코 벗어날 수가 없습니다."

시부사와는 어디에서나 하늘이 보고 있으니 항상 말과 행동을 주의해야 한다고 말한다. 그가 말하는 '천벌(天罰)'은 댄 애리얼리 교수의 '도덕적 각성(Moral reminder)'과 유사한 의미이다. 하늘(天)을 스카이(Sky)가 아니라 신(God)으로 생각한 것이다. 노자도 이러한 하늘에 대해서 초월적이고 강력한 의미를 부여하였다. 『도덕경』 73장을 보면 "하늘의 그물은 한없이 크고 너르지만, 무엇하나 빠져나갈 수 없다."라는 말이 나온다. 이 말도 하늘은 '인과응보(因果應報)'에 대해서 항상 주시하고 있으며 철저하다는 의미이다.

오늘날 대부분 사람은 '법'과 '하늘' 중에 '법'이 더 무섭다고 생각할 것이다. 하늘은 당장 벌을 내리는 것도 아니고 구체적이지도 않지만, 법은 직접적이고 구체적이며 바로 현실적으로 나타나기 때문이다. 하지만, 성인(聖人)들은 이러한 법보다 하늘이 더 직접적이고, 더 본질적이며, 더 무서운 것으로 생각하였다. '하늘에 죄를 지으면 빌 곳도 없다.'라는 말처럼, 유교는 암묵적으로 침묵하고 있는 일종의 종교였다. 우리의 모든 행동을 하늘이 보고 있다고 의식한다면, 순간순간의 상황에서 도덕적이고 올바른 판단을 할 수밖에 없다.

사서(四書)인 『중용』과 『대학』에는 "군자신기독야(君子愼其獨也)"라는 말이 나온다. '군자는 홀로 있을 때 행동을 삼간다.'라는 의미를 지닌 '신독(愼獨) 사상'은 오늘날 우리가 깊게 되새겨야 할 정신이다. 남들이 보이지 않는 곳에서도 올바른 처신을 강요하는 '신독 사상'은 '도덕적 각성', '천벌'과 같은 의미를 모두 포함하고 있고, 이러한 도덕적 압력으로 연마된 행위의 축척이 곧 자신의 뛰어난 인격을 만든다고 시부사와는 생각하였다. 인생의 성공은 앞서가는 사람들이 부러우면 지는 것이 아니라, 자신에게 부끄러우면 진다는 사실을 우리는 알아야 한다. 영국의 소설가 조너선 스위프트도 "나는 사악해진 사람을 보고 놀라지 않지만, 부끄러워하지 않는 사람들을 보면 놀란다."라고 말하였다. 이처럼 자신에게 부끄러운 행동을 하지 않고, '논어와 주판 정신'을 꾸준히 실천한다면 하늘은 반드시 보답해줄 것이다.

'운칠기삼(運七技三)'이라는 말이 있다. 사람이 살아가면서 일어나는 모든 일의 성패는 운에 달린 것이지 노력에 달린 것이 아니라는 말이다. 시부사와도 이와 유사한 의미인 "자신이 해야 할 일은 끝까지 할 수 있도록 노력하고, 그 뒤의 결과는 하늘에 맡겨라."라는 말을 남겼다.

이처럼 하늘의 좋은 기운이 당신 눈앞에 자주 나타나게 하기 위해서는 시부사와가 주장하는 '논어 정신'을 실천해야 한다. 실천하면 할수록 당신의 행동을 보고 하늘이 도울 것이다. '지성이면 감천이다.'라는 말이 있다. 논어 정신으로 적선(積善)을 꾸준히 행한다면, 머리로는 알겠지만 믿기 힘든 일들이 당신 인생 앞에 많이 펼쳐질 것이다.

4. 불원천불우인(不怨天不尤人)
– 모든 해답은 자기 안에 있다

『중용』을 보면 "위로는 하늘을 원망치 아니하며, 아래로는 사람을 허물치 아니한다."라는 말이 있다. 이 말은 모든 책임이 자기 자신에 있다는 의미다.

『논어』에도 다음과 같은 말이 있다.

"남이 자신을 알아주지 못함을 걱정하지 말고, 내가 남을 알아주지 못함을 걱정해야 한다."

"군자는 자기에게서 구하고, 소인은 남에게서 구한다."

이처럼 공자는 모든 해답을 자신 안에서 찾으려고 노력하였다. 시부사와도 공자와 같은 생각을 가졌었다. 그래서 그는 다음과 같이 말하였다.

"어떤 사람이라도 자연적인 역경을 만났을 경우, 제일 먼저 그 상황에서 자신의 본분(운명)이라고 생각하는 각오가 유일한 대책이라고 생각합니다. 뭐든지 이렇게 받아들일 수 있다면 초조한 일이 생겨도 천명이니까 어쩔 수 없다고 마음을 가지게 됩니다. 그럼 어떠한 역경이 오더라도 마음은 평정심을 가질 수 있습니다."

모든 문제의 근원은 나로부터 시작되고, 나만이 유일하게 해결할 수 있다고 시부사와는 생각하였다. 그래서 그는 모든 해답을 자신에게서 찾으라고 말한다. 순간순간 일희일비하지 말고 자신의 목표를 향해 묵묵히 나아가는 것이 중요하고, 평정심을 유지하면서 항상 자신의 마음을 놓치지 말라고 당부한다.

5. 소사즉대사(小事卽大事)
- 작은 일이 곧 큰일이다

　야구선수 양준혁은 어느 언론에서 "제 통산 타율이 3할 1푼 6리인데 내야안타가 159개입니다. 아웃 될 것 같아도 1루까지 죽고 살기로 뛰는 거죠. 열심히 뛰면 상대 내야수도 다급해지기 때문에 에러가 나옵니다. 포수가 송구 실책을 범하면서 결승타가 되기도 합니다. 그게 없었으면 저도 2할 9푼 타자에 불과했을 겁니다. 자세는 한 끗 차이지만 결과는 하늘과 땅 차이인 셈이죠. 단 1%의 가능성이라도 믿고 달려야 합니다."라고 말하였다.

　야구선수로서 2할대 선수와 3할대 선수는 어마어마한 차이라고 한다. 양준혁 선수는 그 차이를 성공률이 낮은 내야안타에서 만들어 내었다. 대부분이 아웃당하는 상황에서도 그는 포기하지 않고 죽기 살기로 뛰면서 상대의 실책을 유도하였다. 남들이 쉽게 무시할 수 있는 작은 일들을 그는 차이를 만드는 기회로 삼았던 것이다. 시부사와도 이와 같은 작은 일의 중요성을 강조하며 다음과 같이 말하였다.

"경시했던 작은 일도 쌓이고 쌓여서 큰일이 되는 사실을 잊으면 안 됩니다. 그리고 때로는 작은 일이 큰일의 실마리가 되기도 합니다. 깨알같이 작은 일이라고 생각했지만, 훗날 큰 문제를 일으키는 일도 있습니다."

"시작은 미약하나, 그 끝은 창대하리라."라는 말처럼, 시부사와도 작은 일이 큰일로 이어지는 경우가 많으므로 작은 일이라도 최선을 다해야 한다고 말한다. 르네상스 천재 화가 미켈란젤로도 "작은 일이 완벽함을 만든다. 그리고 완벽함은 작은 일이 아니다."라고 말하였고, 인상주의 화가로 유명한 빈센트 반 고흐도 "위대한 일은 갑자기 일어나는 것이 아니다. 작은 일들이 연속해서 어우러질 때야 비로소 일어난다."라고 주장하였다. 그리고 『디테일의 힘』의 저자 왕중추도 "작은 일이 큰일을 이루게 하고, 디테일이 완벽함을 가능하게 한다."라고 주장한다. 왕중추는 큰일과 완벽함을 추구하기 위해서는 작은 일과 디테일이 매우 중요하다고 주장하며 다음과 같이 말한다.

"우리가 미처 발견하지 못한 디테일은 우리가 발견해낸 디테일보다 훨씬 더 많다. 디테일에 관심을 가지지 않기 때문에 현실에서도 디테일을 보지 못하는 사람이 있다. 디테일을 중요하게 생각하기는 하지만, 그것을 통해 사물의 본질과 내재적 연관성까지는 보지 못하는 사람도 있다."

그의 말처럼, 디테일에 더욱 관심을 가지면 사물의 본질을 꿰뚫을 수 있다. 큰일은 결국 작은 일에서부터 시작되고 작은 일도 결국 디테일에서 출발한다. 톰 피터스는 『사소함이 만드는 위대한 성공법칙

리틀 빅씽』에서 "작고 하찮은 것들의 합집합이 거대한 힘의 결정체가 된다."라고 말하였다. 고승덕 변호사도 "세상은 절대적으로 잘하는 사람을 원하지도 필요로 하지도 않는다. 그냥 남보다 조금만 더 잘하면 된다. 그런데 다른 사람보다 잘하고 있는지 아닌지를 어떻게 판단하느냐? 그것은 남보다 좀 더 하는 것이다. 인간은 다 거기서 거기다. 내가 하고 싶은 만큼만 하고 그 선에서 멈추면 남들도 그 선에서 멈춘다. 그러므로 남들보다 약간의 괴로움이 추가되었을 때라야 비로소 노력이란 것을 했다고 할 수 있다."라고 했다. 남들보다 약간의 괴로움이 더 해져야 비로소 노력했다고 할 수 있고, 이 노력이 남다른 차이가 만든다고 생각하였다. 성철스님도 "작은 일이라도 끝을 마치지 않으면 큰일 또한 끝을 맺을 수 없다."라고 말한 것도, 작은 일(小事)이 곧 큰일(大事)이기 때문에 큰일을 이루기 위해서는 디테일과 작은 일을 소홀히 해서는 안 된다는 이야기다. 결국, 탁월한 차이를 만드는 것은 작은 일에서 시작되는 것이다.

영화 〈역린〉에서는 배우 정재영이 『중용』의 내용 중에 '작은 일의 중요성'에 관한 명대사를 언급한다. 그 내용은 다음과 같다.

"작은 일도 무시하지 않고 최선을 다해야 한다.
작은 일에도 최선을 다하면 정성스럽게 된다.
정성스럽게 되면 겉에 배어 나오고
겉에 배어 나오면 겉으로 드러나고
겉으로 드러나면 이내 밝아지고

밝아지면 남을 감동시키고
감동시키면 이내 변하게 되고
변하면 생육된다.
그러니 오직 세상에서 지극히 정성을 다하는 사람만이
나와 세상을 변하게 할 수 있는 것이다."

시부사와는 말한다.
'하찮고 작은 일들이 계속 쌓이면 당신은 변화될 것이다.'라고.

6. 인즉보(人卽寶)
– 사람이 곧 보물이다

피터 드러커는 자신의 저서 『프로페셔널의 조건』에서 철강왕 앤드류 카네기에 대해서 다음과 같이 말하였다.

"목표를 달성하고자 하는 사람에게 미국 철강 산업의 창건자인 앤드류 카네기(Andrew Carnegie, 1835~1919)가 자신의 묘비명으로 택한 '여기 자신보다 더 우수한 사람을 어떻게 다루어야 하는지를 아는 사람이 누워있다.'라는 글귀보다 더 좋은 처방은 없다. 물론 카네기의 부하들이 우수했던 것은 그가 부하들의 강점을 찾아서 그것을 일에 적용시켰기 때문이다. 카네기의 부하들은 모두 하나의 특정 분야 그리고 특정 일에서만 '더 우수한 사람'이었다. 그리고 카네기야말로 그들 가운데 가장 효과적인 사람이었다."

드러커 말처럼 카네기는 적재적소에 맞게 사람들을 잘 활용한 인물이었다. 이는 사람이 곧 보물이라는 생각을 하고 있었기 때문에 가능했다. 인간관계전문가 데일 카네기는 "한 사람의 성공의 15%는 전문적인 기술에 달려 있으며, 나머지 85%는 인간관계에 달려

있다.”라고 말했다. 아사히맥주 회장 히구치 히로타로도 “젊었을 때
는 돈을 빌려서라도 훌륭한 인맥을 만들어야 한다. 물은 어떤 그릇
에 담느냐에 따라 모양이 달라지지만, 사람은 어떤 친구를 사귀느냐
에 따라 운명이 결정된다.”라는 명언을 남기며 인맥의 중요성을 강
조하였다. 공자도 “유교무류(有敎無類)”라고 말하며, ‘배움의 길’에 있
어서는 사람의 신분을 구분하지 않았다. 3,000명이라는 어마어마한
제자들이 그의 밑에서 학문을 익혔다. 그 제자들이 공자의 ‘인(仁)’
사상을 계승했으므로 2,500여 년이 지난 오늘날에도 최고의 성인으
로 추앙받는 인물이 된 것이다.

시부사와도 실업계에서 성공하자 그를 만나기 위해 전국에서 수많
은 사람이 찾아왔었다. 그는 그러한 사람들에게 한 명 한 명 정성을 다
해서 대하였다. 사람과의 만남에 대한 시부사와의 생각은 다음과 같다.

“저는 많은 사람을 만납니다. 세상은 넓으므로 현자(賢者)도 위인도 많
이 있습니다. 성가신 사람들이 오는 것이 귀찮아서 문을 걸어 잠그면 옥
석을 가릴 수 없습니다. 이것은 현자에 대한 큰 결례일 뿐만 아니라, 사
회에 대한 의무를 완전히 방치하는 행동입니다. 그래서 저는 어느 사람
이 오더라도 막지 않고, 충분히 성의와 예의를 다해서 만납니다.”

이처럼 시부사와는 사람들에게 성심껏 대접하여 현자를 찾아내
는 것을 자신의 사명으로 삼았다. 옥석과 같은 좋은 인재들이 주위
에 많을수록 국가와 사회발전을 위해 더욱 많은 일을 할 수 있다고
생각했다. 그는 이러한 인재를 잘 채용해서 활용을 잘하였기 때문에

일본 근대화를 빨리 이룰 수 있었다.

혼자서 500여 개의 회사와 600여 개의 사회단체를 만드는 것은 상식적으로 불가능하다. 하지만 시부사와는 이것을 해냈다. 이것이 그에게 가능했던 이유는 '인사(人事)가 만사(萬事)다.'라는 생각과 '사람이 최고의 보물이다.'라는 마음가짐이 있었기 때문이다. 이러한 인재들을 적재적소에 잘 배치해서 이들을 잘 관리하여 일본의 자본주의를 선구적으로 이끌 수 있었다.

7. 향상심(向上心)
– 향상심을 지녀라

일본 에도시대 유학자 사토 잇사이는 『언지사록』에서 "어릴 때 배우면 청년 시절에 유익하다. 청년 시절에 배우면 늙어서 쇠하지 않는다. 늙어서 배우면 죽어서 썩지 않는다."라고 말한 바 있다. 링컨도 "나는 어제보다 덜 똑똑한 사람은 높이 평가하지 않는다."라고 말하였다. 마하트마 간디도 "미래는 현재 우리가 무엇을 하는가에 달려 있다."라고 말한 것처럼, 우리도 멋진 미래를 맞이하기 위해서는 끊임없이 향상심을 가져야 한다. 시부사와도 이러한 멋진 인생을 갈망하였고, 언제나 열정적으로 자신을 성장시키기 위해 항상 고민하였다. 그래서 다음과 같은 말을 한 것이다.

"인간은 죽을 때까지 같은 일을 계속해서는 안 된다. 꿈과 이상을 향해서 살아가는 것이 멋진 인생이다."

"칠십이 이미 넘은 늙은이지만, 감히 게으르거나 태만한 마음을 갖고 하루하루를 농땡이 치고 싶지 않습니다. 도리어 젊은이들보다 더 열정적으로 하루하루를 열심히 살려고 노력합니다. 하루하루 생각도 더욱 깊어지고 늘 진보하고 싶습니다. 나태는 어디까지나 나태로 끝나기 마련입니다. 나태가 좋은 결과를 내온 적은 결코 없습니다."

시부사와는 노년에도 하루를 충실히 보내며 자기계발에 소홀히 하지 않았다. 『대학』에 "일신우일신(日新又日新)"의 교훈처럼 시부사와는 자신의 삶을 매일매일 새롭게 맞이하며 성장하기를 희망하였다.

호학(好學)이라고 불리는 공자도 얼마나 향상심을 갈구했는가를 『논어』의 다음 내용을 보면 알 수 있다. "배우고 때때로 익히니 즐겁지 아니한가(學而時習之不亦說乎).", "아랫사람에서 물어보는 것을 부끄러워하지 않았다(不恥下問).", "열 가구의 작은 마을에도 반드시 충직하고 신의 있는 사람은 있겠지만, 나만큼 배우기를 좋아하는 사람은 없을 것이다(十室之邑必有忠信如丘者焉不如丘之好學也)." 그리고 부처님도 "방일하지 말고 정진하라"라는 마지막 유언도, 항상 깨어있으면서 지금 상태에 만족하지 말고 자신을 성장시키도록 노력하라는 의미이다.

1964년 노벨 문학상을 받은 프랑스 사상가 장 폴 사르트르도 인간의 가치를 증명하기 위해서는, 반드시 성장해야 한다며 다음과 같은 말을 남겼다.

"인간은 정지할 수 없으며 정지하지 않는다.
그래서 현 상태로 머물지 아니하는 것이 인간이며,
현 상태에 있을 때 그는 가치가 없다."

사르트르의 말처럼 자신의 가치를 높이기 위해서는 항상 지금 상태를 만족해서는 안 된다. 언제나 목표를 높게 세우고 그것을 이루기 위해 끊임없는 노력을 해야 한다. 프랑스 심리학자 에밀 쿠에의 "나는 날마다 모든 면에서 점점 더 나아지고 있다."라는 자기암시처럼 항상 자신에 대한 확신을 가지며 자신을 더욱 높은 곳을 향해 고양하려고 노력해야 한다. 왜냐면 당신의 성장은 어느 사람도 대신해 주지 않기 때문이다. 당신의 경쟁상대는 외부에 있는 것이 아니다. 바로 어제의 자신이다. 그래서 아인슈타인은 "어제와 똑같이 살면서 다른 미래를 기대하는 것은 정신병 초기증세다."라고 말한 것이다.

유대인 지혜의 책 『탈무드』에도 "만나는 모든 사람에게 무엇인가를 배울 수 있는 사람이 세상에서 가장 현명한 사람이다."라고 말하며 항상 배움을 강조한다. 그리고 철학자 니체도 "익숙하지 않은 것에 대한 선의, 새로운 것에 대한 호의"라는 마음가짐을 가져야 한다며 충고한다. 시골 의사로 유명한 박경철도 "매사에 호기심과 호의를 가지면 세상은 넓어지고, 시간도 아코디언처럼 펼쳐진다."라고 말하며, 향상심을 위해서 호기심과 호의를 강조하였다.

이들의 말처럼 우리는 끊임없이 향상심을 키우기 위해 노력해야 한다. 익숙하지 않고 새로운 것들에 대한 선의와 호의를 가지면서 많은 것을 배워야 한다. 많은 것을 배워야만 제대로 된 사리 판단을 할 수 있다. 그래서 자신을 성장시킬 수 있는 모든 것에 대해서 항상 열린 마음으로 받아들인다면, 갈수록 성장하는 자신의 모습을 느낄 수 있을 것이다.

　주자학의 최고 입문서인『근사록』을 보면 "배우지 않으면 빨리 늙고 쇠약해진다."라는 말이 있다. 이것은 인간이라면 향상심을 꼭 가지라는 의미이다. 일본인들이 가장 좋아한다는 사카모토 료마(坂本龍馬)도 이런 '향상심'에 대해서 "'이게 마지막인가?'라는 것은 없다. 한 단계 높은 곳에 오른다면, 길은 여러 군데 있다."라는 말을 남겼다. 료마의 말처럼, 향상심을 가지고 한 단계 한 단계 높은 곳으로 자신을 성장시킨다면 여러 갈래의 해답이 보이는 것이 인생이다. 그래서 우리는 항상 배움을 갈망하고 끊임없이 노력해야 한다.

　시부사와도 이러한 향상심을 가지기 위해 평생 노력했었고, 이런 향상심이 없는 사람들에게 다음과 같이 경고한다.

　"이 세상의 모든 일은 '이제 이것으로 만족한다.'라고 할 때 곧 쇠퇴한다."

　인간은 죽는 날까지 성장할 수 있는 존재다. 죽는 날까지 이 부분에 대해서 깊은 고민을 해야 의미 있는 인생을 보낼 수 있고, 가치 있는 사람으로 남을 수 있다.

8. 긍정적이고 진취적인 마음

MBC에서 〈말의 힘〉에 관련된 프로그램을 본 적이 있다. 이 실험을 하기 위해 3명의 아나운서에게 밥을 넣은 용기를 각각 2개씩 나눠 줬다. 한 용기에는 '고맙습니다'를 써서 긍정적인 말만 하고, 다른 한 용기에는 '짜증 나!!'를 써서 부정적인 말만 사용하였다. 이러한 행동들을 4주 동안 시험한 결과 엄청난 결과가 나타났다. '고맙습니다'라고 써 놓은 용기에는 보기 좋은 하얀 곰팡이가 생겼고, '짜증 나!!'라고 써 놓은 용기에는 이상하게 생긴 곰팡이가 악취를 내뿜고 있었다.

똑같은 방식으로 양파에도 실험한 것을 본 적이 있다. 양파 3개를 하나씩 구분해서 1번 양파에는 '감사합니다', 2번에는 '미워 싫어', 3번에는 '무관심'이라는 종이를 붙였다. 시간이 지나자 1번 양파에는 머리카락이 자라듯 많이 자랐고, 2번과 3번은 아무 변화가 없었다.

이에 대한 해답은 에모토 마사루의 『물은 답을 알고 있다』라는 책을 보면 알 수 있다. 이 책은 물에게 말을 걸기도 하고 음악을 들려주기도 하면서 물이 반응하는 신비한 모습들을 정리한 책인데, 눈으로는 식별하기 어려운 놀라운 내용을 확인할 수 있다.

위의 내용은 말과 감정의 파동이 우리 삶 속에서 얼마나 중요한가를 시사하는 것이다. 에모토 마사루의 주장대로 좋은 말과 좋은 음악이 물의 결정을 보기 좋게 변화시켰다. 우리 인간도 좋은 말과 좋은 음악으로부터 영향을 받는 것은 틀림없다. 왜냐면 인체의 70% 이상이 물이기 때문이다. 70% 이상을 차지하는 물이 좋아진다는 사실은 그 사람의 몸도 좋아지는 것을 의미한다. 그래서 위의 실험 결과처럼 사람의 신체와 정신이 좋아지기 위해서는 긍정적인 말과 행동이 꼭 필요하다.

미국의 철학자 윌리엄 제임스는 "우리는 행복하기 때문에 웃는 것이 아니고, 웃기 때문에 행복한 것이다."라고 말하였다. 앤드루 카네기도 "밝은 성격은 어떤 재산보다 귀하다."라고 말한 것처럼, 우리는 행복하고 성공하기 위해서는 항상 긍정적이고 밝은 성격을 가져야 한다. 성공하는 사람들은 하나같이 밝고 긍정적이며 진취적이다. 이들은 불가능해 보이는 일도 항상 가능하다고 생각하며, 모든 일에 긍정적으로 임한다. 이에 대해서 성공학 박사 이영권은 다음과 같이 말하였다.

"인간의 내면에는 긍정적 자아와 부정적 자아가 공존하고 있다. 두 자아는 늘 부딪치면서 싸움을 한다. 성공하는 사람은 긍정적 자아가 부정적 자아를 이기는 사람이다. 자기 하고의 싸움에서 이겨야 성공할 수 있는 것이다."

이영권 박사는 성공하기 위해서는 긍정적인 자아를 형성하는 것이 매우 중요하다고 말한다. 이에 대해 시부사와도 성공을 위해서는 이렇게 긍정적이고 진취적인 생각을 가져야 한다며 아래와 같은 말을 하였다.

"활발하고 진취적인 마음을 키워서, 진정으로 독립할 수 있는 사람이 되어야 합니다. 다른 사람에게 지나치게 의존하게 되면, 자신의 실력이 매우 쇠퇴하게 되고 가장 중요한 자신감이 생기지 않습니다."

"한 국가도 만약에 이런 진취적인 정신을 가진 국민이 없으면, 그 국가는 절대로 번영을 누릴 수가 없습니다."

시부사와는 진취적인 마음과 정신을 강조한다. 개인 성장뿐만 아니라 국가발전에서도 진취적인 마음가짐이 있어야 모든 것이 가능하다. 이에 대해서 긍정 심리학자인 폴 윙 박사도 "긍정적 감정은 긍정적 결과를 가져오고, 부정적 감정은 부정적 결과를 가져온다."라고 하였다. 동기부여 강사로 유명한 브라이언 트레이시도 다음과 같이 말하였다.

"성공과 행복을 방해하는 최대의 적은 부정적인 감정들이다. 부정적인 감정들은 우리를 억누르고 지치게 하고 모든 기쁨을 앗아가며, 태곳적부터 역사상 그 어떤 재앙보다도 개인과 사회에 큰 해를 끼쳐왔다. 진정으로 행복해지고 성공하고 싶다면, 부정적인 감정들에서 벗어나는 것을 가장 중요한 목표 가운데 하나로 삼아야 한다. 다행스럽게도 그 방법만 배운다면 그 목표를 이룰 수 있다."

부정적인 감정은 자신의 모든 것을 다 앗아간다. 반대로 긍정적인 감정은 자신이 바라는 모든 것을 다 이루게 해 준다. 긍정적인 감정은 감정 그 자체에 절대 그치지 않는다. '믿음은 바램의 실상'이라는 말처럼, 긍정적인 믿음은 반드시 눈에 보이게 하는 가시적인 힘을 지니고 있다. 그래서 인생의 성공을 위해서는 긍정적이고 진취적인 생각이 꼭 필요한 것이다.

축구 국가대표로 활약한 박지성 선수는 "내가 이 경기장에서 최고다. 이 경기장에서는 내가 주인공이다."라고, 긍정적으로 자기암시를 하면서 매 경기에 나섰다고 한다. 필자도 이러한 긍정적인 생각들을 잊지 않으려고 매일 아침 주문을 외우고 있다. 아침 운동을 마치고 마지막에 찬물로 샤워하면서 다음과 같은 자기암시를 한다. 찬물이 머리 위에서 발끝까지 흘러내릴 때, 마음속에 있는 부정적인 생각들이 같이 씻겨 내려가는 상상을 한다. 그리고 '나는 날마다 모든 면에서 점점 더 좋아진다.'라는 말과 함께 목표를 몇 번이고 되뇐다. 이러한 행동을 매일 빠지지 않고 하는 이유는 항상 긍정적인 마음을 유지하기 위해서다. '논어와 주판 정신'을 실천하며 이러한 마음가짐만 지속할 수 있다면, 반드시 성공할 수 있다는 것이 필자의 생각이다. 이런 믿음의 행동은 평생 이어갈 것이다.

베트남의 틱 낫한 스님은 『화』라는 책에서 다음과 같이 말하였다.

"우리의 마음은 밭이다.

그 안에는 기쁨, 사랑, 즐거움, 희망과 같은

긍정의 씨앗이 있는가 하면

미움, 절망, 좌절, 시기, 두려움 등과 같은

부정의 씨앗이 있다.

어떤 씨앗에 물을 주어 꽃을 피울지는

자신의 의지에 달렸다."

언제나 자신의 마음을 살피면서 부정적인 씨앗을 잘 감시하고, 끊임없이 진취적인 자세로 긍정의 씨앗에 물을 주는 사람이 결국 성공하는 것이라고 시부사와는 말한다.

9. 혁명론적 인생관
– 인생의 혁명을 꿈꿔라

운명은 정해져 있는 것이 아니고 노력 여하에 따라 얼마든지 바꿀 수 있다. 인생에는 정답이 없지만, 시부사와는 '의로움을 바탕으로 사회에 공헌하는 인생'이 정답에 가까운 삶이라고 생각하였다.

인생을 크게 보면, '숙명론적 인생관'과 '혁명론적 인생관'이 있다. 숙명론적 인생관은 자신의 운명이 절대자에 의해서 정해져 있다는 관점이고, 혁명론적 인생관은 자신의 노력 여하에 따라 충분히 바꿀 수 있다는 관점이다. 시부사와는 혁명론적 인생관을 가진 사람이었다. 이에 대해서 그는 다음과 같이 말한다.

"지자(智者)는 스스로 운명을 만들 수 있습니다. 운명만이 인생을 지배하는 것은 결코 아닙니다. 지혜가 생기면 생길수록 비로소 운명을 개척할 수가 있습니다."

시부사와는 인생이 이미 정해져 있다는 숙명론적인 생각을 거부하며 자신의 운명을 스스로 창조하기를 원하였다. 그래서 그는 다음과 같은 말도 하였다.

> "세상에 많은 사람은 역경이 왔을 때, 자신의 지능과 노력을 경시하는 경향이 있습니다. 그것은 정말 바보스러운 짓입니다. 저는 뛰어난 지능에 노력을 더하면 세상 사람들이 말하는 역경은 절대로 오지 않는다고 믿습니다. 이처럼 역경은 없다고 단언할 수 있습니다."

시부사와는 자신의 노력에 따라 얼마든지 운명을 개선할 수 있다고 믿었다. 그의 말처럼 뭐든지 할 수 있는 것이 인생이다. 우리의 인생은 언제든지 바꿀 수 있다. 그러기 위해서는 먼저 이러한 혁명론적 인생관을 가져야 한다.

10. 법신(法身)
– 자신의 이름을 남겨라

'2장 〈그가 말하는 성공이란?〉'에서 언급하였지만, 다시 간략하게 설명하면 다음과 같다. '호랑이는 죽어서 가죽을 남기고, 사람은 죽어서 이름을 남긴다.'라는 말처럼, 월터 리프만은 "사상가는 죽지만 그의 사상은 고스란히 남는다. 인간은 유한하되 사상은 영원한 것이다."라는 명언을 남겼다. 이처럼 시부사와도 자신의 이름과 철학을 역사에 남길 수 있도록 노력하라며 다음과 같이 말하였다.

"사람의 진정한 평가는 쉽게 판단할 수 있는 것이 아니다. 그래도 해야 한다면, 그 사람이 이룬 부귀공명에 관련된 모든 성패는 두 번째로 하고, 그 사람이 남긴 정신이 얼마나 효과가 있었는지를 판단해야 할 것이다."

"어느 책의 양생법에는, 만일 몸이 늙고 생명이 존재하더라도, 그저 먹고 자고 하루하루를 보내기만 하는 사람이라면, 그것은 생명의 존재가 아니고 고깃덩어리에 불과합니다. 따라서 사람은 노쇠해서 육신이 제대로 움직이지 않더라도, 세상에 우뚝 서겠다는 마음을 가지고 있다면, 그것은 생명의 존재라고 말할 수 있는 것입니다. 인간은 생명의 존재로 있고 싶지, 고깃덩어리로 있고 싶지 않습니다."

시부사와는 진정한 인간의 존재에 대해서 깊이 고민하였다. 위에 말처럼 '인간이라면 고깃덩어리로 남지 말고, 이 세상에 오랫동안 남을 수 있는 뭔가를 위해 노력하라'라는 내용을 보면서 우리는 깊은 고민에 빠지지 않으면 안 된다. 인디언의 속담에 "사람은 기억에서 사라질 때 비로소 죽는 것이다."라는 말이 있다. 이 교훈처럼 우리는 많은 사람들의 기억에 남을 수 있는 가치 있는 일들을 많이 해야 한다. 불교의 '법신(法身)'처럼, 우리도 자신의 고유한 법(法)을 남기기 위해서는 시부사와가 중요하게 생각했던 마음가짐인 '논어와 주판 정신'을 반드시 익혀야 한다. 이러한 마음가짐을 키울 수 있다면, 인생의 완성도를 더욱 높일 수 있을 것이다. 소가 수레를 이끌듯이, 이러한 마음가짐이 인생을 성공으로 이끌 것이다.

앞에 언급한 시부사와의 '논어와 주판 정신'은 다음과 같이 정리할 수 있다.

첫째, 의로운 대장부 마음가짐을 가진다.
둘째, 모든 일을 천명으로 받아들이고 하늘과 소통한다.
셋째, 작은 일을 큰일처럼 생각하며 사람을 보물처럼 여긴다.
넷째, 항상 진취적인 마음으로 향상심을 가진다.
다섯째, 국가와 사회를 위해 헌신한다.

자본주의 사회에서 10억 있는 사람은 100억 있는 사람 앞에서는 고개도 못 들고, 1,000억~1조 있는 사람 앞에서는 노예가 된다. 이를 두고 사마천은 『사기』「화식열전」에서 '상대방의 부(富)가 자신보다 10,000배 이상이 되면 그의 노예가 된다.'라고 말한 것이다.

이 말은 틀렸다. 오늘날 아무리 자본이 세상을 지배해도 모든 것이 이렇지만은 않다. 시부사와의 '논어와 주판 정신'을 배우면, 많은 부를 가진 사람을 만나더라도 그 사람의 노예가 되지 않는다. 오히려 그 사람에게 인생의 진정한 가치를 알려주고, 더 멋진 삶을 안내해준다. 그래서 공자는 "군자는 의(義)에 밝고, 소인은 리(利)에 밝다(君子喩於義 小人喩於利)."고 말한 것이다. 윤리교육을 배우면 뇌물의 유혹에 흔들릴 수 있지만, 시부사와의 '논어와 주판 정신'을 배우면 뇌물 유혹에 흔들리지 않는다. 이유는 올바름을 중요시하는 '의(義)'가 있기 때문이다. 뇌물에 유혹된다는 것은 '의'라는 철학이 없다는 의미이고, 이것이 없다면 자신의 존엄성에 깊은 상처를 받을 수도 있다.

최진석 교수가 "철학은 국가발전에 기초다."라고 말한 것처럼, 시부사와의 '논어와 주판 정신'은 개인발전의 기초다. 이러한 철학이 없다면 당신은 뇌물에 유혹될 수 있고, 자본의 노예가 되는 것이다. 그렇게 되면 세상의 기준에 휘둘리게 되고, 휘둘리면 당신만의 법신은 물론, 지속 가능한 성장이 없다는 것을 명심하라.

요한복음(8:32)에 "진리가 너희를 자유롭게 하리라"는 말이 있다. 필자는 이 말을 시부사와 철학에 적용해서 다음과 같이 말하고 싶다.

'논어와 주판 정신은 우리의 몸과 영혼을 자유롭게 하리라.'

제4장
시부사와 에이이치 성공철학

시부사와는 인생의 성공을 위해서 3가지 요소가 꼭 필요하다고 말한다. 이것은 바로 '지(智)·정(情)·의(意)'다. 그는 이들을 '지혜(智惠)·정애(情愛)·의지(意志)'로 다시 정의한다. 이 3요소를 균형 있게 갖추면서 이들의 수준을 끌어올리면 완벽한 인간, 즉 '완인(完人)'이 된다고 생각하였다.

시부사와는 완인을 매우 높이 평가한다. 이유는 쓰임이 무궁무진하고 큰 가능성을 지니고 있기 때문이다. 그래서 그는 인생의 성공을 위해서 '지·정·의'를 꼭 익혀야 한다고 주장하였다.

완벽한 인간(完人)의 조건인 '지(智)·정(情)·의(意)'를 설명하기에 앞서, 시부사와는 이들보다 더욱더 중요한 전제조건이 있다고 말한다. 그것은 바로 올바른 '인성'이다. 시부사와는 이 부분을 가장 중요시 생각하였다. '인성'에 대해서 간략하게 설명하고 '지·정·의'의 관한 내용으로 넘어가겠다.

1. 인성은 자아실현의 근본이다

시부사와는 인생의 성공에 있어서 '지·정·의'를 기술적인 요소에 생각하였다. 기술적이라는 말은 사람에 따라 다소 차이가 있더라도 연습과 노력으로 향상될 수 있다는 의미이다. 다시 말해서 '지·정·의'는 누구나 열심히 하면 습득할 수 있다는 의미다. 하지만, 시부사와는 이 3가지 요소보다 더욱 중요한 것이 있다고 말한다. 그것은 바로 도덕성과 의로움으로 무장된 올바른 '인성(人性)'이다. 그래서 그는 다음과 같이 말하였다.

"도덕을 잃고서는 절대로 세상에 서서 큰 힘을 펼칠 수가 없다. 농작물도 마찬가지다. 비료를 주어 줄기가 크고, 줄기가 더 커짐에 따라 그에 상응해서 뿌리를 강하게 해야 한다. 뿌리가 강하지 않으면 바람이 불 때 나무는 틀림없이 쓰러진다. 열매는 익지 못하고 도중에 말라 버릴 것이다."

"진정한 부는 도덕을 기반으로 해서 만들지 않으면 영속되지 않는다."

이처럼 시부사와에게 도덕은 모든 근원의 뿌리였고, 도덕(인성)이 제대로 형성되지 않은 상태에서의 성장은 의미가 없다고 생각하였다. 『하버드대 인생학 명강의: 어떻게 인생을 살 것인가』의 저자 쑤린도 이러한 '인성의 중요성'에 대해서 다음 내용을 책 속에 인용하였다.

"1998년 5월, 워싱턴대학교에서 세계적인 부호 워런 버핏과 빌 게이츠의 초청 강연이 이뤄졌다. 350명의 학생이 세계적 명사의 강연을 듣는 행운을 누린 가운데, 강연이 끝나고 질의응답 시간이 이어졌다. 이때 한 학생이 물었다.

'신보다 더 부자가 된 비결을 알고 싶습니다.'

사실 성공이란 여러 요소가 복합적으로 작용한 결과이기에 학생이 던진 질문은 받아들이기에 따라 꽤나 대답하기 까다로울 법한 문제였다. 그러나 버핏의 대답은 간명했다.

'아주 간단합니다. 비결은 좋은 머리가 아니라 인성입니다.'

그러자 빌 게이츠가 그의 말을 거들었다.

'저도 버핏의 말에 100% 동의합니다.'

이 세상에 똑같은 사람은 존재하지 않지만, 성공 인사들의 면면을 살펴보면 놀랍도록 닮아 있다. 그중에서도 특히 인성이 그러하다. 하버드대에서는 '하버드 인성'이라는 고유명사가 있을 정도로 그러하다. 여기에는 용감함, 강인함, 독립적 사고력, 겸손함, 부지런함, 배움을 향한 열정과 노력들이 포함되어 있다. 이렇듯 좋은 인성을 지닌 사람은 자연스럽게 건강한 정신과 바른 행동 자세로 일상생활은 물론 학업이나 일에서도 좀 더 수월하게 많은 성과를 거둘 수 있고, 나아가 더 나은 자아를 만들 수 있다."

쑤린은 '인성의 중요성'에 대해서, 아래와 같이 또 다른 예를 들었다.

"한 기자가 투자계의 대부 모건과의 인터뷰에서 이렇게 물었다.
'당신이 생각하는 성공의 조건은 무엇인가요?'
'인성입니다.'
조금의 망설임도 없는 대답에 기자는 다시 물었다.
'그럼 자본과 자금 중에서 어느 것이 더 중요하죠?'
그러자 모건은 생각할 것도 없다는 듯 바로 대답했다.
'자금보다는 자본이 더 중요하지요. 하지만 무엇보다 중요한 것은 바로 인성입니다.'
(…)
하버드의 내로라하는 인사들의 성공 궤적을 짚어가다 보면 그들의 성공이 지극히 필연적 결과였음을 알 수 있다. 그들은 모두 '인성'이라는 무적의 무기를 지니고 있기 때문이다."

쑤린도 인성이 바로 사람의 자아실현 여부를 결정하는 중요한 요소로 보았다. 어떠한 인성을 지녔느냐가 그 사람의 행동을 지배하고 습관이 되어서 운명을 결정짓는다고 그는 생각한 것이다.
『이것이 인성이다』 저자 최익용은 '인성'에 대해서 다음과 같이 말하였다.

"100가지를 잘해도 한 가지를 잘못하면 소용없다는 말이 있듯이, 100가지가 다 좋아도 인성이 나쁘면 모든 것은 0으로 돌아간다. 산술적으로

100−1=99이지만 인성 관점에서는 가감승제의 원리에 따라 100−0=100이고 100×0=0이다. 따라서 인성이 가감승제(+−×÷) 됨에 따라 우리의 삶도 가감승제의 인성이 적용된다는 의미이다. 즉 'A'라는 사람이 인성이 '0'이면 'A'라는 사람의 모든 것이 '0'이 되고 더 나아가 인성이 '+−×÷'로 가감승제 됨에 따라, 삶의 질도 '+−×÷'로 가감승제가 된다는 것이다. 여기서 인성이 최대의 자본, 자산 ……."

인성이 나쁘면 모든 것은 제로가 되는 것처럼, 최익용은 인성에는 가감승제의 원리가 적용된다고 말한다. 즉 100가지를 아무리 잘해도 1개만 잘못하면 100가지의 노력이 금방 물거품 된다는 뜻이다. 그만큼 올바르고 고귀한 인성을 쌓으면 쌓을수록 자신에게 최대의 자본이자 자산이 된다고 그는 말한다.

덧붙여서 말하면, 이러한 '인성'에 대해 우리나라에서 유일하게 '국수(國手)'라고 칭해지는 최고의 바둑 기사이자 세계 최다승, 세계 최다 우승 기록을 보유한 조훈현도 같은 생각을 하였다. 그는 자신의 저서 『조훈현, 고수의 생각법』이라는 저서에서 다음과 같이 말한다.

"큰 위기가 닥쳤을 때, 혹은 큰 기회가 주어졌을 때야말로 그 사람의 인성이 확연히 드러난다. 잘못을 솔직하게 인정할 것인가, 자신의 이익을 위해 남에게 책임을 전가할 것인가? 힘을 가졌을 때 그 힘을 무엇을 위해, 어떻게 쓸 것인가? 이런 선택의 순간에 어떤 행동을 하느냐가 그 사람의 인성 자체다. 인성이 제대로 형성되지 못한 사람은 아무리 머리가 좋고 재능이 뛰어나도 그것을 옳게 쓰지 못한다. 바르게 생각할 줄 모르면 바르게 행동할 수 없기 때문이다."

"인품과 인격을 어떻게 가르치겠는가. 매너는 가르칠 수 있어도 인품은 못 가르친다. 가르치려고 덤벼드는 것 자체가 어쩌면 사람을 망가뜨리는 것일 수 있다. 인성, 인품, 인격은 그냥 보여주는 것이다. (…)
가장 가난한 부모는 돈이 없는 부모가 아니라 물려줄 정신세계가 없는 부모다. 어린 시절에 부모로부터 물려받은 정신세계야말로, 자라서 사회에 나가 사람을 사귀고 직업을 갖고 가족을 꾸리고 삶의 목적을 찾는 등, 일상의 모든 선택에 영향을 주는 기준이 된다. 바로 이 기준이 나쁜 유혹에 흔들릴 때 머릿속에서 '안돼!'하고 막아주는 것이다."

조훈현도 한 개인이 자아를 실현하는 데 있어서 가장 중요한 것을 인성으로 생각하였다. "가장 가난한 부모는 돈이 없는 부모가 아니라 물려줄 정신세계가 없는 부모다"라고 말하는 그의 말처럼, 우리도 공자의 정신세계를 물려받아 올바른 인성을 갖추도록 노력해야 한다.

새뮤얼 스마일스는 『자조론』에서 '인격'에 대해 다음과 같이 말하고 있다.

"인생의 왕관이자 영광은 인격이다. 인격은 인간이 소유할 수 있는 가장 고상한 것이니, 그 자체로서 지위와 신분을 상징하며, 어느 처지에 있는 사람에게나 위엄을 주고, 모든 사회적 지위를 높이는 것이다. 인격이 발휘하는 힘은 부귀보다 크며, 명성에 대한 시기심이 없는 명예를 확보해준다. 또한 인격은 많은 사람을 감화시키는 힘이 있다. 다른 어느 것보다도 사람들의 믿음과 존경을 받을 수 있을 훌륭한 것들의 결과이기 때문이다. 인격이란 가장 좋은 형태의 인간 성질이다. 그것은 또한 개인 속에 구체화된 도덕 질서이다. 인격적인 사람들은 사회의 양심일 뿐 아니라 모든 선정을 베푸는 국가의 최고 원동력이기도 하다. 세상을 다스려 나가는 것은 주로 정신의 힘이기 때문이다."

새뮤얼 스마일스가 말하는 인격과 인성은 매우 유사하다. 인성도 인생의 왕관처럼 매우 소중하며 인간이 소유할 수 있는 가장 고귀한 것이다. 그 자체로서 지위와 신분을 상징할 수 있을 정도로 인성도 강력한 마력을 가지고 있다. 인성의 힘도 부귀보다 가치가 있으며 많은 사람을 감화시킬 수 있다. 이 모든 것이 가능한 이유는 올바른 인성은 모든 일에 기본이기 때문이다. 이러한 기본이 있어야 비로소 무언가를 축적해나갈 수 있는 시발점이 되는 것이다. 그래서 인성은 가장 고귀한 인간의 성질이며 최고의 원동력이라고 말할 수 있는 것이다.

인정을 받기 위해서는 천재적인 재능만 있으면 된다. 하지만 존경을 받기 위해서는 재능만으로 부족하다. 재능에다가 인성(인격)이 꼭 필요하다. 뛰어난 재능이 있으면 감탄하지만, 뛰어난 인성이 있으면 존경하며 따른다. 뛰어난 재능은 비교적 짧은 시간에 만들 수 있지만, 뛰어난 인성은 오랜 시간에 의해서 만들어진다. 뛰어난 재능은 더욱 뛰어난 재능 앞에 무릎을 꿇지만, 뛰어난 인성은 어떠한 사람 앞에서 조금도 주눅 들지 않는다. 재능은 하루아침에 쓸모가 없어질 수 있지만, 인성은 절대 그런 일은 없다. 그래서 훌륭한 인성

(인격)을 갖추는 것만큼 인생에서 확실한 투자는 없는 것이다.

뒤에 언급하겠지만, 현대 경영학의 창시자 피터 드러커도 『프로페셔널의 조건』에서 품성(인성)의 중요성을 언급하였고, '살아 있는 경영의 신' 이나모리 가즈오도 인성을 제일 강조하였다. 축구 감독으로 유명한 무리뉴도 최근 대활약하는 손흥민 선수에게 "손흥민은 참 겸손하다. 자연스럽게 그런 인성이 배어 나온다. 실력도 좋은데 겸양까지 갖춘 것이다. 이런 점이 바로 차별화시켜주는 것"이라고 인터뷰하며 그의 인성을 칭찬하였다.

필자도 이들과 같은 생각이다. 오늘날 우리 사회를 보면 올바른 '인성'을 지닌 사람이 문제를 일으키는 경우는 드물다. 대부분 똑똑하거나 열의만으로 가득 찬 사람들이 문제를 일으킨다. 시부사와는 이러한 인성과 도덕을 강조하기 위해 논어를 적극적으로 활용하였다. 그래서 시부사와의 인성에 관한 생각을 정리하면 다음과 같이 말할 수 있겠다.

'인성이 제로(0)이거나 마이너스(–)면, 기술적인 면들이 아무리 뛰어나도 그 사람의 역량은 제로거나 마이너스다. 그래서 자아실현에 있어서 인성이 제일 중요하다.'

2. 목표와 방향이 전부다
– '지(智, 방향성)'

근본적인 바탕이 되는 인성의 중요성에 대해서 알았다면, 그다음으로 중요한 것인 '지(智)'에 대해서 알아야 한다. 이 '지'에 대해서 시부사와는 다음과 같이 말한다.

"지(智)는 사람에게 있어서 어떠한 작용을 할까요? 어느 사람이 지혜가 부족하면 사물을 식별하는 능력도 부족할 것입니다. 시비선악과 이해득실을 판단할 수 없는 사람은 아무리 학식을 가지고 있어도, 선을 선으로 이득을 이득으로 구분하지 못하기 때문에 그러한 사람의 학문은 결국 썩고 말 것입니다. 이것을 봐도 지혜가 우리 인생에서 얼마나 중요한 것인지 알 수 있습니다."

시부사와는 '지', 즉 '지혜'는 사람이 꼭 갖춰야 한다고 말한다. 지혜가 있어야 사물을 식별할 수 있고, 시비선악과 이해득실을 판단할 수 있으므로 매우 중요한 덕목으로 생각하였다.

필자는 이 '지'를 '방향성'으로 다시 재정의해서 시부사와 성공철학에 적용해 보겠다. 그 이유는 삶의 과정에서 올바른 방향을 제시하는 가장 근원적인 토대가 바로 지식과 지혜이기 때문이다. 아는 것만큼 보이듯이, 다양한 지식과 경험을 쌓을수록 큰 지혜를 발휘할 수 있다. 이 큰 지혜는 인생의 수많은 상황에서 결정적인 도움을 준다. 이러한 결정이 쌓여서 인생이 정해지듯, 지식과 지혜는 매우 중요한 것이다.

'지(智)'의 능력이 뛰어날수록 올바른 판단을 내릴 수 있고 효율적인 삶을 살 수가 있다. 아래에도 언급하였지만, 시부사와 자신도 '지'의 부족으로 자신 인생의 방향이 15년이나 늦었다고 고백한다. 그래서 필자는 인생의 방향성을 제시한다는 의미에서 '지 = 방향성'으로 개념화하였다.

아리스토텔레스는 "인간은 목표를 추구하는 동물이다. 인간의 삶은 목표를 향해 나아가고 노력할 때만 의미 있다."라고 말한 것처럼, 인생에 있어서 목표와 방향은 정말 중요하다. 지금 우리 사회는 방향보다 속도를 더 중시하는 경향이 많아서 빨리 행동하기를 원한다. 빨리 결과물이 나와야 인정받고 빨리 일을 처리하는 사람이 더 좋은 기회를 누리는 사회 분위기다. 하지만 시부사와는 속도보다 제대로 된 방향성이 더욱 중요하다고 생각하며 다음과 같이 말하였다.

"고백하면, 저의 꿈은 청년기에 종종 바뀌었습니다. 마지막으로 실업계에서 몸을 세워야겠다고 결심한 것은 메이지 4, 5년 때(30세)입니다. 지금 생각해보면 그때가 나의 진정한 입지(立志)였다고 생각합니다. (…) 이때 입지의 결심이 이후 40여 년 동안 변하지 않았기 때문에 저에게 있어서 진정한 입지는 이때였습니다. (…) 만일 제가 저 자신을 잘 알아서 15, 16세 무렵부터 입지를 상공업 방면으로 세웠다면 14, 15년이라는 긴 세월 동안 상공업에 관한 지식을 더욱 쌓을 수 있었을 것입니다. 만일 그랬다면 지금 시부사와의 모습보다 훨씬 더 많은 것을 이룬 시부사와를 봤을지도 모릅니다. 그러나 애석하게도 저는 젊은 시절의 객기에 휘둘려서 인생의 가장 중요한 시기에 저와 맞지 않는 일에 힘을 낭비하였습니다. 이것을 계기로 해서 여러분들은 저의 경험을 거울삼아 후회하는 일이 없도록 당부 바랍니다."

시부사와는 30살 때 가진 자신의 목표를 15세쯤 가졌더라면, 그 15년의 공백 동안 더 많은 것을 이루었을 것이라고 후회했다. 인생의 방향성에 대해서 깊은 고민이 필요하다고 지적했듯이, '우리는 무엇을 하고 있는가가 아니라 무엇을 꿈꾸는가'가 중요하다. 나무를 깊게 뿌리내리게 하기 위해서는 자주 옮겨 심으면 안 된다. 제대로 된 토양과 환경에서 오랫동안 뿌리를 내려야 큰 나무로 클 수 있다. 나무에게 있어서 제대로 된 토양과 환경이 매우 중요하듯이, 인생의 방향성을 명확하게 제시하는 '지혜(智)' 또한 중요하다. 이러한 '지혜'가 없으면 제대로 된 방향을 결정하기 힘들고 효율적인 삶이 어렵다.

미국의 극작가 조지 버나드 쇼는 "우물쭈물하다가 내 이럴 줄 알았다."라고 말하였다. 그는 이 명언을 자신의 묘비명으로 세울 정도로 무의미한 인생을 보내지 말고 결단력 있게 목표를 세워서 의미 있는 인생을 보내라고 경고한다. 성철 큰스님도 이 말을 자주 인용하며 극찬을 했었다고 하니, 인생에 있어서 방향성이 얼마나 중요한

가는 말할 필요도 없다.

　아인슈타인도 "고요히 자기를 들여다보는 시간을 갖지 않으면 목표는 빗나간다."고 말하며, 목표를 실현하기 위해서는 자신을 고요히 들여다보는 시간을 꼭 가지라고 말한다. 그리고 경영컨설턴트이자 경영학자인 오마에 겐이치도 "37년간 경영컨설턴트로 일한 내가 뼈저리게 느끼는 것이 있다. 리더는 '방향'을 정한 다음 '속도'를 정해야 한다는 것이다."라고 말하였다. 그리고『정상에서 만납시다』의 저자, 지그 지글러도 명확한 목표와 방향성을 가지게 되면 "방황하는 일반인에서 의미 있는 특정인이 된다."라고 말하였다. 이처럼 인생은 속도보다 목표와 방향이 중요한 것이다.

　명확한 목표가 없으면 다람쥐 쳇바퀴 돌 듯, 우리 인생도 헛되이 시간을 보낼 수가 있다. 인생이라는 긴 여정에서 좀 더디게 가더라도 정확한 방향을 선택해서 제대로 가는 것이 중요하다. 시부사와는 이를 '지(智)'의 역할이라고 생각하였다.

　그럼 목표와 방향성이 인생에서 얼마나 중요한지에 대해서 시부사와의 생각을 좀 더 살펴보자.

1) 목표의 중요성

『목적을 리더하라』의 저자 리처드 엘즈워스는 "최고의 개인 역량 개발과 최대의 행복은 자아를 넘어서는 목표를 위해 일하는 데서 나온다. 가치 있다고 생각하는 목표, '세상을 바꾸는' 일을 하고 있다는 느낌을 주는 목표를 위해 일하면, 결과적으로 일은 직원들의 삶에 많은 의미를 가져다준다."라고 말하였다. 가치가 있는 일이나 세상을 바꾸는 원대한 일을 목표로 한다면, 자아가 가진 최고의 역량을 발휘할 뿐만 아니라, 최대의 행복을 느낄 수 있다는 의미다.

시부사와는 평생 올바른 도리를 실천하며 도덕성을 무기 삼아 가치 있는 원대한 일을 하였다. 당시 일본을 꼭 바꾸겠다는 목표를 세워서 일본의 근대화를 위해 자신이 가진 모든 역량을 발휘한 사람이다. 항상 자아를 넘어선 목표를 세우고 이루면서 더없이 행복한 인생을 보낸 그는 목표에 대해서 다음과 같이 말하였다.

"스스로 이렇게 하고 싶다거나 저렇게 하고 싶다는 의지(목표)가 있다면, 대부분 그 뜻대로 이루어지게 마련이다. 그런데도 많은 사람들은 스스로 행복해지는 운명을 초대하려고 하지 않는다."

이처럼 시부사와도 스스로 행복해질 수 있는 목표를 가지라고 당부하였다. 공자도 다음과 같은 말을 하였다.

"사람이 먼 훗날을 생각하지 않으면 반드시 가까운 날에 근심할 일이 있느니라."

이 말은 미래에 대해서 항상 생각하라는 의미로, 앞으로의 인생 목표에 대해서 고민하지 않는다면 가까운 날에 근심이 생긴다고 공자도 지적하였다. 그리고 『목적의 힘』의 저자 댄 폰테프렉트도 "목적의식이 부족하거나 방향성이 뚜렷하지 않은 사람은 마지못해 일하는 시늉을 하면서, 자신의 생각과 의견이 존중받을 때를 갈망하다가 시간이 흘러 무력한 경영진이 된다."라고 말하며, 목표와 방향성을 가지는 것이 얼마나 중요한 것인가를 강조하였다. 세계적인 동기부여 강사인 브라이언 트레이시도 "성공이 곧 목표이고, 그 외의 모든 것은 주석이다."라고 말할 정도로, 성공에 있어서 목표 자체가 전부인 것이다. 목표를 가질 때 비로소 우리는 마음속에 깊이 잠든 거인을 깨울 수 있다. 깨어난 이 거인의 힘은 우리가 상상했던 이상이다. 이 거인만 잘 다룰 수 있다면, 인생의 성공은 생각보다 쉬울 수 있다. 당신이 하고 싶은 간절한 목표가 생긴다면, 이 거인은 기꺼이 당신을 위해 희생해 줄 것이다.

이처럼 성공하는 사람들은 인생에서 목표와 방향성이 얼마에 중요한가를 잘 알고 있다. 시부사와도 말년에 젊은 날을 회상하면서 자기 뜻(立志)을 빨리 가지지 못한 것에 대해서 후회했고, 많은 사람이 자신과 같은 전철을 밟지 않도록 당부하였다. 시부사와도 인생에서 목표를 가지는 것이 얼마나 중요한지를 말하고 싶었던 것이다.

이런 목표에 대해서 재미있는 이야기를 해보면, 1947년 미국에 이민 온 한 가난한 소년은 책상머리에 아래 세 가지 목표를 적었다.

1. 나는 영화배우가 될 것이다.
2. 나는 케네디가 여인과 결혼할 것이다.
3. 나는 캘리포니아 주지사가 될 것이다.

이 사람은 바로 터미테이터의 주인공 아놀드 슈왈제네거다. 그는 정말 자신이 세운 목표대로 영화배우가 되었고 케네디가의 여인과 결혼도 하였다. 그리고 2003년 캘리포니아 주지사도 당선되었다. 이런 가난한 이민자를 유명한 배우, 케네디가와 결혼, 주지사로 만든 것은 바로 그가 가진 '목표의 힘' 때문이었다. 그리고 미국의 유명 배우 짐 캐리의 〈천만 달러 수표 이야기〉라는 재미있는 일화도 있다.

"캐나다 출신의 짐 캐리는 5세 때 영화배우라는 꿈을 품고 미국으로 왔다. 하지만 너무 가난해서 집도 없이 지내야만 했다. 그는 매일 50달러짜리 중고차에서 자고, 하루에 햄버거 하나만 먹고 버텼다. 그리고 호텔이나 빌딩의 화장실에서 세수하며 하루하루를 보냈다. 그의 아버지는 일찍 죽었고, 어머니는 병환으로 누워있었다. 이런 하루하루가 너무나 무의미하다고 생각한 그는 자신의 미래에 대해서 고민하기 시작했다. 그리고 1990년 어느 날, 헐리우드에서 가장 높은 언덕에 올라가서 문방구에서 산 가짜 수표책을 꺼내서 자신에게 천만 달러를 지급한다고 서명을 했다. 지급일자는 5년 뒤인 1995년 추수감사절이라 적고 5년 동안 수표를 가지고 지냈다. 마침내 지급날짜 1995년이 되었을 때, 그는 '덤앤더머' 영화로 출연료 7백만 달러를 받았고, 그해 연말에는 영화 '배트맨'에 출연해서 천만 달러를 받았다."

그리고 일본 소프트뱅크 대표 손정의도 이런 목표의 중요성을 생각했었다. 그가 10대 때 결심한 목표는 다음과 같다.

1. 20대에는 이름을 날린다.
2. 30대에는 1조 정도의 자금을 마련한다.
3. 40에는 사업을 크게 일으킨다.
4. 50대에는 그 사업을 글로벌 회사로 키운다.
5. 60대에는 사업을 후배에게 물려주고 사회에 공헌한다.

손정의도 10대 때 세운 목표를 대부분 이루었다. 그는 누구보다도 목표의 힘에 대해서 잘 알고 있었다. 2009년 6월 24일 〈소프트뱅크 신 30년 비전〉에서 발표한 내용 중에서 "목표를 세우는 것만으로 인생의 절반은 성공한 것이다."라고 말하며 목표의 중요성을 몇 번이나 강조하였다.

이처럼 인생은 속도가 아니라 방향이다. 자신의 꿈과 목표를 향해 꾸준히 나아가면 성공은 반드시 찾아온다고 시부사와는 믿었다. 반대로 꿈과 목표가 없다면 우리 인생에는 아무것도 일어나지 않는다.

윌리엄 허친슨 머리는 "사람이 확실하게 전념하는 순간 하늘의 섭리도 따라서 움직인다. 보통 때라면 결코 일어나지 않았을 일들이 일어나 그를 도와준다. 전념하겠다고 결심하고 나면 꿈꾸지 못했던 뜻밖의 사건과 만남, 물질적 지원이 이어질 것이다."라고 하였다. 미국의 사상가 랄프 월도 에머슨도 "당신이 결정을 내리면 그 일이 이뤄지도록 우주가 도와준다."라고 말하였다.

이들이 말하는 '하늘의 섭리', '우주의 기운'에 대한 사실은 알 수 없다. 하지만, 소가 수레를 이끌 듯이 목표와 방향성을 명확히 정하면, 그것이 우리의 인생을 이끈다는 사실을 꼭 명심해야 한다.

2) 명확한 목표설정

"R=VD"라는 공식이 있다.

"Realization(실현) = Vivid(생생한) × Dream(꿈)"

이 공식은 '실현하기 위해서는 생생하게 꿈을 가져라.'라는 뜻이다. 자신의 꿈과 목표를 실현하는 데 있어서 구체적인 생각이 얼마나 중요한지를 말하고 있다. 이러한 명확한 목표에 관한 다음 이야기가 있다.

"1953년 미국 예일대에서 목표에 관한 연구를 발표한 적이 있다. 졸업생을 대상으로 목표를 자유롭게 쓰도록 했더니, 그중 3%의 학생만이 자기 목표를 구체적으로 서술했다. 그리고 22년 후인 1975년에 조사해 보니, 목표를 구체적으로 기술한 3%의 학생들이 나머지 97%의 학생들을 모두 합친 것보다 더 많은 성공을 이루었다고 한다."

목표를 세울 때는 구체적으로 세우는 것이 중요하다. 시부사와도 이처럼 구체적이고 명확한 목표의 중요성에 대해서 누구보다도 잘 알고 있었다. 그래서 그는 다음과 같이 말하였다.

"오늘날 청년들은 단지 학문을 위한 학문을 하고 있습니다. 학문을 시작할 때 명확한 목표도 없이 막연하게 공부한 결과, 사회에 나가서 '내가 왜 공부를 했지?'라는 의문에 봉착하는 청년들이 종종 있습니다. '학문을 배우면 누구라도 큰 인물이 될 수 있다.'라는 일종의 미신 때문에, 자신의 상황을 판단하지 않고 자신에게 맞지 않는 학문을 해서 후회하는 것입니다."

명확한 목표를 가지지 않는 것은 목적지 없이 항해하는 배와 같다. 목적지가 없는 배는 어디로 가야 할지 모르기 때문에, 이곳저곳 표류만 계속하다가 결국 좌초되는 것이다. 이에 대해서 브라이언 트레이시도 다음과 같이 말하였다.

"명확한 목표 없이 살아가는 것은 짙은 안개 속에서 운전하는 것과 같다. 차가 아무리 성능이 좋고 튼튼하다 한들 머뭇거리면서 천천히 운전할 수밖에 없으며, 가장 평탄한 길에서조차 나아가지 못한다. 목표를 결정하고 나면, 안개는 어느덧 걷히고 우리는 에너지와 능력을 집중시켜 한 방향으로 전진할 수 있다. 명확한 목표만 있다면 삶의 가속 페달을 밟고 빠르게 앞으로 달려서, 진정으로 원하는 것을 더 많이 성취할 수 있다."

이처럼 목표는 명확해야 한다. 그렇지 않으면 위에 시부사와의 말처럼 '내가 왜 공부를 했지'라고 뒤늦게 후회할 수 있다.

3) 자신에 맞는 목표설정

목표는 자신에 맞게 세워야 한다. 목표를 현실과 너무 동떨어지게 세우면 결국 자신에게 낙담만 안겨줄 수 있다. 그래서 목표를 세울 때 시부사와는 다음과 같이 말하였다.

"눈앞의 사회 풍토에 휩쓸리기도 하고, 또는 주변 사정에 영향을 받아 자신의 적성과 무관한 곳에서 일을 결정해 버리는 사람이 많습니다. 하지만, 이것은 진정한 입지(立志)라고 할 수 없습니다. 오늘날 같은 사회에서 한번 세웠던 뜻을 중도에 옮기거나 하면, 상당한 불이익이 따릅니다. 처음 입지를 세울 때 매우 신중히 고려해야 합니다. 그러기 위해서는 우선 자신의 두뇌를 냉정하게 한 뒤, 자신의 장단점을 상세하게비교하고 고찰해서, 가장 잘할 수 있는 방향으로 뜻을 세우는 것이 좋습니다."

이처럼 자기 목표를 세울 때는 냉정하고 면밀하게 생각해서 결정하라고 시부사와는 당부한다. 세계적인 투자자 짐 로저스는 2017년 8월 KBS 〈명견만리〉라는 프로그램에 나와서 공무원을 준비하는 수많은 대학생을 보며, '활력을 잃고 몰락하는 사회의 전형을 보는 것 같다.'라고 하면서, 한국사회의 미래를 암울하게 보았다. 시부사와도 이러한 명확한 목표가 없는 학생들에 대해서 다음과 같이 말한다.

"초등학교를 졸업하면 각 분야의 전문 교육에 들어가서 실질적인 기술을 배워야 합니다. 만일 고등학교 교육을 받을 사람은, 중학교 때부터 '앞으로 어떠한 전문과목을 배울까?'라는 확고한 목표를 정하는 것이 필요합니다. 천박하게 허영심을 채우기 위해서 학문을 하는 것은 절대로 안 됩니다. 허영심에 빠진 학문은 여러분 자신뿐만 아니라, 나라 전체의 활력도 쇠퇴합니다."

시부사와는 청년들에게 목표와 방향성을 가지기 전에 자신의 재능을 충분히 고려하기를 원하였다. 이러한 선택이 곧 활력 있는 사회로 이어지므로 신중히 선택해야 한다고 그는 생각하였다.

자신의 장단점을 잘 판단해서 명확한 목표를 세우는 일은 정말 어려운 일이다. 그렇지만 목표는 명확히 세워야 한다. 왜냐면 사회는 현기증이 날 정도로 많은 변화와 속도를 강요하지만, 조금 느리더라도 자신에 맞는 확고한 목표와 방향성을 설정하는 것이, 인생 전체를 보면 빠른 지름길이 될 수 있기 때문이다. 그래서 지금 우리에게 필요한 것은 속도가 아니라 방향이다.

4) 구체적 목표

시부사와는 가능성이 있고 현실에 맞는 명확한 목표를 세웠다면, 그다음에는 목표를 구체적으로 세워야 한다고 말한다. 누구에게 편지를 보낼 때 주소가 구체적이고 정확해야 편지가 전달되듯이 목표도 구체적이야 한다. 이런 구체적인 목표에 대해서 그는 다음과 같이 말하였다.

"이미 근간(根幹)이 되는 큰 뜻을 세웠다면, 이제는 가지와 잎이 되는 작은 목표(立志)에 대해서 매일매일 고민해야 할 필요가 있습니다."

"입지(立志)는 인생이라는 건축의 골자이고, 소입지(小立志)는 그것을 수식하는 역할을 합니다. 그래서 처음부터 그들의 조합을 확실하게 생각하지 않으면, 훗날 어렵게 세웠던 건축물이 중도에 무너질 수도 있습니다. 그래서 입지(立志)는 인생에서 중요한 출발점이기 때문에 누구라도 쉽게 간과해서는 안 됩니다."

시부사와는 입지(목표)에 대해서, 큰 뜻과 작은 뜻의 조화를 이룰 수 있는 세심한 부분도 신경을 써야 한다고 말한다. 이 말은 목표를 이루기 위해서는 전략과 전술이 필요하다는 의미다.

일본의 교육자 마키구치 쓰네사부로는 "1000m 달리기에 이어 100m 달리기는 할 수 있지만, 100m 달리기에 이어 1000m 달리기는 할 수 없다. 대(大)목적을 확립해야 중(中)목적, 소(小)목적이 명확해지고 그 방법도 생긴다."라고 말했다. 마키구치의 말처럼 인생의 목표를 세웠다면, 그 목표를 이루기 위한 전략을 짜고 구체적이고 세부적인 전술도 잘 세워서 목표에 차질이 없도록 철저하게 준비해야 한다. 이런 '철저함'에 대해서 엘버트 허바드는 "철저함은 모든 성공한 사람들의 특성이다. 천재성은 무한한 노력을 통해 얻어지는 인위적인 산물이다. 모든 위대한 성취 뒤에는 세세한 것들에까지 이르는 극도의 세심함과 무한한 노력에 있다."라고 말하였다. 시부사와도 자신의 목표를 위대하게 성취하기 위해서는 극도의 세심함이 뒷받침되어야 가능하다고 생각하였다.

5) 목표 점검

명확하고 구체적인 목표를 잘 세웠다고 하더라도, 이 목표들이 잘 진행되고 있는지, 또는 잘못된 방향으로 가고 있는지에 대한 확인작업이 꼭 필요하다. 이에 대해서 시부사와는 다음과 같이 말한다.

"소입지(작은 뜻)에 실행하기 전에는 주의를 기울여야 할 것이 있습니다. 우선 중요한 것은 평생을 걸쳐서 이루어야 할 입지(큰 뜻)의 범위에서 벗어나지 않도록 항상 생각하는 것이 중요합니다. 소입지(작은 뜻)는 항상 변동하려는 성질을 가지고 있으므로, 그 변동에 따라서 입지(큰 뜻)가 흔들리지 않도록 주의하는 것이 필요합니다."

이 말은 항상 작은 뜻이 큰 뜻의 범위를 벗어나지 않도록 목표를 수시로 확인하라는 의미다. 너무 세부적인 부분에만 집중하면, 큰 뜻의 울타리에서 벗어날 수 있으므로 수시로 확인작업이 필요하다고 시부사와는 생각하였다.

브라이언 트레이시도 이 부분에 대해서 다음과 같이 말한다.

"여러 해 동안 나는 한 해에 한두 번씩 목표들을 종이에 적고 기회가 있을 때마다 검토하면서 그것들을 이루기 위해 노력했다. 이 행위 하나가 내 삶에 믿을 수 없을 만큼 큰 영향을 미쳤다. 나는 매년 1월에 그 해 이루어야 할 목표들을 목록으로 작성했다. 그리고 12월에 목록을 검토해 보면 실현 불가능해 보이는 목표들이라도 대부분 성취되어 있었다. 그때 나는 삶의 바꾸는 기법을 하나 터득했다. 1년에 한 번씩 목표를 적는 것이 그렇게 큰 힘을 발휘한다면, 더 자주 목표를 적으면 훨씬 더 효과적일 터였다. 어떤 저자들은 한 달에 한 번씩 목표를 적고 검토하라고 제안한다. 내가 터득한 이치는 날마다 목표를 적고 검토하라고 제안하다. 내가 터득한 날마다 목표를 적고 검토하는 것이 더 큰 힘을 발휘한다는 것이다."

자신의 목표를 매일 적으면서 검토하라고 제안하는 브라이언 트레이시의 말은 무척 번거로운 작업일 수 있다. 하지만 반대로 생각하면 검토하는 작업이 빈번할수록 목표가 더욱 명확하게 각인되고 선명해지며 의지가 더욱 생기는 것이다.

월트 디즈니는 "꿈꾸는 것이 가능하면 꿈을 실현하는 것도 가능하다."라고 했다. 아인슈타인도 "생각할 수 있는 것은 모두 현실 가능하다."라고 말하였다. 이들의 말처럼 꿈이나 목표를 생각하고 세울 수 있다는 말은 현실적으로 가능하다는 말이다.

세상은 아는 것만큼 보인다. 다양한 지식과 뛰어난 지혜를 지닌 사람이면 사물에 대해서 더 명확히 구분할 수 있고 더 큰 세계를 바라볼 수 있다. 시부사와는 이 모두를 가능하게 하는 출발점을 '지'라고 생각했다. 그래서 필자는 '지'를 시부사와의 성공학 이론에 끌어

들여서 '지 = 방향성'의 개념으로 적용한 것이다.

필자의 이야기를 조금 언급하면, 필자는 어릴 때부터 신문사를 운영한 아버지의 영향으로 중학생부터 아침에 신문 배달을 하였다. 그리고 목욕탕 청소와 편의점 아르바이트 등 다양한 경험도 했었다. 일본 유학 시절에는 더 많은 일을 체험하였다. 야시장 판매도 해보았으며, 동시통역과 번역, 빠징코 아르바이트 등 색다른 경험도 많이 하였다. 그리고 필자가 경험한 직업도 15개 정도가 된다. 한국에서 잡화점으로 유명한 '다이소' 일본 본사에 한국인 최초로 입사한 적도 있다. 버스터미널 앞에서 뻥튀기 장사도 한 적도 있으며, 당구장 사장, 신발장사, 대학교수, 보험판매원, 온라인 교육사업, 프로그래머, 건강기능 식품대리점, 가전제품 사업, 자치단체장 비서 등, 수많은 일을 했었다. 많은 경험을 한 만큼 도움이 되는 일도 있었지만, 인생 전체의 효율성을 따지자면 정말 비효율적인 삶을 살았다. 다양한 일을 하면서 쏟았던 많은 에너지를 한 곳에 집중해서 쏟았더라면, 지금쯤 만족스러운 결과를 만들었을 거라는 생각이 들기도 한다. 그래서 방향성의 중요성을 언급한 시부사와의 조언이 누구보다도 가슴 깊이 와 닿는다.

영국의 소설가 윌리엄 윌키 콜린스는 "지금 승리하더라도 언젠가 반드시 실패하는 길보다, 지금 실패하더라도 언젠가 반드시 승리하는 길을 택하겠다."라고 말했다. 그럴듯한 내용으로 보이지만, 우리는 반드시 승리하는 길을 선택하고 실패하지 않아야 한다. 승리를 위해 실패하는 일 없도록 신중히 해야 하고, 그 승리를 지속해서 유지하기 위해서 부단히 노력해야 한다.

랄프 왈도 에머슨은 "인생은 하나의 실험이다. 실험이 많아질수록 당신은 더 좋은 사람이다."라고 말했다. 독일 문학의 거장 괴테도 『파우스트』에서 "인간은 노력하는 한 방황하는 법이다"라고 말했다. 이들의 말에 견주면 지금까지 필자의 인생은 실험투성이였고 방황의 연속이었다. 에머슨과 괴테는 필자의 인생에 대해서 좋은 사람이고 노력했다고 위안을 주지만, 이것은 자기합리화에 불과하다. 노력하지 않는 사람은 없다. "대인춘풍 지기추상(待人春風持己秋霜)"의 교훈처럼, 우리는 남을 대할 때는 봄바람과 같이 부드럽게 하고, 자신을 대할 때는 가을 서리처럼 엄격해야 한다. 잔잔한 바다에서는 노련한 뱃사공이 나오지 않듯이, 수많은 시련과 역경을 꿋꿋하게 잘 이겨내서 스스로 만족할 수 있는 결과물을 만들어야 한다.

시부사와는 제대로 된 방향성과 목표를 가질 때 자아실현도 앞당길 수 있다고 생각하였다. 꿈과 목표가 있을 때 비로소 행복할 수 있다며, 다음과 같이 말한 것이다.

"꿈이 없는 사람은 이상이 없고
이상이 없는 사람은 신념이 없고
신념이 없는 사람은 계획이 없고
계획이 없는 사람은 실행이 없고
실행이 없는 사람은 성과가 없고
성과가 없는 사람은 행복이 없고
따라서 행복을 추구하는 사람은 꿈을 가져야 한다."

다시 말하지만, 브라이언 트레이시의 "성공이 곧 목표이고, 그 외는 모든 것이 주석이다."라는 명언처럼, 성공자들은 인생의 목표에 대해서 매우 신중하게 고민하고 결정한다는 사실을 절대 잊으면 안 된다. 명확한 목표를 세우는 일은 정말 어렵다. 그럼에도 자신의 꿈과 목표에 대해서 깊이 고민해야 하는 이유는, 자신의 꿈을 스스로가 결정하지 않으면, 남들이 그것을 결정짓는 비극이 생길 수 있기 때문이다. 그만큼 인생에서 꿈과 목표, 방향성은 중요하다.

3. 의식판단과 감정조절이 핵심이다
- '정(情, 우수성)'

이번에는 성공학 요소인 '정(情)'이다. '정'은 감정을 잘 조절해서 그 상황마다 탁월한 결과를 만드는 내는 '우수성(탁월성)'에 관한 내용이다. 흔히 말하는 '융통성'의 의미도 포함하고 있다.

1) 정(情)의 의미

시부사와는 '정'에 대해서 2가지로 설명한다. 첫 번째는 '순간순간 상황마다 조화롭고 탁월한 결과를 만들어 내는 기능'이고, 두 번째 '인간의 감정에 해당하는 기능'이다.

우선 첫 번째 기능에 대해서 시부사와는 다음과 같이 말한다.

"'지(智)'의 중요성에 관해서는 앞에서 설명하였습니다만, '지'만으로는 원만한 활동이 불가능합니다. '지'에 '정(情)'이 따르지 않으면 '지'의 능력을 충분히 발휘할 수 없습니다. (…) 다른 사람들에게 폐를 끼치고 난처하게 하고, 예상하지 못할 정도로 극단적으로 치우칩니다. 이런 불균형을 조화롭게 가져가는 것이 '정'의 역할입니다. 정은 하나의 완화제로써 무슨 일이든지 조화와 균형을 유지하고, 인생의 모든 일을 원만하게 해결해 줍니다."

이처럼 시부사와는 '정(情)'이 있어야만 '지(智)'의 능력을 발휘할 수 있고, 무슨 일이든 조화와 균형을 유지하면서 탁월한 결과를 만들 수 있다고 생각하였다. 당연히 시부사와도 이러한 '정'의 덕목을 이미 갖춘 인물이었다. 그는 상황판단이 매우 빠르고 센스있는 사람이었다. 정의모의『시부사와 에이이치』라는 책을 보면 다음과 같은 내용이 있다.

"일본어의 '네마와시'란 사전 물밑작업을 통해 본회의 등에서 원만히 결정되도록 하는 것을 말한다. 시부사와는 총회가 원만히 진행되도록 네마와시를 적극 수행했다. 네마와시란 일본의 관행이기에 특별한 것은 아니지만, 시부사와는 특히 이런 역할에 탁월했다고 한다."

위의 설명에서 알 수 있듯이 시부사와는 매 순간 탁월한 결과를 만들어 내는 임기응변이 뛰어난 사람이었다. 일을 신속하게 진행하면서 원만하게 해결하고 빠른 판단력까지 지닌 그는, 이러한 '정'의 기능 탁월했다.

두 번째 '정'의 기능은 '감정조절기능'이다. 시부사와는 '정'이 인간의 감정과 깊은 관련이 있다고 말한다.

"사람에게 있어서 '정'은 꼭 필요한 기능입니다. 하지만 정의 결점은, 너무 감정적이기 때문에 사람들에게 쉽게 휩싸이게 됩니다. 사람의 감정인 기쁨(喜), 분노(怒), 슬픔(哀), 즐거움(樂), 사랑(愛), 미움(惡), 욕망(欲) 등의 칠정(七情)은 변화에 민감합니다. 그래서 마음속에서 조절하지 않으면 감정이 너무 앞서서 폐단을 낳습니다. 이것을 제어하기 위해서는 '의지'가 필요합니다."

분위기에 쉽게 동요되는 '정'을 제대로 조절하지 못하면 잘못된 결과를 초래할 수 있으므로, 시부사와는 '정'을 다스릴 수 있는 '의지'를 매우 중요하게 생각하였다. 그래서 '인생의 성공을 위해서는 자신의 감정을 자유롭게 조절할 수 있는 훈련된 의지가 필요하다'라고 시부사와는 말한다.

이해를 돕기 위해 인간의 감정을 표현하는 '정(情)'에 대해서 설명이 잘 되어있는 『중용』을 보면 다음과 같은 내용이 나온다.

"희로애락이 아직 발현되지 않은 상태를 중(中)이라 일컫고, 그것이 발현되어 상황의 절도(節)에 들어맞는 것을 화(和)라고 일컫는다. 중(中)이라는 것은 천하의 큰 근본이요, 화(和)라는 것은 천하 사람들이 달성해야만 할 길이다."

이에 대해서 철학자 김용옥은

"'중(中)'이란 희(喜) · 노(怒) · 애(哀) · 락(樂)이 아직 발현되지 않은 순결한 심적 에너지의 근원 같은 것이다. 미발(未發)이기 때문에 그것은 치우침이 없으며 분별심이 없으며 모든 가능성을 다 내포하는 것이다. '중(中)'은 '가운데(the intermediate)'가 아닌, 모든 감정이 동적인 평형(dynamicequilibrium)을 이루고 있는 원초적 상태와 같은 것이다. 그러나 이러한 심적 상태에만 머물러 있을 수 없다. 인간은 어차피 분별의 문명 속에서 삶을 영위해야 하는 것이다. 따라서 외계의 사물, 사건과의 접촉에 의하여 그 발현이 촉발되는 것이다. 그러나 감정의 발현은 상황성을 갖는다. 그 상황성을 여기서 '절(節)', 즉 '삶의 마디'라고 표현한 것이다. (…) '발(發)'하여 그 절(節)에 들어맞는 것'을 우리가 '화(和, Harmony)'라고 부르는 것이다. '화(和)'는 아름다움의 근원이다. (…) 화(和)는 인간세가 달성해야 할 지향처로서의 달도(達道)이다."

김용옥은 감정의 '정'이 발현되지 않은 상태인 '중(中)'에서, 상황에 따라 표현하게 되는 그 상황성을 '절(節)'이라고 말한다. 그 상황을 조화롭게 이루는 것을 '화(和)'라고 하며, '화(和)'야말로 인간이 꼭 이루어야 할 목표라고 해석하였다.

인간의 감정인 '정(情)'을 상황마다 잘 표현해서 '조화(和)'를 이루는 것은 무척 어려운 일이다. 이 '조화(和)'를 완벽하게 이루도록 노력하는 것을 『중용』의 저자인 자사(子思)는 "천하 사람들이 달성해야만 할 길이다(達道也)"라고 말했다. 어쩌면 우리 인생의 궁극적인 과제는 모든 사람과의 '조화(和)'인지 모른다.

시부사와는 '정'에 대해서 2가지로 나누어서 설명했지만, 결국 그가 말하는 '정'의 의미는 '자신의 감정과 생각을 잘 다스려서 모든 상황에서 원만하게 대응하고, 뛰어난 결과를 만들어 내는 능력'이라고 정의할 수 있겠다. 시부사와는 '정'의 기능이 매우 뛰어났다. 쉽게 말하면 '융통성'이 아주 탁월했다. 그는 뛰어난 융통성과 순간순간 탁월한 결정을 내릴 수 있는 판단력이 있었기 때문에 수많은 일이 가능했다.

『1분 몰입』의 저자 사이토 다카시는 "만일 당신이 결정적 1분을 제대로 통제할 수 있다면, 인생 전체를 자유롭게 지배할 수 있는 힘도 어렵지 않게 갖게 될 것이다."라고 말한 바 있다. 즉 그는 결정적인 상황에서 제대로 통제할 수 있는 능력만 있다면 뛰어난 성과는 따라오는 것이라고 말한다. 인생은 리허설이 없다. 항상 생방송이다. 생방송에서는 작은 실수를 용납하지 않듯이, '정'의 기능이 탁월한 사람은 어떠한 상황에서도 작은 실수도 하지 않고 탁월한 결과를 만든다. 결국, 사이토 다카시가 말하는 '1분 몰입'은 시부사와의 '정'의 기능을 탁월하게 하는 순간의 시간이라고 말할 수 있다.

스위스의 정신과 의자이자 심리학자 카를 구스타프 융은 '페르소나(persona)'라는 개념을 만들었다. 페르소나는 배우가 사용하는 '가면'을 뜻하는데, 융은 '인간은 모두 가면을 쓰고 살아간다.'라고 말한다. 사람은 다방면의 인격을 가지고 있어서 그 상황에 맞는 가면이 필요하다. 그 가면은 실제의 자신의 모습을 보호하기 위해 사용한다는 것이다. 시부사와와 말하는 '정'과 '페르소나'는 다소 차이가 있지만, '상황에 맞게 자신을 맞춘다.'라는 점에서는 유사한 의미를 지니고 있다.

『논어』「술이」편을 보면 다음과 같은 말이 나온다.

"공자께서는 상을 당한 사람 곁에서는 밥을 먹을 때는 배불리 먹지 않았다. 공자께서는 조문을 가서 곡을 한 날에는 노래를 부르지 않았다."

공자도 장소가 어딘가에 따라 행동을 달리하였다. 자신의 감정을 숨기고, 그 상황이 요구하는 행동을 하면서 자신의 감정을 조절하였다. 이것이 바로 '정(情)'이다. 공자는 이러한 '정'의 기능이 탁월했다.

철학자 김용옥은 공자를 위대하게 만든 것이 '음악'과 '문자' 두 가지로 정의한다. 여기에서 '정'과 관련된 '음악'에 대해서만 설명하면, 그는 공자가 음악의 명인(名人)이었다고 주장한다. 공자는 깊은 감수성(ethetic sensitivity)을 익히기 위해 제자들에게 음악 공부를 시켰다. 이러한 음악 공부는 탁월한 상황판단을 할 수 있도록 도움을 준다며 다음과 같이 말하였다.

"공자에 있어서 인간의 문명이란 노래로 시작하여 노래로 끝나는 것이다. 이것은 곧 공자에게 있어서는 철학이 노래에 종속된다는 것을 의미한다. 그것은 곧 인간의 논리성보다, 인간의 심미성이나 감수성이 더 인간의 본질을 지배한다는 것을 의미하는 것이다. 이것이 곧 그의 '인(仁)'의 사상이었다."

"공자가 말하는 '인(仁)'이 모두 상황에 따라, 사람에 따라 변주되는 것도 바로 공자가 이러한 재즈의 명인이라는 사실로부터 이해되어야 하는 것이다. 공자는 탁월한 상황적인 감성의 달인이었다"

"공자는 효(孝)에 대해서나, 인(仁)에 대해서나 어떤 정답의 패러다임을 가지고 있지 않다. 그 주어진 상황에 따라 그 주제의 의미를 발현시키고 있을 뿐이다. 따라서 그 상황의 재구성이 없이는 공자의 말을 근본적으로 이해할 수가 없는 것이다."

김용옥은 공자 핵심 사상인 '인(仁)'도 음악과 깊은 관련이 있다고 말한다. 그는 음악의 섬세하고 깊은 심미적인 기능을 익힌다면 상황을 탁월하게 판단할 수 있도록 도움을 준다고 생각하였다. 그는 인(仁)을 단적으로 표현해서 '심미적 감수성(Aesthetic Sensitivity)'으로 정의하며, 이 감수성은 이성적 논리성을 지배한다고 주장하였다.

주위에 앞서가는 사람들을 보면, 분위기를 감지하는 탁월한 능력을 갖추고 있다. 즉 눈치가 있다. 주위 분위기가 침울하면 띄우려고 하고, 과하게 떠 있으면 가라앉히려고 노력한다. 이러한 감성의 달인이 되도록 도움을 주는 것이 바로 공자의 '인'이요, 시부사와의 '정'이다.
독일의 시인 에셴 바흐는 "시간을 지배할 줄 아는 사람은 인생을 지배할 줄 아는 사람이다."라고 말했지만, 시부사와는 '상황을 지배할 줄 아는 사람이 인생을 지배할 줄 아는 사람이다.'라고 생각하였다. 시부사와는 '정'의 상황적 판단기능이 뛰어날수록 자아실현을 빨리 이룰 수 있다고 굳게 믿었다. 그래서 '정'의 완성도를 높이는 것이 필요했고, '정'을 자유자재로 다루기 위해서는 '의지'가 필요하다고 생각했던 것이다. 이런 '의지'로 훈련된 '정'의 수준이 곧 그 사람의 수준이라고 그는 생각하였다.

그럼 '정'을 다스릴 수 있는 '의지'에 대해서 알아보자.

2) 의지단련법

공자는 "일흔 살에 마음이 하고 싶은 대로 따라 해도 법도에 어긋나지 않았다."라고 하였다. 이 말은 공자도 나이 70세 때 비로소 자신의 감정을 완벽하게 조절했다고 고백한 것이다. 성인이라고 불리는 공자도 나이 70세에 터득한 경지를 일반인들이 터득하는 것은 불가능할지 모른다. 하지만 시부사와는 인생의 성공을 위해서는 '정'을 잘 다스려야 한다고 주장한다. '정'을 쉽게 다스리는 방법으로는 '의지'밖에 없다고 생각하였고, 이 '의지'를 수양하는 '의지단련법'을 최고의 경지에 오르는 훈련법이라고 생각하며 다음과 같이 말하였다.

"정사곡직(正邪曲直)이 명료한 사람은 상식적인 판단을 바로 내릴 수 있지만, 상황에 따라서는 그것도 할 수 없을 때가 있습니다. 예를 들면, 도리라는 명목하에 교묘한 말로 권유하면 자신의 주장은 생각하지도 않고, 정반대의 방향으로 결정하기도 합니다. 이처럼, 무의식중에 자신의 본래 마음을 배반하고 맙니다. 이럴 때를 만나면 자신의 두뇌를 냉정히해서 끝까지 자신의 주장을 잃지 않도록 주의합니다. 이것이 바로 자신의 의지를 단련하는 가장 좋은 방법입니다. (…) 이처럼 자신을 되돌아 볼 수 있다면, 자신의 본심으로 돌아가는 일이 매우 쉽습니다. 그러면 올바르고 그른 된 것을 판단할 수 있습니다. 저는 이와 같은 수단과 방법이 의지를 단련시켜준다고 생각합니다. (…) 무슨 일이든 심사숙고해서 판단하는 의지단련법은 최고의 경지라고 믿습니다."

인생에는 수많은 일이 예고 없이 닥친다. 그중에는 신중히 생각할 수 있는 시간적 여유가 있는 일이 있는가 하면, 반대로 짧은 시간에 판단해야 할 긴급한 일도 있다. 이런 긴급한 일을 생겼을 때 시부사와는 '긴급한 시기에도 냉정한 두뇌를 유지한 채 자신의 주장을 잃지 않는 것이 중요하다'고 말한다. 그래서 그는 평소에 이런 냉정한 두뇌를 유지하면서, 자신의 주장을 관철할 수 있도록 도와주는 '의지'를 매우 중요하게 생각한 것이다.

이 '의지'에 대해서 도널드 밋첼은 "의지는 초라한 인간을 거인으로 만든다."라고 말하였다. 존 심슨도 "강렬한 욕구와 끈기 있는 의지는 불가능한 것을 할 수 있게 한다."라고 하였다. 그리고 철학자 데카르트도 "특히 주의해야 할 것은 의지다. 의지는 완전하고 매우 거대한 것이다. 그 이상의 완전하고 거대한 다른 무엇이 나의 내부에 존재할 수는 없다."라고 하였고, 또 "의지만큼은 신의 능력과 같다."라고 말할 정도로, 그는 '의지'를 거대한 신의 능력으로까지 생각하였다.

데카르트의 말대로 '의지'가 신의 능력에 견줄 수 있다면, 잘 훈련된 의지는 그만큼 불가능한 일이 없다는 것을 의미한다. 시부사와도 데카르트의 생각처럼, 강렬한 의지를 희망하였다. 그래서 의지를 단련시키는 '의지단련법'을 최고라고 주장한 것이다.

우리가 산다는 것은 결국 '감정(情)'의 세계 속에서 사는 것이다. 복잡하고 변수가 많은 이 세계에서 조화롭고, 매 순간 탁월함을 추구하기 위해서는 시부사와가 주장한 '의지단련법'은 꼭 익혀야 한다. 왜냐면 의지단련법으로 '정(情)'의 기능을 탁월하게 만들면 만들수록, 자신에게 일어나는 일들에 대해서 잘 대응할 수 있기 때문이다.

시부사와는 '정'을 다루는 '의지단련법'을 매우 중요하게 생각했다. 하지만 정작 중요성만 언급했지 그 뒤에는 자세한 설명이 없었다. 그리하여 필자는 이 '의지단련법'에 대해서, 의미를 더욱 확장해서 설명해 보고자 한다.

의식적으로 끊임없이 훈련해서 높은 수준의 '정'을 갖추고, 그것을 다시 자신의 삶에 접목할 수만 있다면, 그 사람의 인생은 불가능이 없다고 생각한다. 이 부분까지 너무 상세히 다루다 보면, 이 책 주제의 일관성이 흐트러질 거 같아서 언급하지 않으려고 했다. 하지만 성공과 자아실현에 있어서 너무나 중요한 부분이기에 주제의 일관성을 벗어나지 않는 범위에서 간단히 언급해 보겠다.

필자는 '정'을 단련시킬 수 있는 '의지단련법'을 3가지로 정리한다.

'의지'를 단련하기 위해서는 '의식'을 활용한 훈련법이 최고라고 생각하기 때문에, 단련법에 모두 '의식'이라는 말을 넣었다. 인간의 성장에 있어서 의식적인 연습과 훈련들이 얼마나 큰 도움이 될 수 있는가를 참조하길 바란다.

(1) 실전의식단련법

'연습은 실전처럼, 실전은 연습처럼'이라는 말이 있다. 연습을 실전과 같이 임하고, 실전을 연습같이 의식적으로 행할 수만 있다면 좋은 결과를 만들 수 있다는 이야기다.

이 훈련법은 많은 사람들이 인정한 정말 효율 높은 훈련이라고 생각한다. 먼저『그릿GRIT』의 저자 엔젤라 더크워스는 "최고가 되고 싶다면 '의식적인 연습'을 하라."라고 말하였다. 그리고 '1만 시간의 법칙' 이론의 창시자 안데르스 에릭슨도 "나는 '의식적인 연습'이 어떻게 인간의 잠재력에 대한 기존의 생각에 혁명 같은 변화를 일으키게 되는지 이야기했다. 나는 혁명이라는 표현이 결코 과장이나 과대평가가 아니라고 생각한다."라고 말하였다. 그리고 헨리 데이비드 소로도 "나는 의식적인 노력으로 자신의 삶을 높이고자 하는 인간의 확실한 능력보다 더 훌륭한 일은 없다고 생각한다."라고 이야기하였고,『린치핀』의 저자 세스 고딘도 "의식적인 노력을 통해 스스로 중요한 존재로 거듭날 수 있다"라고 하였다. 살아 있는 경영의 신으로 추앙받는 이나모리 가즈오도 항상 무슨 일이든 의식을 기울이며 집중해야 한다는 "유의주의(有意主意)"를 강조하였다.

3년에 1만 권의 책을 독파한 독서광 김병완은 그의 저서 『초의식 독서법』에서 "고수와 평범한 사람을 가르는 결정적 지점을 밝히고 싶다. 실력 차이가 발생하는 지점은 재능이나 노력이 아니다. 다시 말해 천재가 되는 비결은 남들보다 열심히 노력하는 것이 아니라 제대로 된 연습을 하는 것이다. 그래서 그는 '신중한 계획된 연습'에 천재를 만드는 비결이 숨겨져 있다고 말한다. 즉 평범한 사람들은 그저 평범한 연습만을 반복하기 때문에 평범함에서 벗어날 수 없다는 것이다."라고 말했다. 다시 말하면, 고수와 평범한 사람의 차이는 실천과 같이 신중하고 계획된 연습을 하느냐, 아니면 그냥 평범하게 하느냐에 의해서 구분된다는 것이다. 대부분이 연습을 연습으로만 생각하지, 연습을 실천처럼 집중하면서 하는 경우는 드물다.

　위의 내용을 축구로 예를 들면, 현재 축구에서 제일 유명한 메시나 호날두 같은 선수들은 연습할 때 다른 선수들과는 달리, 실전을 방불케 하는 '신중한 계획된 연습'을 매일 한다는 말이다. 연습할 때 비록 상대가 없더라도 상대가 있는 것처럼 상상하고 여러 변수를 생각해서 다양하게 의식적으로 계획된 연습을 한다는 뜻이다. 이런 '신중하게 계획된 연습'에 대해서 김병완은 "아주 예리하게 의도된 연습, 자신에 대한 성찰을 통해 자신에게 특별히 개선되어야 할 필요가 있는 부분을 날카롭게 찾아내 그 부분을 집중적으로 훈련하는 것을 말한다. 즉, 위대한 성과를 거둔 사람들은 그저 연습하는 것이 아니라, 신중하게 계획된 연습을 통해 더 많이 인식하고, 더 많이 배우고, 더 많이 기억하는 능력을 개발했다."라고 한다.

언급한 내용처럼 '의식'을 어떻게 활용하는가에 따라 최고도 될 수도 있고, 인생의 혁명적인 변화도 맞이할 수 있다. 시부사와는 '정'을 단련하기 위해서 '의지'를 주장하였고, 필자는 '의지'를 단련하기 위해서는 '의식'을 활용하였다. 앞에 설명한 '실전의식단련법'처럼 의식적으로 의지를 잘 훈련만 할 수만 있다면, 높은 수준의 '정'은 갖출 수 있다고 생각한다.

(2) 의식확장단련법

장자(莊子)의 "물이 깊지 않으면 큰 배를 띄우기 어렵다."라는 교훈처럼, 큰 배를 띄우기 위해서는 물이 깊어야 한다. 큰 성공의 배를 띄우기 위해서는 생각을 크게 해야 한다. 그래서 조지아 주립대학의 데이비드 슈워츠 교수는 자신의 저서 『크게 생각할수록 크게 이룬다』에서 "성공하는 사람은 키나 체중, 학력이나 집안 배경으로 평가되지 않는다. 그들은 생각의 크기에 따라 평가된다."라고 말하며, 성공하는 사람들의 공통점은 모두 크게 생각한다고 주장하였다.

프랑스의 수학자이자 철학자 파스칼도 "상상력이 모든 것을 지배한다. 그것은 훌륭한 것을 낳는다."라고 하였다. 그리고 "상상력이 이성을 이기는 일은 보통 일이지만, 이성은 상상력에 완전히 이길 수 없다."라고도 주장하였다. 영국 시인 윌리엄 블레이크도 "상상력은 인간의 존재 그 자체다."라고 말한 바 있다. 이처럼 인간의 성장에 있어서 큰 생각과 큰 의식을 가질 수 있도록 도와주는 상상력은 매우 중요하다. 성철 스님도 "뜻은 비로자나불 정수리에 두고 행동은 동자 발 앞에 절하듯 하라."고 말하였고, 반기문 전 UN사무총장도 "머리는 구름 위에 두고 두 발은 굳게 디디어라."라고 조언한다.

경제학자인 오마에 겐이치도 자신의 저서 『난문쾌답』에서 "남보다 2배 생각하는 사람은 10배의 수입을 올릴 수 있다. 3배를 생각하는 사람은 100배의 돈을 벌 수 있다."라고 말하며, 생각이 클수록 더욱 성공할 수 있다는 '생각의 중요성'을 강조하였다. 이 말은 곧 생각의 크기와 의식의 깊이에 따라 결과는 천양지차라는 의미다.

세계적인 투자가 조지 소로스의 연봉이 3조 6,000억이라는 기사를 본 적이 있다. 우리나라 일반 연봉이 3,600만 원이라고 가정해서, 겐이치의 말을 적용해 보면

1배 생각 -〉 3,600만 원
2배 생각 -〉 3억 6,000만 원 (10배 수입)
3배 생각 -〉 36억 (100배 수입)
4배 생각 -〉 360억 (1000배 수입)
5배 생각 -〉 3,600억 (10000배 수입)
6배 생각 -〉 3조 6,000억 (100000배 수입)

겐이치의 말대로라면 조지 소로스는 우리 일반적인 사람보다 생각과 의식을 6배 이상 활용한다는 이야기가 된다. 인간의 생각을 산술적으로 증명하기는 어렵겠지만, 인간의 성장에 있어서 생각과 의식의 전환은 그만큼 중요한 것이라고 말할 수 있다.

〈코이이야기〉가 있다. 일본에 코이라는 비단잉어는 어디에 사느냐에 따라 크기가 달라진다고 한다. 작은 어항에 키우면 5~8cm밖에 자라지 않지만, 수족관이나 연못에 키우면 15~20cm까지 자라고, 넓은 저수지나 강물에 사면 120cm까지 자란다고 한다. 똑같은 고기가 환경에 따라 엄청난 차이를 보이는 것이다. 이것은 물고기에게만 해당하는 이야기가 아니다.

다른 예로 호박이야기를 하면, 호박이 어느 정도 크면 호박의 상품성을 위해서 상품 설명이 적혀 있는 두꺼운 비닐 안으로 넣어버린다. 그럼 그 호박은 더 클 수 있는데도 불구하고 그 비닐종이 크기에 딱 맞게 자란다. 그리고 벼룩도 똑같다. 벼룩도 어느 통에 있는가에 따라 더 높이 뛸 수 있는데도 불구하고 그 통 높이만큼만 뛴다.

우리 인간도 똑같다고 생각한다. 지금 자신의 주위가 어항일 수도 있고, 두꺼운 호박 비닐일 수도 있으며, 나의 성장을 방해하는 좁은 통일수도 있다. 우리의 능력은 무한한데 내 주위에 환경이 감옥처럼 나를 가두고 있다. "태양을 향해 쏜 화살은 해바라기를 향해 쏜 화살보다는 멀리 나간다."라는 말처럼, 우리도 생각과 의식을 크게 해서 자신의 가능성을 최대한 넓혀야 한다. 그래서 큰 성공의 비결은 얼마나 자신의 꿈을 원대하게 꿀 수 있는가에 달려 있다고 말할 수 있다. 이에 대해서 이영권 박사도 『성공에세이』에서 "이 세상을 살다가는 모든 사람들은 자신의 능력에 2% 정도밖에는 쓰지 못하고 인생을 끝낸다고 한다. 따라서 자기가 무한한 가능성의 존재라는 것을 인식하고 그러한 자신을 사랑하는 노력을 하는 것이 매우 중요한 일인 것이다."라고 말하였다.

시부사와는 "이 세상의 일은 모두 마음을 어떻게 먹느냐는 한 가지에 따라 무엇이든지 된다."라고 말하였다. 만일 그가 일반인과 같은 생각을 지니고 있었더라면 생애에 그렇게 많은 업적을 남기지 못했을 것이다. 그도 겐이치의 말처럼 남다른 생각과 의식이 있었기 때문에 그 많은 일이 가능했다. 그래서 우리는 눈에 보이는 것이 전부가 아니라는 생각을 항상 해야 하며, 의식도 크게 가져야 하는 것이다. 이처럼 '의식확장단련법'은 자신의 편협한 생각들을 항상 예의 주시하는 단련법이라고 할 수 있다.

(3) 죽음의식단련법

유대인은 1500만 명 정도로 세계 인구의 0.2%에 불과하지만 우수한 사람들이 너무 많다. 뉴턴, 아인슈타인, 스티븐 스필버그, 조지 소로스, 마크 저커버그 등, 전 세계를 지배하고 있는 이러한 유대인의 우수성에 대해서 서울대 황농문 교수는 〈플라톤 아카데미〉라는 강의에서 '정신적인 성숙'이야말로 유대인들이 가진 가장 큰 장점이라고 말한다.

이 '정신적인 성숙'에 대해 황농문 교수는 "전 세계에 있던 유대인들이 고국에 전쟁이 발발하면 80% 이상이 전쟁에 참전한다고 하였지만, 똑같은 질문에 우리나라 젊은이들은 10% 정도 참전하겠다고 하였다. 이 엄청난 수치의 차이가 나오는 이유를 폴란드에 있는 '아우슈비츠 포로수용소'의 체험에서 나온다."라고 그는 주장하였다.

옛날 독일군들에게 처참히 당한 조상들 고통의 역사를 보여주면서, 이런 고통을 당한 이유가 힘이 없는 약한 민족이었기 때문에, 다시는 후손들에게 이런 일들이 일어나지 않게끔 정신교육을 철저히 가르친다고 한다. 교육 마지막쯤에는 "이런 일이 절대로 일어나서는 안 된다."라고 강조하며, 아이들에게 아픈 역사의 흔적들을 머리 깊이 각인시킨다고 하였다. 이런 생생한 죽음의 역사를 체험하고 인식시키는 행위가 뛰어난 유대인으로 만드는 가장 근원적인 힘이라고 황농문 교수는 말한다.

필자도 황 교수의 주장에 전격 동의한다. 유대인들은 선조들의 고난과 죽음의 역사를 가르치고 재인식시켜서 오늘날 막강한 영향력을 지니게 되었다고 생각한다. 살고 싶은 의지보다 강력한 것은 없다. 이나모리 가즈오는 "스스로 극단으로 내몰면 불가능하다고 생각했던 일도 가능해진다."라고 말한 바 있다. 다시 말하면 극단의 상황을 의식하면서 행동한다면 뭐든지 할 수 있다는 이야기다. 만일 지금 상태가 계속 이어졌을 때 극한의 상황에 놓이겠다는 생각이 들면, 어느 사람도 가만히 있지 않을 것이다. 누구도 그런 상황을 원하지 않는다. 그래서 그런 상황이 오기 전에 자신의 의식을 극단의 상황에 두고 미리 행동한다면 뛰어난 성과를 낼 수밖에 없는 것이다.

필자는 일본 유학 생활 동안 학비와 생활비를 충당하기 위해 4년간 빠징코 아르바이트를 하였다. 싫어하는 담배 연기와 소음으로 가득 찬 밀폐된 공간에서 하루 8시간씩 선 자세로 일하는 것은 만만하지 않았다. 오전 학교, 오후 아르바이트, 이런 생활을 4년간 하면서 인간의 적응력에 대해서 새삼 놀라움을 느끼기도 하였다. 특히 한국 오기 전, 목돈을 벌기 위해 쉬는 날 없이 일한 6개월(하루 16시간)간 근무한 그 경험은 어떤 힘든 상황에서도 견딜 수 있는 나만의 무기가 되었다. 군대 생활은 아무것도 아니었다. 지금도 어떠한 힘든 상황이 부딪치면 그때를 떠올린다. 그럼 뭐든지 할 수 있다는 자신감을 가진다. 그때의 경험으로 만들어진 인내심은 필자가 가진 최고의 무기 중 하나다.

남들이 해낸 것은 나도 해낼 수 있다. 단지 시간이 걸릴 뿐이다. 이렇게 자신 있게 말할 수 있는 이유는, 경험으로 체화된 나만의 무기가 있기 때문이다. '죽음의식단련법'이라고 해서 꼭 죽음과 연관이 있어야 하는 것은 아니다. 이나모리의 말처럼 어떤 상황이든 자신을 미리 그 상황을 집어넣어서 탁월한 결과를 만들어 낼 수 있도록 활용하는 것이 '죽음의식단련법'이라고 정의할 수 있다.

벼랑에서 떨어져야 비로소 우리가 몰랐던 날개의 존재를 알 수 있듯이, 때로는 자발적으로 자신을 벼랑 끝에 세워서 자신의 가능성을 실험해야 한다. 이러한 실험들로 절박한 환경에서 최선의 노력을 한다면, 그 실험은 당신의 인생에서 올바른 삶의 전환점이 될 수도 있는 것이다.

러시아 사상가 톨스토이는 "죽음을 망각한 생활은 동물의 상태에 가깝고, 죽음이 시시각각 다가옴을 의식한 생활은 신의 상태에 가깝다."라고 말하였다. 러시아의 대문호 도스토옙스키도 "죽음을 의식하는 것이 인생을 축복으로 바꾸는 것"이라고 하였다. 그리고 실존주의 철학자 하이데거도 "진지한 태도로 죽음을 의식하는 것은 자기 삶의 정체성, 곧 진정한 자기 삶에 눈을 뜨는 것이다."라고 말하며, 죽음을 자각하는 자만이 실존을 회복할 수 있다고 말한다. 이들의 주장처럼, 인생에서 죽음을 의식하는 생각들을 잘 활용할 수만 있다면, 자신의 가진 모든 잠재력을 발휘해서 후회 없는 삶을 보낼 수 있다고 생각한다.

'정'을 훈련할 수 있는 단련법 3가지에 관해서 간략하게 정리해 보았다. 의지를 훈련하는 방법에 대해서 더욱 깊이 연구하면 보다 많은 내용을 언급할 수 있겠지만, 이 3가지만 알아도 충분하다는 생각이 든다. 많은 내용보다 명확하게 알고 실천하는 것이 더욱 중요하다고 생각하기 때문에 '의지단련법'에 관한 내용은 이쯤에서 마무리하겠다.

아래 정현종 님의 시 〈모든 순간이 꽃봉오리인 것을〉을 보면, 시 부사와의 '정'의 기능이 얼마나 중요한 것인가를 느끼게 해 주는 것 같다.

"나는 가끔 후회한다.
그때 그 일이 노다지였을지도 모르는데…
그때 그 사람이
그때 그 물건이 노다지였을지도 모르는데…

더 열심히 파고들고
더 열심히 말을 걸고
더 열심히 사랑할걸…

반벙어리처럼
귀머거리처럼
보내지는 않았는가,
우두 커니처럼…
더 열심히 그 순간을 사랑할 것을…
모든 순간이 다 꽃봉오리인 것을
내 열심에 따라 피어날 꽃봉오리인 것을…"

매 순간 탁월함을 추구하는 '정'의 기능을 시부사와는 평생 잘 발휘하였다. 우리도 '정'을 잘 단련해서 순간순간이 꽃봉오리인지 아닌지 판단할 수 있도록 '정'의 감각을 예민하게 만들어야 한다. 그리고 불가능하게 보이는 꽃봉오리들도 자신의 노력에 따라 피울 수 있을지에 대한 통찰력과 직관력을 '정'을 통해서 느낄 정도가 되어야 한다. 그래야만 그 순간의 기회를 놓치지 않고 노다지로 만들 수 있는 확률을 높일 수 있는 것이다.

4. 꾸준함으로 모든 것을 이룬다
– '의(意, 지속성)'

시부사와가 말하는 마지막 성공학 요소는 '의(意)'다. 이 '의'는 '의지'를 말하며 꾸준하게 노력하는 것의 의미한다. 필자는 '지(智)·정(情)·의(意)'의 세 덕목 중, 가장 중요한 덕목은 '의'라고 생각한다. 이유는 다음과 같다.

'의'는 '지'와 '정'을 더욱 보완해주고 완벽하게 해 준다. '지'가 방향성을 잘못 정하더라도 '의'만 있으면 언젠가는 제대로 된 방향성을 잡을 수도 있다. '정'의 능력이 부족해도 '의'만 있으면 더욱 완성도 높은 '정'도 만들 수 있다. 이처럼 끝까지 노력할 수 있는 '의'만 있으면 인생의 성공은 반드시 만들 수 있다고 생각한다.

큰 성취를 이루기 위해서는 반드시 꾸준함(意)이 필요하다. 방향성과 우수성만으로 크게 이루기에는 뭔가가 부족하다. 뛰어난 재능보다 뛰어난 꾸준함이 뛰어난 결과를 만들고, 뛰어난 사람들은 한결같이 꾸준함이 남달랐다는 사실을 우리는 알아야 한다. 명확한 목표를 세우고 꾸준한 행동이 따른다면 반드시 아름다운 열매와 큰 보상이 생길 것이다.

그래서 시부사와는 꾸준하게 지속할 수 있는 강한 '의지(意)'에 대해서 다음과 같이 말한 것이다.

"'의지(意)'는 정신작용에 있어서 가장 큰 근원입니다. 강한 의지가 있다면 인생에서 매우 중요한 사람이 될 수 있습니다. (…) 강한 의지에 총명한 '지혜(智)'와 조화로움의 '정애(情)'을 갖춘다면, 이 세 가지 요소가 적절하게 조화를 이루면서 크게 발전할 수 있습니다."

시부사와는 '의'를 단련하는 방법이 3가지 있다고 말한다. 첫 번째가 '습관', 두 번째가 '노력', 세 번째가 '수양'이다.

1) '의(意)'를 단련하는 방법

(1) 습관

시부사와는 습관에 대해서 다음과 같이 말하였다.

"원래 습관이란, 그 사람이 평상시 하는 행동이 굳어져서 일종의 고유성을 갖는 것을 말합니다. 이것은 그 사람의 영혼과 행동에도 영향을 끼칩니다."

시부사와는 습관이 고유성을 가지게 되면 그것은 그 사람의 영혼까지 영향을 줄 정도로 매우 중요하게 생각하였다. 이런 습관의 중요성에 대해서 영국의 최초 여성 총리였던 마가렛 대처는 "습관을 조심해라. 운명이 된다."라고 말하였고, 미국의 심리학자이자 철학자인 윌리엄 제임스는 "습관을 바꾸는 것만으로도 자신의 인생을 바꿀 수 있다."라고 말할 정도로 습관은 정말 놀라운 힘을 지니고 있다.

이러한 습관은 개인에게만 한정되는 것이 아니고 집단에도 적용이 된다고 시부사와는 생각하였다. 좋은 습관을 지닌 사람이 많을수록 그 조직은 발전하고, 반대로 나쁜 습관을 지닌 사람들이 많을수록 그 조직은 망한다고 생각한 시부사와는 다음과 같이 말한다.

"습관은 단지 한 사람에 그치는 것이 아니라, 다른 사람에게도 감염시킵니다. 어쩌면 사람은 다른 사람의 습관을 따라 하려고 합니다. (…) 한 사람의 습관이 퍼지면 천하의 습관이 될 수 있는 전파력이 있으므로, 습관에 대해서 특별한 주의가 필요하고 신중하지 않으면 안 됩니다."

위에 내용처럼 습관은 쉽게 모방하고 쉽게 전파되기 때문에 습관을 익힐 때는 주의해야 한다고 시부사와는 생각하였다. 그리고 나이가 들면 나쁜 습관을 바꾸기가 어려우므로 어릴 때일수록 좋은 습관이 필요하다고 그는 아래와 같이 말하였다.

"습관을 기르는 데는 소년 시절이 매우 중요합니다. 한번 습관이 되어버리면 그것은 고유성을 갖게 되어서 죽을 때까지 바뀌지 않습니다. 어릴 때부터 청소년 때까지는 습관이 매우 쉽게 붙습니다."

2009년 런던대학교에서는 '습관'에 대해서 다음 논문을 발표하였다.

"런던대가 96명을 대상으로 실시한 한 유명한 연구에 따르면, 습관을 형성하는 데는 18일에서 254일이 걸리며, 평균 66일이 걸린다. 습관이 되는 데 더 많은 시간이 필요한 복잡한 행동도 있지만 덜 복잡한 행동은 며칠 만에 형성될 수도 있다."

자신에게 없는 습관을 몸에 익히기 위해서는 평균 66일 정도가 걸린다고 한다. 66일은 긴 시간일지 모르지만, 인생을 바꿀 수 있다면 66일이 아니라 660일이라도 시간적 투자를 과감히 해야 한다. 성공을 이끌 수 있는 무기를 몸에 장착하는데 66일을 투자하는 것은 어려운 일도 아니다. 습관이 바뀌면 우리 인생도 송두리째 변화되기 때문에, 좋은 습관을 갖는 것은 어떠한 강력한 무기를 가지는 것보다 강력하다. 이규경 작가는 『짧은 동화 긴 생각』에서 '습관'에 대해 "어떤 이가 작은 습관을 하나 만들었다. 그는 그것을 늘 끌고 다녔다. 그 습관이 자라서 큰 습관이 되었다. 지금 그는 그 큰 습관에 끌려다닌다."라고 말한 것처럼, 좋은 습관을 만들어서 그 습관에게 자신이 끌려다닌다면, 어느샌가 자신도 모르게 성공의 그림자를 밟고 있을 것이다.

『습관이 답이다』라는 책을 쓴, 톰 콜리는 "습관은, 정확하게 정의하자면 '끊임없이 지속되는 일상'이다"라고 정의한다. 그의 말처럼 성공을 위해서는 좋은 습관들을 끊임없이 익혀야 한다. 인간은 결국 습관의 노예다. 좋은 습관들이 많아지면 쉽게 성공을 할 수 있다. 하지만 좋은 습관은 쉽게 몸에 배지 않는다. 좋은 습관을 만들기 위해서는 강한 의지가 반드시 있어야 하는데, 이것이 바로 시부사와가 말하는 '의(意)'다.

결국 '의'에 의해서 좋은 습관은 만들어지고, 그 좋은 습관은 또 다른 좋은 습관으로 이어져 완벽한 자아를 만들어 간다. 이런 과정에서 자신의 '의지(意)' 또한 더욱더 견고해지는 것이다. 그래서 톰 콜리는 "습관은 지루해 보일지 모르지만, 성공할 것이냐 실패할 것이냐 혹은 평범해질 것이냐를 결정하는 비밀이다."라고 말한 것이다. 프랑스 수학자이자 철학자인 파스칼도 "습관은 제2의 천성으로 제1의 천성을 파괴한다."라고 말하였다. 올바른 좋은 습관으로 제2의 천성을 만들고, 그 천성으로 자신의 그릇된 제1의 천성을 파괴할 수 있다면 결국 제2의 천성이 자신을 이끌어 가고, 그 천성에 이끌려서 마침내 우리는 성공하는 것이다. 그래서 우리는 잘못된 자신의 습관에 대해서 항상 예의주시해야 하고 좋은 습관이 몸에 익을 때까지 꾸준한 노력이 필요하다.

(2) 노력

'의'를 단련하는 방법 중 두 번째는 꾸준한 '노력'이다. 시부사와는 『논어와 주판』에서 일본 전국시대의 영웅 중 한 명이었던 도요토미 히데요시(豊臣秀吉)의 노력을 극찬하였다. 그는 당시 최고의 장군인 오다 노부나가(小田信長)의 조리토리(옛날 무가에서 주인의 짚신을 들고 따라다니던 하인)로 지냈다. 한겨울이면 오다 노부나가의 짚신을 그의 품속에 품고 다녀서, 짚신은 항상 따뜻했다. 이런 하찮은 조리토리로부터 시작해서 전국시대의 영웅이 되기까지 도요토미 히데요시의 꾸준한 노력은 오늘날 우리에게 시사하는 바가 크다. 도요토미 히데요시의 이러한 노력은 '그냥 노력'이 아닌, '꾸준함이 수반된 노력'을 의미한다. 이 꾸준함이 바로 시부사와가 말하는 '의'인 것이다.

이러한 노력에 대해서 농구 황제 마이클 조던은 "재능은 모든 사람이 갖고 있지만, 능력은 힘든 노력을 필요로 한다."라고 말하였고, 브라이언 트레이시도 "삶에서의 위대한 성공은 곧 끈질긴 노력의 승리를 의미한다. 원하는 것을 결정하고, 그 일에 착수하고, 그런 다음 목표를 성취할 때까지 모든 장애와 역경을 뚫고 끈질기게 노력하는 능력이야말로 성공의 핵심적인 결정 요인이다."라고 말하였다. 그리고 미국의 저널리스트 짐 왓킨스도 "강이 바위를 뚫고 흐르는 이유는 힘이 세기 때문이 아니라 멈추지 않기 때문이다."라고 말하며 "수적천석(水滴穿石)"의 교훈을 말하였다.

헤밍웨이도 "사람을 강하게 만드는 것은 사람이 하는 일이 아니라 하고자 노력하는 것이다"라고 말하였고, 톰 콜리도 "자수성가한 백만장자들은 끈기가 있다. 그들은 절대로 꿈을 포기하지 않는다. 꿈을 포기하느니 차라리 죽는 게 더 낫다고 생각한다. 끈기는 어떤 일을 매일 하게 만들고 이를 통해 인생의 꿈이나 목표를 향해 전진하게 만든다. 끈기가 있다면 일을 중단하지 않는다. (…) 끈기는 행운을 만들어 내는 가장 큰 요소다. 끈기가 있는 사람은 결국 행운을 얻는다. 끈기 있게 하는 사람에게는 의도하지 않았고 예상하지 못했던 일이 찾아온다."라고 말하였다. 포기하지 않고 끈기 있게 노력한다면 시간은 그러한 노력에 상응하는 선물을 준다는 것을 이들은 잘 알고 있었다.

매년 새해가 되면 많은 사람이 목표를 세운다. 그 사람들 가운데 자신의 목표를 달성하는 사람은 극히 일부분에 그친다. 나머지 사람들은 대부분 도중에 포기한다. 이것은 결국 이들이 말했던 '끈질긴 노력(意)'에서 차이가 나는 것이다.

영국의 문학가 사무엘 존슨의 "하루에 3시간씩 걸으면 7년 후에 지구를 한 바퀴 돌 수 있다. 위대한 업적을 이룬 것은 힘이 아니라 불굴의 노력이다."라는 말처럼 꾸준한 노력 없이는 위대한 업적을 남길 수 없다. 간단한 그림 퍼즐도 단번에 다 맞출 수 없듯이, 하나씩 꾸준히 맞춰가는 과정에서 수많은 시행착오를 겪는다. 그때 포기한다면 퍼즐의 완성은 불가능하다. 포기하지 않고 꾸준히 퍼즐 하나하나를 맞춰가야만 마지막 퍼즐을 끼울 수 있듯이, 무슨 일이든 한 번에 되는 일은 없는 것이다.

우리 사회에는 인생 한방을 꿈꾸는 사람들이 많다. 그러나 시간이 지날수록 인생에는 한방이 없다는 사실을 뒤늦게 깨닫는다. 결국, 인생 한방도 끈기 있는 노력에서 시작된다는 사실을 우리는 알아야 한다. 지식이 부족해서 실패하는 경우는 드물다. 우리에게 늘 부족한 것은 끈질긴 노력이다. 이 끈질긴 노력은 결국 강한 '의(意)'가 있어야 가능하다. 결국, 성공은 엘리베이터로 바로 오르는 것이 아니라 두 발로 끈질기게 계단을 올라야 할 수 있는 일이다.

(3) 수양

'의'를 단련하는 세 번째 방법은 끊임없는 '수양'이다. 이 수양에 대해서 시부사와는 다음과 같이 말하였다.

> "수양이란 신체를 단련하고 덕을 기르는 의미입니다. 연습, 연구, 극기, 인내를 통해서 성인군자의 경지에 이를 수 있도록 노력해야 가능합니다. 다시 말해서, 인간은 충분히 수양을 쌓으면 매일매일 실수도 줄고 선한 쪽으로 가면서 성인의 경지에 다가갈 수 있는 것입니다."

수양이란 곧 수신(修身)의 방법이고, 끊임없이 노력해서 수양을 쌓으면 수신의 덕이 쌓여 성인군자의 경지까지 갈 수 있다고 시부사와는 생각하였다. 그리고 '수양'에 대해서 다음과 같이 또 말하였다.

> "자신의 양지(良知)를 키우고, 자신의 영혼을 밝게 해 줍니다. 수양을 쌓을수록 선악을 명확히 구분할 수 있고, 취사선택도 망설임 없이 할 수 있습니다."

시부사와는 수양을 쌓을수록 사람의 양지를 성장시켜주고, 그 사람의 영혼을 맑게 하며, 선악의 판명에도 거침없이 도움을 주기 때문에 인생의 성공에 있어서 매우 중요한 요소로 생각하였다. 이러한 수양도 결국 시부사와의 '의'가 있어야 가능한 것이다.

도종환 시인의 「담쟁이」라는 시를 보면 다음과 같다.

"저것은 벽
어쩔 수 없는 벽이라고 우리가 느낄 때
그때
담쟁이는 말없이 그 벽을 넘는다.

물 한 방울 없고 씨앗 한 톨 살아남을 수 없는
저것은 절망의 벽이라고 말할 때
담쟁이는 서두르지 않고 앞으로 나아간다.

한 뼘이라도 꼭 여럿이 함께 손잡고 올라간다.
푸르게 절망을 다 덮을 때까지
바로 그 절망을 잡고 놓치지 않는다.

저것은 넘을 수 없는 벽이라고 고개를 떨구고 있을 때
담쟁이 잎 하나는 담쟁이 잎 수천 개를 이끌고
결국 그 벽을 넘는다."

필자가 좋아하는 시다. 우리는 모두 담쟁이가 되어야 한다. 위의
내용처럼 모두가 어쩔 수 없는 벽이라고 느낄 때, 그때 담쟁이처럼
묵묵히 그 벽을 넘으려고 노력해야 한다. 모두가 가능성이 없다고
말할 때, 담쟁이처럼 서두르지 않고 꾸준히 나아가야 한다. 푸르게

절망을 다 덮는 담쟁이처럼, 우리도 정해놓은 목표를 이룰 때까지 절대 포기하는 일이 없어야 한다. 모두가 당신의 목표를 이룰 수 없는 꿈이라고 고개를 떨구고 있을 때, 당신도 담쟁이처럼 끝내 그 목표를 실현해야 한다. 담쟁이처럼 마지막까지 당신의 목표를 이루어 내도록 도움을 주는 것이 바로 시부사와가 말하는 '의(意)'다.

시부사와는 '의(意)'를 단련하는 방법으로 '습관', '노력', '수양'이 있다고 말한다. 이 모두는 '강한 의지'가 있어야 실현할 수 있다. 강한 의지로 좋은 '습관'을 만들 수 있고, 꾸준하게 '노력'할 수 있으며, 끊임없는 '수양'도 가능한 것이다.

현대 정주영 회장은 "시련은 있어도 실패는 없다."라는 명언을 남겼다. 그의 말처럼 인생에는 시련만 있을 뿐이다. 포기하지 않는다면 인생의 기회는 얼마든지 있다. 한 번의 실패로 인생은 끝나지 않는다. 포기한다면 실패가 있고 끝이 있지만, 포기하지 않는다면 인생의 실패는 없는 것이다.

"사람의 일생은 무거운 짐을 지고 먼 길을 가는 것과 같다. 서두르면 안 된다."라고 말한 도쿠가와 이에야스의 명언처럼, 인생을 먼 길을 가는 것처럼 서두르지 말고 방향성을 잘 정해서 꾸준히 노력만 할 수 있다면 인생의 성공은 반드시 이룰 수 있다. 실패 없이 모든 것을 가능하게 하는 해 주는 것, 이것이 바로 시부사와의 '의'다.

2) 지속성의 결과

시부사와는 성공의 요소 3가지 '지(智) · 정(情) · 의(意)' 중에 '의'가 제일 중요하다고 생각하였다. 의지가 있어야 마지막까지 포기하지 않고 결과를 만들 수 있고, 의지가 있어야 완성도 높은 '지'와 '정'을 만들 수 있기 때문이다.

인생의 명확한 '방향성'을 가진 사람은 그렇지 않은 사람보다 앞서 갈 수 있지만, 정작 방향성을 세우기가 쉽지만은 않다. 그리고 탁월한 성과를 낼 수 있는 '우수성'도 경쟁이 심한 오늘날 쉽게 습득할 수 있는 것도 아니다. 하지만 포기하지 않고 꾸준히 노력하는 '지속성'만 있다면, 자신만의 '방향성'은 언젠가는 세울 수 있고 남들보다 뛰어난 '우수성'도 지닐 수 있는 것이다.

당장 자신에게 인생의 '방향성'과 탁월한 '우수성'이 없더라도 꾸준하게 할 수 있는 노력만 있다면 뭐든지 가능하다. 그래서 프랑스 소설가 앙드레 말로는 "오랫동안 꿈을 그리는 사람은 그 꿈을 닮아간다."라고 하였고, 괴테도 "꿈을 계속 간직하고 있으면 반드시 실현할 때가 온다."라고 하였다. 그리고 아리스토텔레스도 "무언가 자꾸 반복하다 보면 우리 자신이 그것이 됩니다."라고 말한 것이다.

이번에는 강한 의지(意)로 꾸준하게 노력하면 얻게 되는 지속성의 결과에 대해서 언급해 보겠다.

(1) 티핑포인트(Tipping Point)

말콤 글래드 웰(Malcolm Gladwell)의 『티핑포인트』라는 책을 보고, 성공에 대한 많은 영감을 받았다. 대부분의 성공자들은 아래 그림과 같이 인생에서 수직으로 상승하는 기회를 자주 만난다.

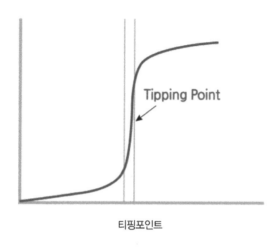

티핑포인트

필자는 위의 그림을 굳게 믿고 있다. 인생에서 이런 '티핑포인트'를 자주 접하는 사람일수록 큰 성공을 이룰 수 있고 더욱 많은 기회를 잡을 수 있으며, 시부사와와 같은 사람까지도 될 수 있다고 장담한다. 하지만 인생에서 이런 기회를 접할 수 있는 사람은 많지 않다. 설령 있다 하더라도 눈앞에서 그걸 놓치는 경우가 허다하고, 잡았다한들 그 성장의 기회를 꾸준히 지속하는 것도 쉽지만은 않다.

'티핑포인트'의 원리는 100도에 물이 끓는 원리와 똑같다. 온도 1도를 올리는데 에너지 1이 필요하다고 가정하면, 온도 2도에 에너지 2, 온도3에 에너지 3, (…) 이런 식으로 물을 1도씩을 올리기 위해서는 에너지 1이 추가로 필요하다는 뜻이다. 즉, 온도와 에너지는 비례한다는 의미다.

이런 식으로 온도 99도까지 올라가는 데는 똑같은 방식이다. 하지만 99도에서 100도로 갈 때는 전혀 다르다. 여기에서 1도를 올리는데 필요한 에너지는 이론상 1인데도 불구하고, 여기에서의 고작 1도는 단 1의 에너지가 필요한 것이 아니다. 여기에서 1도는 물이 액체에서 기체로 변환되는 과정이기 때문에 엄청난 에너지가 필요하다. 99도까지 필요했던 모든 에너지보다 훨씬 더 많은 에너지를 쏟아부어야만 100도가 되는 것이다.

이러한 원리에 대해서 세스 고딘은 다음과 같이 말하였다.

"완벽에 가까워질수록 개선 작업은 점점 힘들어진다. 그리고 시장은 개선의 가치를 그다지 중요하게 여기지 않는다. 자유투 성공률을 98%에서 99%로 올림으로써 기록상 더 높은 위치에 올라갈 수는 있겠지만 경기를 이기는 데는 아무런 도움이 되지 않는다. 또한 마지막 1%를 끌어올리기 위해서는 98%를 달성하는 데 들인 것과 맞먹는 시간과 노력이 필요할 것이다."

세스 고딘의 말처럼 목표지점에 가까이 갈수록 엄청난 에너지가 소비된다. 그래서 괴테도 "목표에 가까워지면 가까워질수록 고난과 시련은 점점 더 심화된다."라고 말한 것이다. 많은 사람들이 도중에 포기하는 시기도 대부분 바로 이때다. 조금 더 인내를 갖고 노력하면 충분히 도달할 수 있는데도 불구하고 여기에서 자신을 합리화하면서 포기한다. 그래서 우리는 어떠한 도전을 할 때 현재 자신의 노력이 어디까지 왔는지를 알 수 있는 '메타인지'를 키워야 한다. 이러한 메타인지가 없으면 이와 유사한 일들이 끊임없이 반복되며 인생을 너무나 비효율적으로 살게 되는 것이다.

'이게 한계인가'라고 느끼는 순간 그때가 바로 99도다. 여기에서 마지막 1도만 더 노력해서 100도가 되는 순간, 물은 임계점을 만나서 물의 성질 자체가 바뀌게 되는 것이다. 1도에서 99도까지의 물은 단순한 액체지만 99도에서 100도가 되는 순간, 엄청난 증기가 발생하면서 강력한 에너지를 갖는다. 적은 양의 마중물이 많은 물을 길어 올리듯, 단 1도의 변화가 무거운 쇠로 만든 기차와 배를 움직이게 하는 것이다. 우리는 이 1도의 변화의 순간을 인생 속에서 많이 경험해야 한다. 인생의 성공은 이 1도의 변화를 명확히 인식하는 사람이 모두 가져간다고 해도 과언이 아니다. 『부의 추월차선』의 저자 엠제이 드마코의 "돈은 기하급수적으로 벌어들이는 것이다."라는 말과 『승자독식사회』의 저자 로버트 프랭크의 "1등과 2등의 차이는 그야말로 간발의 차이에 불과한데도, 우리가 살아가는 이 사회는 1등에게만 모든 부와 권력을 몰아 주어 싹 쓸도록 만든다."라는 주장은 위의 내용과 같은 맥락이다.

일본의 이나모리 가즈오는 이에 대해서 "마지막 1%의 노력을 소홀히 한 탓에 모든 것이 물거품이 될 때가 있다. 자신의 노력에 대한 합당한 열매를 얻기 위해서라도 언제나 완벽을 추구해야 한다."

라고 말한 바 있다. 『전국책』「진책(秦策)」에 "행백리자반어구십(行百里者半於九十)"이라는 명언도 있다. '백 리를 가는 사람은 90리가 반이다.'라는 교훈처럼, 완성되어갈수록 더욱 심혈을 기울여서 집중해야 한다는 의미다. 99도에서 100도가 되기 위해서는 엄청난 힘이 필요하듯이, 가시적으로 끝나는 시점에 도달했어도 이제 겨우 절반 정도밖에 오지 않았다는 마음가짐으로, 남은 일에 더욱 많은 힘을 집중해야만 완벽하게 완성할 수 있는 있다. 노만 빈센트 필박사는 "성공은 실패란 보자기로 싸여 있다. 그 보자기를 들추기만 하면 성공인데 대부분의 사람들은 바로 그 직전에서 포기한다."라고 말한 것처럼, 성공 직전에 포기해서는 절대 안 된다.

'꼬리가 몸통을 흔든다.'라는 말도 있다. 작은 꼬리가 몸통 전체에 영향을 주는 것처럼, 작은 1%가 나머지 99%에 영향을 줄 수 있는 것이다. 유전체 분석 기업 메디젠 휴먼케어의 신동직 대표는 〈매경 CEO 특강〉에서 "고릴라와 인간의 유전자 차이도 1.3%로밖에 되지 않는다."라고 말하였다. 단 1.3%의 차이로 고릴라와 인간의 운명이 달라진다는 그의 주장은 여기에 그치지 않는다. 그는 이러한 미비한 원칙이 우리 인생에서 큰 차이를 만든다며 다음과 같이 말하였다.

"아주 사소한 유전자 차이가 종(種)을 가르는 기준이 됩니다. 인생에 있어서도, 사업에 있어서도 성패를 가르는 것은 아주 사소한 것이라는 걸 잊지 마세요."

아주 사소한 차이가 엄청난 결과를 만든다. 『디테일의 힘』의 저자 왕중추도 "작은 일이 큰일을 이루게 하고, 디테일이 완벽함을 가능하게 한다."라고 하며 완벽한 성공은 작은 디테일에 의해서 결정된다고 주장하였다. 일본의 경영컨설턴트 간다 마사노리도 "성공하기 위한 노하우가 분명한데도 실제 행동으로 옮기는 사람은 1%밖에 되지 않는다. 그러므로 성공하는 것은 간단하다."라고 말하며, 1%의 미묘한 결정적인 차이를 느끼고 행동하는 것이 매우 중요한 것이다. 그리고 세스 고딘도 "탁월함은 미묘함에서 나온다."라고 이야기한 것을 보면, 1%의 작고 미묘한 부분을 파악하여 얼마나 끈질기게 그것을 붙잡고 버틸 수 있는가가 차이를 만드는 성공의 관건인 것이다.

1%의 차이에 의해서 인생의 임계점을 돌파할 수 있는 '티핑포인트'를 만나면, 단순한 액체의 물이 엄청난 힘을 지닌 증기로 바뀌듯이, 우리도 기존과 전혀 다른 엄청난 힘을 지니게 된다. 3년 동안 만권의 책을 독파한 작가 김병완은 『48분의 기적의 독서법』에서 다음과 같이 말한 바 있다.

"한 권의 책을 읽는 것은 한 개의 우물을 경험하는 것이고, 1,000권의 책을 읽는 것은 천 개의 멋진 우물을 경험하는 것이다. 천 개의 멋진 우물을 3년 동안 경험하는 것은 커다란 대양을 만나는 것과 다르지 않다."

김병완의 말처럼 집중적으로 꾸준히 노력한 독서는 물이 액체에서 증기로 바뀌듯, 자신의 의식도 좁은 우물에서 대양처럼 커지게 해 준다. 인생에서 이러한 임계점을 만나는 '티핑포인트'를 자주 만나야 비약적인 성장을 할 수 있다. 그러므로 우리는 그런 기회를 자주 만날 수 있도록 끊임없이 노력해야 하며, 그 기회가 왔을 때는 절대 놓치지 않게끔 심혈을 기울여서 자신의 모든 역량을 집중해야 한다.

모든 일에 요행을 바라서는 안 된다. 물이 100도가 되기 위해서는 1도부터 99도까지라는 단계가 있고, 천 권의 책을 독파하기 위해서는 1권부터 999권이라는 순서가 있다. 증기가 되고 대양을 만나기 위해서는 99도와 999권이라는 과정을 통과하지 않으면 안 된다. 결국, 이 과정을 통과하기 위해서는 시부사와가 말하는 '의'가 필요한 것이다.

(2) 달나라 종이접기

〈달나라 종이접기〉 이야기가 있다. A4 종이 한 장 두께가 0.1mm라 가정하고, 달나라까지 거리가 약 40만 km이라고 한다면 종이를 몇 번 접어야 그곳에 도달하는가에 관한 이야기인데, 이 내용을 보면 '티핑포인트' 같은 내용을 엿볼 수가 있다.

종이 한번을 접는 행위는 정말 간단하고 쉬운 행위다. 접고 또 접고, 접고 또 접고, 이런 식으로 꾸준하게 접었을 때, 42번만 접으면 달나라까지 갈 수가 있다. 한번 접는 행위는 간단하고 쉬워 보이지만 42번이라니 막연한 느낌도 든다. 하지만 종이를 몇 번 접는 행위로 달나라까지 간다는 발상은 무척 신기하고 흥미롭다.

종이를 한 번씩 접는 행위지만, 맨 처음 접는 종이 두께는 0.2mm 밖에 되지 않는다. 하지만 맨 마지막 42번째 접는 종이 두께는 20만 km의 두께가 된다. 같은 한 번이지만 종이 두께는 엄청나게 차이가 나는 것이다. 이처럼 꾸준하게 행동을 하였을 때 처음 한 번과 마지막 한 번은 같은 한번이 아니라는 뜻이다. 즉, 꾸준히 행동하였을 때 마지막 한 번의 행위는 '티핑포인트'와 같이 엄청난 결과를 만들 수 있다는 의미이다.

필자가 좋아하는 축구 이야기를 해보겠다. 축구를 하면서 항상 궁금했던 점은 프로선수라면 누구나 최선을 다하고 열심히 하는데 왜

순위	선수	이적료	매각구단	매입구단	연도
1	네이마르	2억2천200만 유로 (약 2천917억원)	바르셀로나	파리 생제르맨	2017
2	킬리안 음바페	1억4천400만 유로 (약 1천905억원)	AS모나코	파리 생제르맨	2018
3	필리핀 코치뉴	1억2천만 유로	리버풀	바르셀로나	2018
4	우스만 뎀벨레	1억500만 유로 (약 1천380억원)	도르트문트	바르셀로나	2017
	폴 포그바		유벤투스	맨체스터 유나이티드	2016
6	크리스티아누 호날두	1억유로 (약 1천314억원)	레알 마드리드	유벤투스	2018
	개러스 베일		토트넘	레알 마드리드	2013
8	크리스티아누 호날두	9천400만 유로 (약 1천182억원)	맨체스터 유나이티드	레알 마드리드	2009
9	곤살로 이과인	9천만 유로 (약 1천182억원)	나폴리	유벤투스	2016
10	로멜루 루카쿠	8천500만 유로 (약 1천117억원)	에버턴	맨체스터 유나이티드	2017

역대 세계 축구선수 이적료 톱10

선수마다 몸값이 그렇게 차이가 나는지 무척 궁금했다. 그냥 타고난 '재능 차이'라고만 생각했다. 하지만 사회생활을 하면서 똑같은 현상들이 너무 많았다. 누구나 다 열심히 하는데 누구는 생계를 이어갈 정도의 월급만 받고 누구는 수십 수백억 원의 연봉을 받는 것을 보면 그것은 분명히 차이가 존재한다는 뜻이다. 그 차이의 비결을 아는 사람이 각 방면에서 항상 두각을 나타낸다.

앞장의 표를 보면 알 수 있듯이, 1등 네이마르와 2등 킬리안 음바페의 금액 차이는 2배에 가깝다. 금액이 2배라고 해서 실력도 2배가 차이 나는 것은 아니다. 이것도 결국 〈달나라 종이접기〉에서 설명했듯이 42번만 접으면 달나라까지 갈 수 있는데, 41번에 그친 경우다. 단 1번의 종이접기를 하느냐 못하느냐가 이런 결과를 만드는 것이다.

이러한 차이를 축구 슈팅 연습으로 비유하면, 실천과 같이 꾸준하게 41번을 연습하느냐 42번을 연습하느냐에 의해서 큰 차이가 생긴다고 볼 수 있다. 이런 작은 차이가 쌓이고 쌓여서 큰 차이를 만들어 내는 것이다. 결국, 42번째 종이접기와 42번째 슈팅 연습처럼 힘들어도 한 번 더 하려는 꾸준한 노력이 인생의 큰 차이를 만드는 것이다. 이 꾸준한 노력은 시부사와가 말하는 '의'와 깊은 관련이 있다.

(3) 노자의 '허(虛)'

노자 철학의 '허(虛)'의 개념이 '꾸준함(意)'과 '티핑포인트'와의 상관관계가 많아서 설명해 보겠다. 아래 내용은 철학자 김용옥의 『노자와 21세기』를 참고하였다.

우선, 서양철학의 존재론과 노자 철학의 존재론의 차이에 관해서 설명하면, 서양철학의 존재론은 '모든 존재는 존재로서 존재한다.'라고 정의하고, 노자 철학의 존재론은 '모든 존재는 그 존재의 쓰임에 의해서 존재한다.'라고 정의한다. 즉, 노자의 존재론은 실용주의적 사고방식을 말하는데, 이것을 더욱 간단히 설명하면 '모든 존재는 비어있을 때만이 존재한다.'라는 의미이다. 여기 비어있다는 말은 '허(虛)'를 의미하고, 이 '허'는 그 사물의 존재성을 의미한다.

예를 들면 노자는 책상 위에 물건이 빼곡히 차 있다면, 그것은 책상이 아니라고 말한다. '허'가 없고 '쓰임'이 없기 때문이다. 방에도 짐들이 가득 차 있다면, 그것도 방이 아니라고 말한다. 방의 역할인 쉬거나 잘 수 있는 공간이 없기 때문이다. 냉장고도 이와 똑같다. 냉장고도 공간이 비어있어야만 순환이 잘 되어서 냉장고의 기능을 잘 발휘할 수 있다.

따라서 노자의 존재론은 공간이 커지면 커질수록 그 존재의 가치가 극대화된다는 의미이고, 그 존재의 가능성도 공간을 얼마나 확보하는가에 결정되는 것이다. 이 공간이 바로 '허'를 의미하다. 그래서 우리는 자기 존재의 가치를 높이기 위해서는 최대한 '허'를 확보하는 것이 관건이다.

노자『도덕경』에 최고의 주석을 남긴 천재 소년 왕필(王弼)은 노자의 '허'에 대해서 다음과 같은 주석을 남겼다.

"한 집안을 다스릴 수 있는 역량의 소유자는 그 집안을 온전히 다스릴 수 없다. 한 나라를 다스릴 수 있는 역량의 소유자는 그 나라를 온전히 이룩할 수가 없다. 있는 힘을 다해 무거운 것을 드는 것은 쓸모가 없다."

왕필의 주석 "궁력거중 불능위용(窮力擧重不能爲用)"의 말처럼, 자신이 가진 모든 힘을 다 사용하면, '허'가 없으므로 쓸모가 없다. 쓸모가 있으려면 항상 '허'를 남기려고 노력해야 한다. 자신의 역량이 100인데 100의 힘을 다 사용하면, '허'가 없어서 쓰임이 없는 존재라고 노자는 말한다.

인생에서 이러한 '허'는 정말 중요하다. 가진 힘 100%를 사용하지 않도록 항상 주의해야 하지만, 반대로 틈만 나면 자신의 역량을 키워서 자신만의 '허'를 더욱 키워야 한다. 그래야 자신의 역량도 커지고, 자신만의 '허'도 더욱 여유로울 수 있는 것이다. 최대한 '허'를 확보하는 것, 이것이 바로 자신의 실력과 가치를 높이는 행위다.

필자의 경험을 예를 들어보겠다. 대학교 때 일본어를 전공으로 하였다. 통상적으로 1학년 때는 일본어 시험 3급을 목표로 하고, 2학년 때는 2급, 3학년 때 1급을 목표로 공부한다. 1학년 때 공부는 엄청 힘들었다. 고등학교 때 수박 겉핥기로 배운 지식으로 3급을 향해 공부했던 그때는 교수님이 내주시는 과제만 하는 것도 급급했고, 경주마처럼 무작정 앞만 보고 공부했다. 그러던 중 영장이 나와서 군대에 갔다.

군대에 가서 처음에는 정신이 없었지만, 어느 정도 세월이 지나고 보니 일본어 공부에 집중할 수 있는 시간이 생기게 되었다. 그때부터는 미친 듯이 일본어 공부만 하였다. 꾸준한 노력으로 군대를 제대할 때에는 3급 단어는 물론, 1급 단어까지 모두 익힌 상태가 되었다. 제대 후, 1학년 2학기에 복학하자 놀라운 일들이 일어났다.

군대 가기 전 1학년 1학기 때는 교실 맨 앞에서 공부하며 수업 진도를 따라가는 것조차 힘들었는데, 복학하고는 맨 뒤에 앉아서 여유 있게 공부를 할 수 있었다. 심지어 교수님들이 수업시간에 틀리게 적는 한자도 필자 혼자만 알 수 있었다. 그때부터의 학창 시절은 너무 행복했다. 그 이유가 1학년은 일본어 3급을 목표로 공부를 하는데, 그때 이미 필자는 1급 공부를 다 한 상태였기 때문이다. 그래서 남은 대학 생활은 교수님과 학우들에게 인정받으면서 즐겁게 공부했고, 졸업할 때는 장학금까지 받을 수 있게 되었다.

이 이야기는 필자의 자랑이 아니다. 노자의 '허(虛)'와 시부사와의 꾸준한 '의지(意)'를 설명하기 위한 것이다. 일본어 자격증 시험 중에서 제일 어려운 1급을 학습한 상태에서 초급 단계인 3급을 공부하니 수업은 쉬울 수밖에 없다. 이것은 노자가 말하는 '허'가 있었기 때문에 가능했다. 노자는 허를 최대한 확보할수록 그 존재 자체가 더 큰 쓰임을 가질 수 있고, 더 큰 가능성을 지닌다고 말한다. 즉, '허의 크기'가 곧, 그 '존재의 크기'라고 노자는 생각하였다. 그래서 우리도 인생의 성공을 위해서 최대한 '허'를 확보해야 한다. '허'의 공간이 크면 클수록 삶의 질이 달라진다는 것을 필자는 대학 시절 때 이미 경험하였다. 이 '허'를 만드는 것도 바로 시부사와가 말하는 꾸준한 '의(意)'가 있어야 가능하다.

지속성의 결과를 정리하면 다음과 같다. '티핑포인트', '달나라 종이접기', 노자의 '허'에서 언급한 것처럼, 인생의 성공은 그냥 만들어지는 것이 아니다. 인생에서 비약적으로 성장할 수 있는 임계점을 만날 때까지의 과정은 컴컴한 긴 터널을 지나는 것과 같다. 끊임없이 달리고 달려야 한 줄기의 빛이 보이고, 그 빛이 보이면 겨우 터널을 통과하듯이, 빛을 보기 전까지의 과정은 앞이 막막하다. 여기서 중요한 사실은 포기하지 않으면 언젠가는 터널을 통과한다는 사실이다. 포기하지 않는 습관, 끈기, 노력, 이것이 바로 시부사와가 말하는 '의(意)'다. 그래서 시부사와는 "강한 의지가 있다면 인생에서 매우 중요한 사람이 될 수 있습니다."라고 말한 것이다.

시부사와는 성공학에 대해서 구체적으로 언급하지 않았다. 그런데도 필자가 이를 주제로 책을 쓰는 이유는 앞서 설명한 것처럼, 성공학적인 요소들이 군데군데 있었기 때문이다. 이 중에서 필자가 주목한 것은 '지·정·의'다. 시부사와는 이를 '지(智)=지혜(智惠)·정(情)=정애(情愛)·의(意)=의지(意地)'로 정의하였고, 필자는 이 정의를 '지=지혜=방향성', '정=정애=우수성', '의=의지=지속성'으로 의미를 확장해서 그의 성공학을 개념화하였다.

필자가 '지·정·의'를 성공의 중요한 요소로 생각한 이유를 간략하게 다시 정리하면 다음과 같다.
첫째, '방향성'의 '지(智)'는 정말 중요하다. 방향성이 잘못되면 그만큼 비효율적인 삶을 산다. 『논어와 주판』을 보면 시부사와 자신도 15년이나 늦게 자신의 입지(立志)를 세운 것에 대하여 후회하고 있다는 점에서 시부사와 또한 인생의 방향성에 대해서 깊게 고민하였다. 벤자민 디즈레일리는 "성공의 비결은 목적의 불변에 있다. 하나의 목표를 가지고 꾸준히 나아간다면 성공한다. 그러나 사람들이 성공하지 못하는 것은 처음부터 끝까지 한 길로 나아가지 않았기 때문이다. 최선을 다해 나아간다면, 만물을 뚫고 굴복시킬 수 있다."라고 말했다. 이처럼 성공한 모든 사람들이 가지고 있는 공통분모 중 하나가 바로 명확한 목표와 방향성이다. 인생의 방향성에 대해서 뚜렷한 목표를 가지고 행동하는 사람과 무작정 열심히 하는 사람과의 결과는 천양지차다. 그래서 인생의 성공을 꿈꾼다면, 목표와 방향성에 대해 깊이 고민해야 한다.

둘째, '우수성'의 '정(情)'도 당연히 중요하다. 매 순간 탁월한 결과를 만들 수만 있다면 인정받을 수 있다. 앞서가는 성공자들은 항상 이런 탁월함에 목말라 있다. 시부사와가 말하는 '정(情)'은 바로 이런 탁월함(우수성)을 추구하는 덕목이다. 그리고 인간의 감정을 다루는 것과 깊은 관련이 있는 '정'은, 공자도 70세 때 완전히 체득했다고 할 만큼, 감정을 완벽하게 조절하는 것은 어려운 일이다. 인생을 산다는 것은 결국 감정과 생각이 오고 가는 '정(情)'의 세계 속에서 사는 것이다. 복잡하고 변수 많은 인생을 조화롭고 매 순간 탁월함을 추구하기 위해서는 감정과 생각을 잘 표현할 수 있는 '정'이 얼마나 중요한가는 말할 필요도 없다. 프랑스 사상가 장 폴 사르트르는 "인생은 B(Birth)와 D(Death) 사이의 C(Choice)다."라고 말하였다. 그리고 심리학자 빅터 프랭크도 "자극과 반응 사이에 공간이 있다. 그리고 그 공간에서 선택이 우리 삶의 질을 결정짓는다."라고 말한 바 있다. 이처럼 우리의 삶은 자극과 반응의 연속이다. 그 수많은 자극과 반응 사이의 공간에서 우리는 탁월한 선택(Choice)을 해야 한다. 지금 우리의 모습은 그 선택들의 결과다. 순간의 선택이 잘못되면 그만큼 어려워질 수 있고, 탁월한 선택을 하면 좋은 결과로 이어질 수도 있다. 이처럼 우리 인생은 순간의 판단을 결정짓는 '정'을 어떻게 다루느냐에 따라서 큰 차이가 나는 것이다.

셋째, '지속성'의 '의(意)'는 모든 것을 이루게 해 준다. 시부사와는 이 '지속성(意)'에 대해서 '강한 의지가 있다면 인생에서 매우 중요한 사람이 될 수 있습니다.'라고 말할 정도로, 훌륭한 결과를 만들기 위해서는 끊임없이 노력하는 '지속성'이 매우 중요하고, 이 '지속성'만 있다면 무슨 일이든 할 수 있는 것이다.

인생의 성공과 자아실현을 위해서는 '방향성', '우수성', '지속성'이 필요하다. 시부사와는 이들을 성공학의 개념으로 '지 · 정 · 의'라고 표현했다. 하지만 아무리 우수한 '지 · 정 · 의'를 갖추고 있더라도 인성이 올바르지 못하면 의미가 없다. 시부사와는 올바른 인성과 도덕성, 의로움 등, 이 모든 것을 포함하는 의미로 '논어'를 활용하였다. 이러한 논어 정신이 바탕에 없다면 아무리 '지 · 정 · 의'가 훌륭해도 모래 위의 성처럼 언제 무너질지 모른다. 오히려 인성이 제로이거나 마이너스상태에서 '지 · 정 · 의'가 뛰어나면 더 큰 문제가 생길 수도 있다고 말한다. 그래서 인성이 나쁘면 다른 것은 볼 필요도 없는 것이다.

매스컴에서 자주 접하는 범죄자들은 대부분 인성이 문제다. 올바른 인성을 지닌 사람이 범죄를 저지르는 경우는 드물다. 그래서 근본이 되는 인성이 제일 중요하고 이러한 인성을 기반으로 해서 '지·정·의'를 익히면 지속 가능한 성장이 가능한 것이다. 그러므로 시부사와의 『논어와 주판』은 일시적인 성공이 아니라, 본질적이고 근원적인 내용을 다루는 저서라고 말할 수 있다.

개인적인 견해로 『논어와 주판』은 『논어』와 『성서』처럼, 오늘날 우리가 꼭 알아야 할 '인생 바이블'이라고 생각한다. 그 정도로 『논어와 주판』은 인생의 보편성을 지닌 위대한 지침서이다. 시부사와가 오늘날 '일본 자본주의의 아버지'라는 높게 평가받는 이유는, 그가 남긴 저서 『논어와 주판』의 영향이 지대하다. 그가 만일 이 저서를 남기지 않았더라면 좋은 일을 많이 했던 사람 중에, 한 명으로 지나지 않았을 것이다. 다시 말해 『논어와 주판』이라는 철학적 저서가 있었기 때문에 오늘날 그가 크게 주목받는 것이다.

주역(周易)에 "자강불식 후덕재물(自强不息. 厚德載物)"이라는 말이 있다. 이 말은 중국 명문대학교인 청화대학(淸華大學) 정문에도 같은 글귀가 새겨져 있다고 한다. 필자는 이 말을 시부사와의 성공철학과 연결해서 이렇게 표현하고 싶다. '성공하기 위해서는 쉬지 않고 끊임없이 스스로 강해지려고 노력해야 한다. 논어와 주판 정신을 실천할수록 덕(德)이 쌓여서 재물이 실릴 것이다.'라고…

아래에 있는 그림은 필자가 생각한 '시부사와 에이이치 성공학'을 알고리즘의 방식으로 재미있게 표현해 보았다. 그의 성공학에 대해서 다양한 이야기를 했지만, 이 내용의 핵심들만 정리하면 아래에 있는 그림처럼 설명할 수 있을 것이다.

많은 사람들이 목적지인 '성공'에 도착하기를 희망한다.

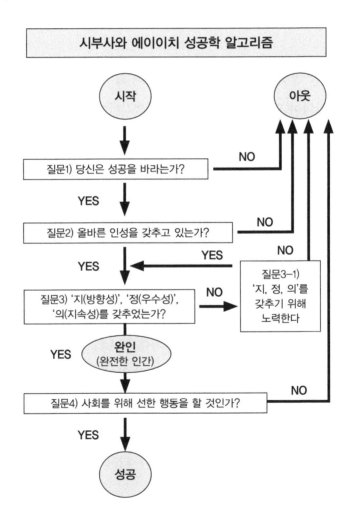

제5장

'논어와 주판 정신'을 가진

사람들과 기업들

시부사와를 가장 대표하는 철학으로 〈도덕 · 경제합일설〉 뽑는다. 경제가 성장하기 위해서는 도덕성을 기반으로 해야 한다는 의미로, 도덕과 경제는 상반된 개념이 아니라 두 개념이 일치되도록 노력해야 한다는 것이다. 수레의 양쪽 바퀴는 제대로 맞물려야 앞으로 나아갈 수 있듯이, 도덕과 경제라는 바퀴도 항상 공존해야 한다고 시부사와는 생각하였다. '도덕 · 경제합일설'은 '논어와 주판 정신'과 같은 의미다. 시부사와의 저서 『논어와 주판』을 보면 시종일관 '도덕=경제', '논어=주판'이 일치되어야 한다고 그는 주장한다.

우리 사회는 부자들을 존경하지 않는다. 그 이유 중 하나는 그들이 모은 경제력(주판)은 왠지 부정적인 방법으로 만들어졌다는 암묵적인 생각들을 가지고 있기 때문이다. 그들이 이러한 오해를 받는 이유 중 하나는 우리나라 부자들이 '노블레스 오블리주'의 실천이 미흡하기 때문이라고 생각한다. 미국의 부자들이 존경받는 이유는 그들은 사회를 통해 벌어들인 막대한 부를 다시 사회에 환원하기 때문이다. 빌 게이츠, 워렛 버핏, 록펠러, 카네기 등 모두 그랬다. 시부사와도 마찬가지다. 이들은 사회에 '선한 영향력'을 주었기 때문에 존경을 받는 것이다. 그러나 우리나라 부자들은 그렇지 않다. 사회 환원에 관한 생각은 미흡할 뿐만 아니라, 그 돈으로 전문가를 사서 오히려 세금을 내지 않도록 더욱 애를 쓴다. 결국, 우리나라에서 부자들이 존경받지 못하는 이유는 이러한 '선한 영향력'의 이미지가 부족하기 때문이라고 할 수 있다.

애덤 스미스는 "윤리 없는 경제는 악이다."라고 말했다. 이 말은 '논어가 없는 주판은 악이다.'라는 의미다. '윤리와 논어'가 없는 '경제와 주판'은 도움은커녕 오히려 마이너스라는 뜻이다. 그래서 이번 장은 '논어 정신'을 기반으로 한 '주판'이 얼마나 중요한가에 관해서 이야기해보겠다. '논어와 주판 정신'이란 '선한 영향력'과 유사한 의미다. 앞으로 언급할 사람들은 이러한 '선한 영향력'에 대해서 실천하고 깊이 고민한 사람들이다. 그럼 '논어와 주판 정신'으로 사회에 선한 영향력을 끼친 인물과 기업에 대해서 알아보자.

1. 가장 큰 영향을 준 책은 '논어'다
– 삼성 이병철

삼성 창업자 이병철 회장은 시부사와처럼 『논어』의 중요성을 간파하고, 이를 경영에 적극적으로 활용하였다. 그의 자서전 『호암자전(湖巖自傳)』 「9장」, 〈취미편력〉을 보면 『논어』에 대한 그의 생각을 잘 알 수 있다.

"가장 감명을 받은 책 혹은 좌우(座右)에 두는 책을 들라면 서슴지 않고 논어라고 말할 수밖에 없다. 나라는 인간을 형성하는 데 가장 큰 영향을 미친 책은 바로 이 논어(論語)이다. 나의 생각이나 생활이 논어의 세계에서 벗어나지 못한다고 하더라도 오히려 만족한다. 논어에는 내적 규범이 담겨있다. 간결한 말속에 사상과 체험이 응축되어 있어, 인간이 사회인으로 살아가는 데 불가결한 마음가짐을 알려 준다. (……) 나는 경영에 관한 책에서 흥미를 느껴 본 적이 별로 없다. 새 이론을 전개하여 낙양(洛陽)의 지가(紙價)를 높이는 일도 있지만, 그것은 대체로 지엽적(枝葉的)인 경영의 기술적으로 다루고 있는데 지나지 않기 때문이다.
내가 관심을 갖는 것은 경영의 기술보다는 그 저류에 흐르는 기본적인 생각, 인간의 마음가짐에 관한 것이다. 그러한 뜻에서는 논어와 함께 인간 형성의 기본철학이 있는 전기문학에도 나는 더 큰 흥미를 느끼는 것이다."

이병철 회장은 지엽적이고 기술적인 것을 설명하는 경영 서적보다 인간의 기본적인 생각과 마음가짐, 그리고 깊은 내면을 통찰할 수 있는 논어에 관심이 많았다. 그래서 그는 항상 좌우에 논어를 두고 읽었고, 자신 생각이 논어의 틀 안에 갇혀 있다고 해도 스스로 만족할 정도였다. 이처럼 논어의 세계는 인간의 깨달음과 본질을 꿰뚫는 내용이 응축된 사상이다.

그럼, 그와 그의 아들 이건희 회장이 시부사와의 '논어와 주판 정신'과 일치하는 내용을 언급해 보겠다.

1) 이병철 '올바른 인성을 가진 인재'와 시부사와 '도덕성을 지닌 인재'

'인사(人事)가 만사(萬事)다.'라는 말처럼, 모든 일에는 사람이 최고의 보물이고 전부라고 해도 과언이 아니다. 끊임없이 변화를 추구하고 성과를 내야 하는 기업에서는 두말할 것도 없이 우수한 인재가 제일 중요하다.

이를 간파한 이병철 회장은 '인재제일(人材第一)'을 사훈으로 정할 정도로 뛰어난 인재에 대해서 욕심이 많았고, 이러한 생각을 이어받은 이건희 회장도 훌륭한 인재를 확보하기 위하여 엄청난 노력을 하였다. 일명 '천재경영'이 바로 그것이다.

"국민소득을 2만 달러로 높이기 위해서는 천재가 필요하다. 천재들을 키워 5년, 10년 후 미래 산업에서 선진국과 경쟁해 이겨야 한다. 지금 우리가 살고 있는 디지털시대는 총칼이 아닌 사람의 머리로 싸우는 '두뇌전쟁'의 시대이기 때문에 결국 뛰어난 인재, 창조적 소수가 국가경쟁력을 좌우하게 된다."

"내게 욕심이 하나 있다고 하면 사람에 대한 욕심은 세계에서 제일 많은 것이다. 조금이나마 보다 나은 사람, 우수한 사람은 한 사람이라도 안 내놓는다. 돈 몇 푼 펑크 나는 것은 신경도 안 쓴다. 우수한 사람을 더 데리고 더 효율을 내면 되는 것이다."

"21세기는 사람의 머리로 싸우는 두뇌 전쟁 시대이다. 모든 지식과 정보가 1등에게만 모이게 되므로 약자는 더욱더 약해진다. 어느 분야에서든 1등만 살아남고 나머지는 하청공장으로 전락하여 근근이 먹고살게 될 것이다."

이건희 회장은 "천재 한 명이 수만 명을 먹여 살린다."라고 말하며, 뛰어난 인재가 있으면 전용기를 타고 모시러 갈 정도였다. 심지어 삼성그룹 사장들에게도 S급 인재를 많이 확보할 경우 연말 인사에 높은 점수를 줄 정도로 인재 확보에 심혈을 기울였다. 게다가 핵심 인재의 중요성을 아들 이재용 상무에게 전하기 위해 '삼고초려도'를 선물했다고 한다. 인재를 모실 때는 삼고초려가 아니고 백고초려를 해서라도 모셔오라는 뜻일 것이다.

하지만, 이병철 회장과 이건희 회장은 능력만 뛰어난 인재들을 원하지는 않았다. 그들은 도덕성이 바탕이 된 인재를 원했다. 우선, 뛰어난 능력보다 뛰어난 품성이 왜 더 중요한지에 대해서 피터 드러커는『매니지먼트』에서 이렇게 말했다.

"전문지식이 없고 업무처리가 미숙하며, 능력과 판단력이 부족하더라도 이런 경영자는 조직에 그리 막대한 피해를 입히지 않는다. 하지만 품성이나 성실성이 부족한 경영자는 제아무리 지식이 풍부하고, 똑똑하고 유능하다 하더라도, 조직을 파괴한다. 그는 기업의 가장 소중한 자원인 사람을 파괴한다. 정신을 파괴한다. 그리고 성과를 파괴한다."

기업(企業)의 '기(企)'자를 파자해보면, 위에 '사람 인(人)'자와 아래 '멈출 지(止)'자로 만들어졌다. 이것은 피터 드러커가 지적한 대로 제대로 된 품성을 갖춘 사람이 아니면 그 회사는 멈춘다는 뜻이다. 즉, 회사가 망한다는 의미다. 이에 대해서 누구보다도 잘 알고 있었던 이병철 회장은 1977년 8월, 일본 〈닛케이 비즈니스〉와의 인터뷰에서 이렇게 말했다.

"나는 삼성 지망자들의 학력 차이는 별로 없기 때문에 인물 본위로 선발한다. 하지만 인간의 속을 체크하는 기계는 없는 것이고, 잠깐 얘기하는 것으로는 솔직히 아무것도 알 수 없다. 그래서 우선 건강한 사람인지를 보고, 다음에는 인상이 좋은지를 본다. 사람의 내면과 인상이 다르다고 하지만 활동적인 사람, 명랑한 사람을 채용한다. 내가 생각하는 좋은 인재는 재능보다는 사람 됨됨이다."

이처럼 이병철 회장은 '재능보다 됨됨이' 즉, 인성을 중시하였다. 이건희 회장도 이와 같은 생각을 지니고 있었다. 아버지로 물려받은 '논어정신'을 '삼성헌법'이라는 자신만의 경영철학을 만들어서 삼성의 정신문화를 만들었다. '삼성헌법'의 내용은 다음과 같다.

"삼성헌법 – 인간미, 도덕성, 예의범절, 에티켓
우리에게 가장 시급한 과제는 인간미, 도덕성 회복과 예의범절, 에티켓을 준수하는 일이다. 먼저, 사람은 인간적이어야 한다. 기본적인 인간미가 있어야 한다. 그리고 도덕성과 예의범절을 중시해야 한다. 그다음에 국제 사회에 나가려면 에티켓을 지켜야 한다. 다시 말하지만, 인간미와 도덕성을 시급히 회복하고 예의범절과 에티켓을 지켜야 한다. 이것이 가장 중요하다. 인간미를 간직하고 도덕성을 지키면서 올바르게 가야만 한다. 절대로 여기서 벗어나지 말아야 한다. 이것이 반드시 지켜야 하는 우리끼리의 약속이며 곧 삼성의 헌법이다."

이병철 회장과 이건희 회장은 인재에 대해서 뛰어난 능력만을 요구하지 않았다. 재능이 특별날수록 인간적인 도덕성과 예의범절 등 인성을 제대로 갖춘 사람을 원하였다. 이것이 바탕이 되어있지 않으면 피터 드러커의 말처럼, 조직과 사람과 정신과 성과를 한꺼번에 파괴될 수 있다는 사실은 간파하고 있었다.

이와 관련해서 공자도 다음과 같이 말하였다.

"바탕이 외관보다 나으면 촌스럽고

외관이 바탕보다 나으면 호화스럽다.
외관과 바탕이 어울린 뒤에라야 군자답다."

여기서 '질(質)'은 '바탕, 내면'을 뜻하고, '문(文)'은 '외관, 외면'을 뜻한다. 공자도 '문질(文質)의 조화', 즉 재능과 인성의 조화를 이루어야 한다고 생각하였다. 시부사와도 500여 개의 회사설립과 600여 개의 사회복지단체에 봉사할 수 있었던 이유는, 주위에 뛰어난 인재들이 많아서 가능했던 일이었다. 시부사와도 단지 재능만 뛰어난 인재를 선호하지 않았다. 그도 도덕성을 갖춘 인재를 원하였다. 이러한 생각은 올바른 인성과 사람 됨됨이를 중요시하는 이병철 회장과 생각이 일맥상통하는 부분이다

2) 공익우선주의

"일이란 반드시 바르게 되돌아가게 되어있다(事必歸正)."

이병철 회장 선친이 그에게 남긴 교훈이다. 이 세상의 순리는 결국 바른 곳으로 되돌아가게 되어있고, 결국은 정의로움이 이긴다는 이 말은 이병철 회장의 좌우명이었다. 그는 제일제당을 성공적으로 만들어 내고 새로운 사업을 모색하고 있을 때 이렇게 말했다.

"기업가는 기업을 구상해 그것을 실현시키고 합리적으로 운영하면서, 국

가가 무엇을 필요로 하는가를 발전적으로 파악하고 하나하나 새로운 기업을 단계적으로 일으켜 갈 때, 더없는 창조의 기쁨을 가지는 것 같다."

이병철 회장은 자아를 실현하면서 국가를 항상 생각하였다. 그래서 그는 "사업을 하는 것이 내가 국가에 헌신하는 방법이다."라는 말도 했었다. 그리고 그는 사업가로서 살면서 다음 3가지는 꼭 지켜야 한다고 당부한다.

"우선 지금 하고 있는 사업이 인류에게 도움이 되는지를 확인하고, 인재를 중시하며, 다른 회사와 공존공영 관계를 중시해야 한다."

이병철은 사업을 하면서 '인류기여', '인재중시', '공존공영'을 중시하였다. 이러한 이념을 지닌 이병철 회장은 삼성문화재단을 만들면서 "'도덕이 땅에 떨어졌다'라고 개탄하는 이 세상에서 모든 도덕의 기본이 되는 효만이라도 먼저 지켜나가게 해야겠다고 생각한다."라고 하며, 도의(道義) 문화 운동을 주장하였다.

이러한 정신을 이건희 회장도 이어받아 다음과 같이 말하였다.

"삼성정신이 무엇이냐. 인류에 해하는 짓 하지 말아라. 자연 해치는 물건 만들지 말아라. 그 나라 가면 그 나라 법 따르고, 풍속도 따르고, 그 나라 문화 흡수하고 우리 문화도 소개하면서 다 같이 잘 살자 하는 게 국제화다."

"삼성의 사업장은 가장 안전하고 쾌적한 곳이 되어야 하며, 지역사회의 발전에 기여해야 한다."

"우리가 이룬 큰 성과만큼이나 사회적 기대와 책임도 한층 무거워졌다."

위의 내용처럼 이건희 회장의 생각들은 이병철 회장의 '논어 정신'을 물려받은 것이다. 공자는 "의롭지 못한 부는 뜬구름과 같다."라고 말한 것처럼, 오늘날 삼성의 고속성장이 뜬구름이 아닌 이유는 회사의 고속성장 속에서도 국가와 사회에 대해서 이러한 의로움을 지니고 있었기 때문에 지속 발전하고 있다고 생각한다.

위에 언급한 삼성의 이념처럼 일본 근대화를 만든 시부사와도 '부'에 대해서 "부의 근원은 인의도덕(仁義道德)입니다. 올바른 도리로 쌓은 부가 아니면, 그 부는 완전하지도 않고 영원하지도 않습니다."라고 말하였다. 이처럼 이들은 올바른 방법으로 부를 가져야 아름다운 '부'라고 믿었고, 그 '부'도 오랫동안 유지될 수 있다고 생각한 것이다.

시부사와와 이병철, 일본과 한국 두 나라의 경제에 지대한 영향을 끼친 두 거인이 한목소리로 『논어』의 중요성을 말하였다. 두 사람은 인성을 갖춘 인재를 확보하기 위해서 부단히 노력했으며, 항상 '논어와 주판 정신'을 가지고 사익보다 공익을 우선시한 부분에 대해서는 존경을 표한다.

필자의 희망 사항을 말하자면, 오늘날 삼성의 자산은 강철왕 카네기의 당시 재산보다 훨씬 많을 것이다. 미국 전역에 수천 개의 도서

관과 공공복지 시설에 환원한 카네기처럼, 삼성도 우리나라의 전체 발전을 위해서 소외된 부분들을 잘 챙겨서 막대한 사회 환원을 희망한다. 만일 그렇게만 한다면 삼성은 존경받는 기업으로 영원히 사랑받을 것이고, 창업자 이병철 회장도 자신의 철학인 '논어 정신'을 잘 실천했다고 무척 기뻐하지 않을까.

2. '보이지 않는 손'은 '논어 정신'
– 애덤 스미스

애덤 스미스는 평생 『국부론』과 『도덕감정론』, 두 권의 저서를 남겼다. 『국부론』의 영향으로 우리는 그를 '경제학의 창시자, 경제학의 아버지'로 부르지만, 이와 달리 그는 '도덕철학자'로 불리길 원했다.

그는 20대 후반에 글래스고 대학교수로 있을 때도 도덕철학을 가르쳤고, 처음 출간한 책도 『도덕감정론』이다. 살아생전에 다섯 번이나 개정할 만큼 『도덕감정론』에 대해서 애착을 보였으며, 죽기 직전까지 이 책의 완성도를 높이기 위해 노력하였다. 마지막 개정판은 그가 죽고 난 뒤에 나왔을 정도다. 게다가 그의 묘비명도 "도덕감정론의 저자, 여기서 잠들다."라고 적혀 있는 걸 보면, 그를 대표하는 저서는 『국부론』이 아니고, 『도덕감정론』이 되어야 한다.

애덤 스미스와 시부사와는 공통점이 너무나 많지만, 몇 가지만 언급해 보겠다.

1) 애덤 스미스의 '보이지 않는 손'과 시부사와의 '논어 정신'

애덤 스미스는 "개인의 이익과 공공의 이익은 일치해야 한다."라고 주장한다. 이것은 "자신의 번영은 물론, 사회를 위해서 일한다. 그래서 가능한 한 자신이 가진 모든 역량을 발휘해서 선의를 베풀고, 사회의 발전을 위해서 노력하고 있습니다."라는 시부사와의 생각과 일치한다. 이처럼 두 사람은 항상 공익을 우선시하였다.

그리고 애덤 스미스는 『국부론』에서 "우리가 고기와 술, 빵을 먹으며 저녁 식사를 할 수 있는 것은 푸줏간 주인이나, 양조업자, 빵집 주인이 관용을 베풀어서가 아니다. 그들은 그저 자신의 이익을 중시했을 뿐이다."라고 말하며, 자신의 이익을 추구하려는 이기심은 "보이지 않는 손(an invisible hand)"에 의해서 국가의 부가 증대된다고 말한다. 즉, 국가의 부가 성립되는 것은 '보이지 않는 손'의 활동이라는 것이다. 시부사와도 "재부의 근원은 인의도덕(仁義道德)이다."라고 말하며, 부를 만드는 근원이 '인의도덕' 즉, '논어 정신'에 달려 있다고 주장한다. 자본주의를 의미하는 '국가의 부'와 '재부'는 비자본주의적 의미인 '보이지 않는 손'과 '논어 정신'이 있어야 가능하다고 두 사람은 생각한 것이다.

2) 애덤 스미스의 '공정한 관찰자'와 시부사와의 '도덕성'

시부사와의 '도덕성'과 애덤 스미스의 '공정한 관찰자'는 인간의 악랄한 행위를 저지할 수 있는 기준이 된다고 이들은 판단하였다. 시부사와가 말하는 '도덕성'은 이해하기 쉽다. 윤리적으로 판단해야 하는 일에 직면하면 도덕적인 잣대로 기준을 삼기 때문이다. 그럼 '도덕성'과 유사한 의미를 지닌 '공정한 관찰자'란 무엇인가? 애덤 스미스는 이에 대해서 다음과 같이 말하고 있다.

"공정한 관찰자는 이성, 원칙, 양심, 가슴 속 동거인, 내부 인간, 우리 행동의 위대한 심판자이자 결정권자다. 그는 우리가 타인의 행복을 건드리려 할 때마다 우리의 몰염치한 격정을 향해 깜짝 놀랄 만큼 우렁찬 목소리로 소리친다. '당신 역시 먼지처럼 많은 세상 사람들 중의 하나일 뿐이다. 당신은 다른 사람보다 특별히 잘나지 않았다. 당신이 계속 그렇게 추잡스러우리만치 이기적으로 군다면, 분명 사람들의 분노와 혐오의 대상이 되고 말 것이다!' (…) 우리는 공정한 관찰자의 눈을 통해서만 잘못 발현된 자기애를 바로잡을 수 있다."

애덤 스미스는 '공정한 관찰자'를 통해서 자신을 객관적으로 볼 수 있다고 말한다. 공정한 관찰자를 통해서 자신의 잘못을 바로잡을 수 있고, 자신이 얼마나 미약한 존재인지도 알 수 있다. 그리고 때로는 타인을 위해 나의 이익을 포기하는 행위가 적절하다고 가르쳐주기도 하고, 나의 이익을 얻는 과정에서 타인에게 손해를 끼치는 행위가 잘못된 사실이라는 것도 알려준다. 이처럼 애덤 스미스는 '공정한 관찰자'를 자신의 행동을 위대하게 이끌어주는 결정권자라고 표현하였다.

러셀 로버츠는 『내 안에서 나를 만드는 것들』에서 이런 '공정한 관찰자'에 대해서 "누구나 마음속에 공정한 관찰자가 있다. 나의 행동이 옳은지 공정하게 알려주는 가상의 인물이다. 공정한 관찰자 덕분에 우리는 한걸음 물러서서 자신을 객관적으로 바라볼 수 있다."라고 하였다. 이것은 '공정한 관찰자'가 자신을 공정하게 지켜봐 주기 때문에 인생에 많은 도움을 준다고 그는 생각한 것이다.

애덤 스미스는 '공정한 관찰자'에 의해 더 나은 사람이 될 수 있다고 생각했다. 시부사와도 '도덕성'을 가진 사람은 더욱 성장할 수 있다고 주장하였다. 이처럼 '공정한 관찰자'와 '도덕성'은 타인과 사회에 피해를 주지 않고 자신을 스스로 통제하며, 마음속의 올바른 척도가 되어서 공정하게 자신을 점검할 수 있는 기준인 것이다.

'공정한 관찰자'와 '도덕성'은 모두 '올바름'을 전제로 한다. 이 올바름은 아리스토텔레스의 "탁월한 사람이라서 올바르게 행동하는 것이 아니라 올바르게 행동하기 때문에 탁월한 사람이 되는 것이다."라는 말처럼, 이 올바름이 탁월함을 만들고 그 탁월함이 성공으로 이어진다는 사실을 애덤 스미스와 시부사와는 알고 있었던 것이다.

3) 애덤 스미스의 '신중한 사람'과 시부사와의 '완인'

애덤 스미스는 『도덕감정론』에서 '신중한 사람'을 높이 평가한다. 그는 이에 대해서 이렇게 말한다.

"신중한 사람은 언제나 진지하고 열심히 연구한다. 자신이 몸담은 분야를 온전히 이해하기 위해서, 그리고 자신의 지식을 매개로 다른 사람을 잘 이해시키기 위해서다. 그 때문에 비록 그의 재능이 늘 훌륭한 것은 아닐지라도 언제나 진실한 것만은 틀림없다."

"신중한 사람은 교활한 사기꾼의 교묘한 계략으로 당신을 속이려고 하지 않는다. 또한 오만한 현학자의 건방진 태도로, 혹은 천박하고 경솔하게 자기주장만 내세우는 사람처럼 굴지 않는다. 그는 자신의 능력을 떠벌리지도 않는다. 그의 대화는 간결하고 겸손하다. 그는 다른 사람들이 대중의 관심과 명성을 얻기 위해 자주 이용하는 엉터리 홍보 기술들을 끔찍이 싫어한다."

러셀 로버츠는 애덤 스미스가 말하는 '신중'에 대해서 "신중은 도덕적으로 가장 완벽한 상태라 할 수 있다. 마치 최고의 심성과 최고의 두뇌가 결합한 것처럼 말이다. 다시 말하면, 가장 완벽한 미덕과 가장 완벽한 지혜가 결합한 상태가 바로 신중이다."라고 말하였다. 그리고 '신중한 사람'에 대해서도 "스미스가 높이 평가하는 신중한 사람이 다소 재미없고 고루하게 느껴질 수도 있다. 하지만 분명컨대 신중한 사람은 삶에 대한 품위를 잃지 않는다. 또한 신중한 사람의 행동에는 스미스가 갈망하던 많은 것들이 내재 되어있다. 장기적으로 보았을 때, 신중이란 결국 내 자신의 품격을 높여주는 중요한 미덕이다."라고 하였다. 결국, 신중한 사람이란 애덤 스미스가 갈망했던 많은 것들이 내재 된 사람이었고 높은 품격을 갖춘 사람이다.

애덤 스미스의 '신중한 사람'처럼 시부사와도 가능성이 무궁무진한 사람을 '완인'이라고 표현한다. 이 완인은 '지·정·의'를 골고루 갖춘 사람으로 그 쓰임이 무제한적이라고 시부사와는 말한다. 애덤 스미스의 '신중한 사람'과 시부사와의 '완인'은 두 사람이 갈망하던 인간형이었다. 이들은 스스로 자신의 품격을 높일 수 있고, 발전 가능성이 무궁무진하게 잠재된 완벽한 사람이다.

3. '논어'가 지금의 나를 있게 했다
– 이나모리 가즈오

일본에서 '살아 있는 경영의 신', '가장 존경받는 경영의 달인'으로 추앙받는 이나모리 가즈오(稲盛和夫)는 중국 CCTV 경제 채널 〈대화〉라는 프로그램 인터뷰에서 다음과 같은 말을 하였다.

"젊은 시절 공자의 『논어』를 배운 게 지금이 나를 있게 했습니다. 과학이 발달한 문명사회에서는 도(道)는 더 필요 없고 돈 버는 게 중요하다고들 합니다. 하지만 인간의 도가 가장 중요합니다."

이나모리는 '논어'를 평생 즐겨 읽었다. 그는 논어 정신을 사업에 접목해서 결국 '교세라'라는 회사를 세계적인 그룹으로 발전시켰다. 그의 일생을 끊임없이 성장시킨 뿌리는 바로 '논어'였다. 그가 좋아하는 말 "경천애인(敬天愛人: 하늘을 공경하고 인류를 사랑하라)"과 창업이념인 "사원의 행복을 추구하고 인류와 세계를 위해 일하겠다."라는 내용을 보아도 그가 얼마나 '논어'를 사업에 접목했는지 알 수 있다.

아래 내용은 극히 일부지만 그가 얼마나 논어를 사업에 활용했는지를 알 수 있는 대목들이다.

1) 사회공헌

이나모리는 1984년 4월 '교토상'을 만들어서 사회공헌에 노력한다. 그는 이 '교토상'을 만들 당시 아래와 같은 이념을 생각하였다.

"현재 인류는 과학 문명의 발전에 비해 정신문화의 발달 수준이 크게 뒤처져 있는 듯하다. 나는 과학 문명과 정신문화가 결코 대립하는 것이 아니므로 양쪽 모두 균형 있게 발전하지 못하면 인류가 불행해지리라 생각한다. 따라서 교토상이 과학 문명과 정신문화의 균형 있는 발전에 기여하고, 나아가 인류의 행복에 공헌할 것을 간절히 염원하는 마음까지 교토상 이념에 포함시켰다. 이렇게 만들어진 교토상 이념은 여전히 살아 있는 이념으로 활약하고 있다."

이나모리는 과학 문명보다 정신문명이 크게 뒤처져 있다고 판단하였다. 인류가 행복해지기 위해서는 양쪽 모두의 균형이 절대적이기 때문에 그는 '교토상'을 만들어서 두 문명의 조화를 끊임없이 생각하였다. '교토상'은 시부사와의 '논어 정신'과 일치하는 부분이고, '과학 문명과 정신문명의 조화'도 시부사와가 평생 고민한 '논어와 주판의 조화'와 일맥상통하는 부분이다.

2) 최고의 무기는 올바른 사고법(인성)이다.

이나모리의 『생각의 힘』을 보면 다음과 같은 내용이 나온다. 그는 자신의 인생 방정식을 아래와 같이 정리하였다.

〈이나모리 가즈오의 인생 방정식 3요소〉

인생과 일의 결과 = 능력 × 열의 × 사고법

그는 인생과 일에서 성공하려면 능력과 열의, 사고법이 중요하다고 말한다. 일생의 경험을 통해서 위에 언급한 방정식을 만들어 낸 이나모리는 '평균적인 능력만을 가진 사람이 멋진 인생을 만드는 방법은 없을까'라는 물음에 자신만의 방식으로 '인생 방정식'을 만들었다. 그는 평균적인 능력이 부족해도 아래에 설명할 내용만 잘 이해하고 실천하면, 얼마든지 행복할 수 있다고 믿었다. 그가 말하는 3요소는 다음과 같다.

(1) 능력

지방대에서 공부하고 회사에 취직한 그는, 일류대학에 나온 사람과 비교했을 때 능력 면에서는 특출난 사람이 아니었다고 생각하였다. 하지만 인생은 능력만으로 결정되는 것은 아니므로 분명히 다른 요소도 필요할 것으로 생각하였다.

(2) 열의

인생을 살면서 열의는 매우 중요한 요소다. 그는 능력보다 열의를 더욱 중요한 요소로 생각하였고, 이 열의에서는 어느 사람에게도 지지 않는다고 생각하였다. 그는 이 열의에 대해서 '누구에게도 지지 않을 노력'을 해야 한다고 말한다. 그가 생각한 열의와 노력은 다음과 같다.

"인생은 전력질주로 풀코스를 뛸 수 있는 마라톤이다. (…) 교세라라는 지방 출신의 풋내기 신참 선수가 14년이나 뒤늦게 출발점에서부터 뛰기 시작했다. 1년을 1㎞라고 생각하면 이미 선두 집단이 14㎞나 앞서 달리고 있는 형국이었다. 그런 상황에서 지방 출신의 아마추어 선수가 마이페이스로 여유 있게 달린다면 아예 상대가 되지 않을 것이다.

그래서 나는 전력질주를 택했다. 즉 마라톤 경주를 100m 단거리 달리기와 같은 속도로 전력질주하기로 했다. 밤낮없이, 그야말로 죽을힘을 다해 일하기 시작했다. 그러자 직원들과 주주들은 '그렇게 막무가내로 일하다가는 몸이 망가진다. 기업 경영이라는 것은 장거리 경주다. 그렇게 무리하면 숨이 차서 도중에 쓰러질 것이고 결국 목표에 도달할 수 없다.'라며 나를 걱정하기까지 했다.

그러나 나는 어차피 경기를 할 거라면 전력질주를 펼쳐 선두 집단과의 거리를 조금이라도 좁히고 싶었다. 또한 처음부터 경쟁상대가 되지 않는다 해도, 적어도 전반 정도는 전속력으로 달려 세상에 우리의 존재를 조금이라도 알리고 싶었다.

그런데 놀랍게도, 그렇게 전속력으로 질주하는데도 쓰러지지 않고 계속 달릴 수 있었다. 또한 회사는 크게 발전하여 앞서가던 선두 대기업을 추월했고, 결국 업계 최고 회사로 우뚝 서게 되었다. 실제 마라톤은 어떨지 모르지만, 인생과 경영에서는 100m 달리기처럼 전력으로 계속 달리는 일이 결코 불가능하지 않다.

이 책을 읽는 독자 여러분들도 인생에서 안이하고 편한 길만 고르지 말고, 자신의 모든 것을 걸어보고 싶은 어떤 일을 할 때는 한 번쯤 전력질주를 해보기 바란다. 용솟음치는 듯한 열의로 하루하루를 진지하게 달려보자."

이나모리가 말하는 열의와 노력은 마라톤 전 구간을 100m 달리기를 하는 속도로 전력 질주하는 타의 추종을 불허하는 노력이다. 많은 사람들이 '노력하고 있다'라고 말하지만, 그 정도의 노력으로는 부족하다. '정말로 누구에게도 지지 않을 노력을 하고 있는가'라는 물음에 걸맞은 강한 열의가 있어야 성공할 수 있다고 그는 말한다.

그는 '능력'과 '열의'에 대해서 다음과 같이 설명하였다. 예를 들면, 능력과 열의가 0점부터 100점까지 존재한다면, 이나모리는 자신의 능력을 60점 주었고, 열의는 90점으로 주었다. 따라서 60점(능력) × 90점(열의) = 5400점이 그의 점수였다. 반면 일류대학 우수한 성적으로 졸업한 사람에게는 능력을 90점이나 주었지만, 그 능력에 우쭐해 노력을 게을리해서 열의에 40점을 주었다. 그럼 일류대학 출신에게는 90점(능력) × 40점(열의) = 3600점이 그의 점수가 된다.

이나모리는 재능보다 열의에 따라서 결과가 변한다고 말한다. 이 말은 재능이 없는 사람도 자신의 열의에 따라 성공할 수 있다는 의미다. 이것이 그가 남들보다 두 배의 열의를 불태운 이유다.

(3) 사고법

'사고법'은 '인성'과 같은 의미다. 이나모리 가즈오는 올바른 사고법(인성)이 제일 중요하다고 말한다. 그는 이 '사고법'의 점수를 −100점에서 +100까지 규정한다. 다시 말해서 '능력'과 '열의'는 1부터 100까지 플러스밖에 없지만, '사고법'은 마이너스가 존재한다는 의미다.

'사고법'이 플러스 상태면 '능력'이 있으면 있을수록, '열의'가 강하면 강할수록 인생에서 큰 도움이 되지만, '사고법'이 제로 또는 마이너스상태에서 능력과 열의가 강하면 오히려 해가 될 수 있다고 그는 생각하였다.

그는 이 '사고법'에 대해서 다음과 같이 말한다.

"사람은 어떤 '사고법'을 취하느냐에 따라 자신의 인생을 훌륭하게 만들 수도, 완전히 망칠 수도 있다. 누구나 인생을 살면서 생각지도 못한 장애나 고난을 만나기 마련인데, 그런 어려움 앞에서 어느 방향으로 나아가느냐는 온전히 자신의 '사고법'에 달려 있다. 그리고 그 순간순간의 판단이 모여서 삶의 결과를 완전히 바꿔 놓는다.

그렇다면 자신을 올바른 방향으로 이끌어줄 '사고법'을 확립하고 항상 그것에 기초하여 사리에 판단한다면 인생의 어떤 어려운 국면에서도 길을 잃지 않을 것이다. 항상 올바른 판단을 내리므로 당장은 막막한 듯해도 결과는 항상 훌륭할 것이 틀림없다."

이나모리는 올바른 '사고법'을 가장 중요하게 생각하였다. 올바르게 생각하면서 노력한다면, 당장은 힘들어도 마지막 결과는 언제나 좋을 것이라고 그는 믿었다.

3) 사람이 가장 중요하다

이나모리는 시부사와처럼 사람을 매우 중요시하였다. 그의 저서인 『인이관지』를 보면 다음과 같은 내용이 나온다.

"이나모리 회장도 하나의 이치로 경영의 모든 것을 꿰뚫었다. 그것은 바로 직원, 즉 '사람'이었다. 경영은 사람이 하는 일이며, 모든 경영 문제의 열쇠도 사람이 쥐고 있다"

이나모리는 '인이관지(人以貫之)' 정신을 주장하였다. 이것은 사람을 통해서 모든 해답을 찾을 수 있고, 사람을 통해야만 해답이 보인다는 생각이다. 그는 경영에서 모든 열쇠는 '사람'에 있다고 생각한 것이다. 이러한 인간 중심적 생각들은 공자가 강조한 유교무류(有教無類)처럼, 사람을 구분하지 않고 모든 사람이 곧 보물이라는 생각에서 나온 것이다.

4) 논어는 '필로소피', 주판은 '아메바'

이나모리 가즈오는 크게 두 개의 축으로 경영을 이끌어 간다. 하나는 '필로소피경영'이고, 또 하나는 '아메바경영'이다.

'필로소피경영'이란 모든 일은 결국 사람이 하는 것으로 사람의 생각을 중시하면서 무엇이 올바른 일인가에 대한 이념에 관련된 경영방식이다. 그리고 '아메바경영'은 조직을 아메바처럼 작은 단위로 나눈 후 각각의 단위에서 철저하게 수치를 관리하는 경영방식이다.

이 경영방식을 시부사와에게 견주어 말하면, 필로소피경영은 논어 정신으로 아메바경영은 주판 정신으로 비유할 수 있다. 시부사와는 '논어와 주판'의 조화를 중요시했던 것처럼, 이나모리 가즈오도 인간미가 넘치는 '필로소피경영'과 철저하게 수치로 계산하고 경영하는 '아메마경영'의 조화를 이루면서 강한 조직을 만들려고 노력하였다.

4. '논어 정신'이 전부다
– 가수 박진영

2020년 8월 19일 문화일보에서 〈본업은 가수, 직함은 6개…지독하게 성실한 '날라리' 박진영〉이라는 기사를 보았는데, 다음과 같은 내용이 눈에 들어왔다.

"JYP는 연습생을 선발할 때 성실성과 인성을 먼저 본다. 박진영 역시 근면, 성실함을 몸소 실천한다. 그를 곁에서 오랫동안 지켜본 지인들이 한결같이 인정하는 부분이다."

이전에 연예인들이 대마초와 몰카로 사회가 떠들썩할 때 〈YG(양현석)와 JYP(박진영)와 뭐가 다른가〉라는 기사도 본 적이 있다. 회사마다 운영방식은 차이가 나겠지만, 그때도 JYP 대표인 박진영은 "인성이 가장 중요하다."라고 강조하였다. 그래서 연예인을 반대하는 부모들의 경우라도 "박진영의 JYP라면 믿고 맡길 수 있다."라는 말도 하였다. 참고로 박진영 회사인 JYP엔터테인먼트 사훈도 〈진실 · 성실 · 겸손〉이다.

'논어 정신이 전부다.'라는 말은 '인성이 전부다.'와 같은 맥락이다. 그만큼 인성은 자신에게 가장 큰 무기고 가장 근원이 된다. 이러한 생각은 우리 사회 어느 분야를 막론하고 깊숙이 자리 잡아야 한다. 제대로 된 인성을 갖춘 사람을 보면 기분이 좋듯이, 우리 사회도 제대로 된 모습을 갖추기 위해서는 인성, 도덕성, 의로움이 당연시되는 분위기가 사회 저변에 형성되어야 한다. 이런 올바른 인성을 갖추도록 도와주는 것이 바로 시부사와의 '논어 정신'이다.

필자가 생각하는 박진영은 시부사와가 원했던 인물이라고 생각한다. 이유는 다음과 같다. 시부사와는 완벽한 인간, 즉 완인(完人)이 되기 위해서는 5가지 조건(인성 + 방향성 + 우수성 + 지속성 + 선한 영향력)이 충족되어야 한다고 생각했다.

첫째, 시부사와는 인간의 가장 기본적인 바탕인 인성(도덕성)을 중요시 생각하였다. 박진영도 같은 생각을 하고 있었다. 그의 스승인 작곡가 김형석도 "그는 생각하는 기준들이 참 올바르다. 아니 최소한 올바르려고 노력한다."라며 박진영의 인성을 칭찬하였다.

둘째, 시부사와는 인생의 효율성을 위해서 방향성(智)이 중요하다고 말하였다. 박진영은 스스로 '딴따라'라고 말한다. 대학교 때부터 지금까지 30년 가까이 음악 관련된 일만 하며, 아직도 즐거워하는 그의 모습을 보면 인생의 방향설정을 잘했다고 볼 수 있다.

셋째, 시부사와는 매 순간 탁월한 결과를 만들어 내는 우수성(情)을 강조하였다. 이 우수성(情)의 의미는 '자신의 감정과 생각을 잘 다스려서 모든 상황에서 원만하게 대응하고, 뛰어난 결과를 만들어 내는 능력'이다. 박진영의 저서『미안해』를 보면 다음과 같은 내용이 나온다. "의리를 지키기 위해, 아니면 경쟁에서 이기기 위해, 아니면 자신의 신념을 위해, 아니면 일반 사람들이 공감하는 상식의 수준에 맞추기 위해 가끔은 규칙을 위반한다. 그것을 융통성이라고 부른다. 하지만 우리 사회는 그렇게 가르치지 않는다. 따라서 이것은 우리가 살면서 몸소 깨우칠 수밖에 없다. 중요한 것은 얼마만큼의 원칙과 얼마만큼의 융통성을 섞느냐는 것이다. 하지만 한 가지 확실한 건 둘 중에 하나만 있으면 성공하기 어렵다는 것이다. 따라서 성공하려면 법을 지키는 방법 못지않게 언제, 어떻게 법을 어길지도 배워야 할 것이다."라고 말하며, 원만하게 대응하고 탁월한 결과를 내기 위해서는 '융통성'이 매우 중요하다고 박진영은 강조하였다. 그리고 그는 스스로 '자신을 대체될 수 없는 사람'으로 만들기 위해서 부단히 노력하고 있다. 그 노력은 바로 직접 작사, 작곡, 편곡 및 연출을 할 수 있는 차별화를 만들면서 자신만의 경쟁력을 갖추는 것이다.

넷째, 시부사와는 '지속성(意)'을 아주 중요하게 생각하였다. 모든 일이 그렇듯, 인내가 없으면 큰일을 할 수 없다. 이 부분에 대해서도 박진영은 오랫동안 실천하고 있는 부분이 많았다. 그중에서 가장 중요하게 생각하는 것이 바로 '자기 관리'였다. 그는 자기 관리를 위해 음식, 화장품, 세제, 일상용품 등 인체 해로운 것들을 멀리하며 "좋은 걸 찾지 말고 안 좋은 것을 피하라."고 지적한다. 그리고 그의 저서『무엇을 위해 살죠?』를 보면 "젊었을 땐 체력은 있지만, 지혜가 부족하고, 늙었을 땐 지혜는 있지만, 체력이 부족하다. 따라서 지혜가 쌓일 때까지 체력을 유지하는 사람은 인생의 후반부에 놀라운 일들을 해낼 수 있다."라고 주장하는 것을 보면 그가 얼마나 체력 관리에 신경을 쓰는지 알 수 있다. 그리고 SBS 〈집사부일체〉라는 프로그램에 나온 그는 자신이 20년 넘게 아침마다 하는 운동을 선보였다. 박진영도 성공을 위해서는 이러한 지속성이 꼭 필요하다는 것을 알고 있었던 것이다.

다섯째, 시부사와는 자아실현과 동시에 사회에 도움이 되는 일을 권장한다. 이른바 사회에 '선한 영향력'을 줄 수 있는 사람이 되라는 말이다. 이 부분에 대해서도 박진영은 〈집사부일체〉 프로그램에서 자신의 꿈을 이야기하며 "어릴 때는 성공을 하고 싶었다. 지금은 존경받고 싶다. 성공은 과정을 무시한 채 가능하지만, 존경은 과정을 무시한 채 불가능하다. 진정한 영향력은 존경에서 나온다. 그래서 성공의 과정이 중요하다. 내 삶의 모습이 가치가 있어야 한다."라고 설명하였다. 방송 중 대화 내용을 필자가 알기 쉽게 수정하였지만, 현재 박진영의 꿈은 사회에 선한 영향력을 주면서 존경받는 것이었다.

필자는 박진영의 생각들이 예전부터 마음에 들어서 그가 쓴 책과 신문 기사, 그리고 TV에 나온 방송들은 꼭 챙겨보는 편이다. 심지어 시간이 나면 몇 번을 반복해서 볼 때도 있다. 이유는 필자가 생각만 했던 부분들을 그가 미디어 매체를 통해서 정확히 정리해 주기 때문이다.

그가 만든 노래나 그가 키운 가수들의 완성도를 보면 정말 놀랍다. 최근 소니와 합작해서 만든 일본인 여성 그룹 '니쥬(NiziU)'

의 인기도 폭발적이다. 일본 방송을 보면 항상 나오고 있고, 일본에서 유행한 올해의 단어로도 '니쥬'가 들어갈 정도다. 예상컨대, 앞으로 JYP의 성장은 무궁무진하다고 생각이 든다. 그 이유는 JYP엔터테인먼트 대표인 박진영의 철학이 시부사와의 '논어 정신'과 일치하기 때문이다. 그의 회사발전은 '논어 정신'과 절대 무관하지 않다. 그래서 필자는 JYP 회사의 미래를 상당히 희망적으로 전망한다. 만일 필자가 투자가 워런 버핏이라면 JYP 회사 주식을 모두 사고 싶을 정도다.

그의 성공을 진심으로 기원한다.

5. 행복은 '논어와 주판 정신'에 있다
– 아리스토텔레스

그리스 철학자 아리스토텔레스는 인간이 행복해지기 위해서는 아래 3가지가 꼭 있어야 한다고 말한다.

1. 중용(中庸)의 덕
2. 적당한 재산
3. 진정한 벗

위의 내용을 시부사와의 철학과 관련해서 언급하면 다음과 같다.

1) 중용의 덕('논어 정신', '정情')

아리스토텔레스는 "최선의 삶이 곧 행복이다."라고 말한다. 그에게 행복이란 넘치지도 않고 부족하지도 않은 경계에서 중용의 덕을 잘 발휘하는 것을 의미한다. 중용의 덕을 잘 발휘하기 위해서는 그덕성의 탁월함이 필요한데, 이 탁월함은 '올바름'에서 나온다고 그는 말한다. 그래서 그는 "탁월한 사람이라서 올바르게 행동하는 것이 아니라 올바르게 행동하기 때문에 탁월한 사람이 되는 것이다."라고 말한 것이다. 여기서 '올바름'이란 시부사와의 '논어 정신'과 같은 의미다. 시부사와도 올바름이 있어야 지속 가능한 발전이 있다고 생각하였다. 두 사람에게 있어서 '올바름(논어 정신)'이란 탁월하게 성장할 수 있는 가장 근본적인 것으로 생각한 것이다.

아리스토텔레스는 탁월성을 추구하려는 최선의 노력이 곧 행복이라고 생각하였고, 이것이 존재 이유라고 말한다. 그리고 '중용'이란, 양극단에 치우치지 않게끔 이성(理性)을 조화롭게 발휘해서, 매 순간순간을 탁월하게 만드는 것을 의미한다. 이것은 본문에서 언급한 시부사와 성공철학 '지, 정, 의' 중 '정(情)'에 해당하는 내용이다. 시부사와도 '정'을 '자신의 감정과 생각을 잘 다스려서 모든 상황에서 원만하게 대응하고, 뛰어난 결과를 만들어 내는 능력'이라고 말하였듯이, 아리스토텔레스와 시부사와 이들은 탁월한 결과를 만들 수 있는 뛰어난 상황판단능력을 매우 중요시했다고 말할 수 있다.

아리스토텔레스의 저서 『니코마코스 윤리학』을 보면 "정의는 무엇보다도 완전한 탁월성인데, 그것은 정의가 완전한 탁월성의 활용이기 때문이다 (…) '정의 안에는 모든 탁월성이 모여 있다.'"라고 말한 것을 보면, 아리스토텔레스가 말하는 '중용의 덕'은 시부사와의 '논어 정신'과 '정(情)'에 관련이 깊다고 판단할 수 있다.

2) 적당한 재산(주판의 중요성)

아리스토텔레스는 인간이 행복해지기 위해서는 '적당한 재산'이 필요하다고 말한다. 위대한 철학자가 물질적인 경제력을 의미하는 '재산'의 중요성을 언급하는 점에 대해서 의외로 생각할지 모르겠지만, 아리스토텔레스는 재산이 없는 가난한 상태에 머물고 있으면, 인색과 탐욕의 울타리에서 벗어날 수 없다고 생각하였다. 그래서 '적당한 재산'은 인색과 탐욕과 많은 근심으로부터 '자유'를 가능하게 만들기 때문에 꼭 필요하다고 주장한다.

맹자(孟子)도 일정한 재산인 '항산(恒産)'이 있어야 '항심(恒心)'이 생긴다고 말하였고, 시부사와도 '사무라이의 정신과 상인의 재능을 골고루 갖추어야 한다(士魂商材).'라고 강조하였다. 아리스토텔레스와 맹자, 시부사와는 '적당한 재산(주판)'은 인생에서 꼭 필요한 요소라고 생각한 것이다.

3) 진정한 벗

아리스토텔레스는 인간이 행복해지는 조건 중, 마지막으로 우정을 나눌 수 있는 소수의 '진정한 벗'이 매우 중요하다고 말한다. 그는 '우정'을 두 육체에 깃든 하나의 영혼으로 정의하며, 진정한 '우정'은 소수의 사람 사이에서만 가능하다고 믿었다. 그의 말처럼, 주위에 자신의 내면을 거리낌 없이 주고받을 수 있는 진정한 벗이 있다면 정말 행복할 것이다. 자신의 걱정과 고민, 계획 등을 자유롭게 이야기할 수 있는 사람이 있다면 그 얼마나 행복할까?

아리스토텔레스가 말하는 '진정한 벗'에 대해서 생각하니, 민족의 사학자 함석헌의 시 〈그 사람을 가졌는가〉가 떠오른다. 함석헌이 말하는 '그 사람'이 바로 아리스토텔레스가 말하는 소수의 '진정한 벗'이 아닌가 싶다.

"만 리 길 나서는 길
처자를 내맡기며
맘 놓고 갈 만한 사람
그 사람을 그대는 가졌는가?

온 세상이 다 나를 버려
마음이 외로울 때도
'저 맘이야.' 하고 믿어지는
그 사람을 그대는 가졌는가?

탔던 배 꺼지는 시간
구명대 서로 사양하며
'너만은 제발 살아다오.' 할
그 사람을 그대는 가졌는가?

불의의 사형장에서
'다 죽어도 너희 세상 빛을 위해
저만은 살려 두거라.' 일러 줄

그 사람을 그대는 가졌는가?

잊지 못할 이 세상을 놓고 떠나려 할 때
'저 하나 있으니' 하며
빙긋이 웃고 눈을 감을
그 사람을 그대는 가졌는가?

온 세상의 찬성보다도
'아니' 하고 가만히 머리 흔들 그 한 얼굴 생각에
알뜰한 유혹을 물리치게 되는
그 사람을 그대는 가졌는가?"

함석헌의 '그 사람', 아리스토텔레스의 '진정한 벗'과 같은 존재가
인생에 단 한 명이라도 있다면 정말 행복할 것이다. 주위에 이런 사
람 없다면 이런 사람들을 찾으려고 노력하는 것보다 본인 스스로가
이런 사람이 되도록 노력한다면 '진정한 벗'을 쉽게 찾을 수 있지 않
을까? 시부사와는 '소수의 벗'에 대해서는 구체적인 말은 하지 않
지만, 사람의 중요성에 대해서는 자주 언급하였다.

아리스토텔레스는 "우리가 인간적인 탁월성을 말할 때는 육체의
탁월성을 말하는 것이 아니라 영혼의 탁월성을 말하는 것이다. 우리
는 행복 또한 영혼의 활동이라고 말한다."라고 말하였다. 그가 말하
는 육체의 탁월성은 시부사와의 '주판'과, 영혼의 탁월성은 '논어 정
신'과 깊은 연관이 있다고 생각한다. '주판'을 능력을 극대화하면 인

간의 육체적이고 감각적인 부분을 만족시킬 수 있고, '논어 정신'의 능력을 극대화하면 영혼과 정신과 같은 초감각적인 부분들을 만족시킬 수 있다.

아리스토텔레스와 시부사와는 공통분모가 너무 많지만 이쯤에서 마무리하고, 다음 기회가 되면 더욱 깊이 논하겠다.

6. 그 외 인물과 기업들

1) 독일 사회과학자 막스 베버

막스 베버는 자신의 저서 『프로테스탄티즘의 윤리와 자본주의 정신』에서 다음과 같이 말하였다.

"확고한 직업의 금욕적 중요성이 강조한 것이 근대적인 전문 직업을 윤리적으로 신성시했듯이, 이윤 기회에 대한 섭리적 해석은 기업가를 신성하게 만들었다."

"종교적 금욕의 힘은 기업가들에게 성실하고 양심적이고 대단한 노동 능력을 가진 동시에 신이 원하는 삶의 목적으로서의 노동에 매진하는 노동자들을 제공해주었다. 게다가 종교적 금욕의 힘은 현세에서의 불평등한 재화의 분배는 전적으로 신의 섭리의 특수한 작용이라는 흡족한 확신을 제공했다. 이 섭리는 특수한 개별적 은총과 이러한 차별을 통해 우리가 알 수 없는 은밀한 목적을 수행한다는 것이다."

"근대적 자본주의 정신, 그리고 그뿐 아니라 근대적 문화에 구성적 요소 중 하나인 직업 사상에 입각한 합리적 생활방식은 – 이것이 이 책이 증명하려는 점인데 - 기독교적 금욕의 정신에서 탄생한 것이다."

막스 베버는 프로테스탄티즘의 종교적 금욕이 직업의 윤리와 기업가를 신성하게 만들었다고 생각하였다. 게다가 금욕의 힘은 기업가들에게 성실과 양심을 선물하였고, 나아가 이 힘은 신의 섭리라는 특수한 작용으로 불평등을 평등하게 만들었으며, 사회의 조화를 이루었다고 주장하였다. 즉, 프로테스탄티즘의 정신에서 근대적 자본주의가 탄생했다는 의미이다. 이는 시부사와의 '논어와 주판'의 논리와 같다. 자본주의(주판)가 잘 돌아가기 위해서는 프로테스탄티즘의 윤리(논어)가 있어야 한다는 말이다.

2) 제15대 대통령 김대중

대한민국 제15대 대통령 김대중은 다섯 번의 죽을 고비를 넘겼고, 6년간 감옥살이를 했으며 수십 년 동안 망명과 도피 생활을 했었다. 항상 여당의 표적이 되면서도 그들을 원망하지 않았고, 그가 사후에도 정치적인 보복은 절대 하지 말라는 말을 했을 정도로 한국 정치사에서 민주주의의 발전을 앞당긴 사람이다. 이러한 김대중은 시부사와와 많은 공통점을 가지고 있다.

첫 번째 공통점은 '의로움'과 '정의(올바름)'이다. 시부사와는 『논어』를 통해서 의로움과 도리를 중시했으며, 개인의 이익보다 국가발전과 공익을 우선시하는 대의적인 생각을 하였다. 김대중도 죽을 고

비를 만날 때면 그를 지켜준 것은 항상 의로움과 정의였다. 그는 "나의 신앙은 역사다. 역사에서 정의는 결코 패배하지 않는다는 것을 나는 믿는다."라고 말한 바 있다. 그에게 있어 '역사는 신'이었다. 비록 일시적으로 정의가 숨겨져 있더라도, 역사의 신은 그 사실을 언젠가는 들추어 낸다고 믿었고, 역사는 항상 올바름에 서서 편든다는 사실을 굳게 믿었다. 이러한 마음가짐으로 수많은 고난과 역경들을 헤쳐나가는 모습들은 그의 자서전에서 많이 엿볼 수 있다.

두 번째 공통점은 '노벨 평화상'이다. 두 사람은 항상 국가와 사회를 위해서 헌신하는 삶을 살았다. 이러한 노력으로 김대중은 2000년도 노벨 평화상을 받았지만, 시부사와는 1926년과 1927년 두 번이나 노벨 평화상 후보에 올랐지만 애석하게 받지는 못했다. 두 사람에게는 '노벨 평화상'이라는 공통분모가 존재한다.

세 번째 공통점은 시부사와는 논어와 주판 정신인 '사혼상재(士魂商材)'를 중요하게 생각한 것처럼, 김대중도 인생에서 '서생적 문제의식과 상인적 현실감각'이 매우 중요하다고 강조하였다. 이에 대해서 그는 다음과 같이 말하였다.

"'서생적 문제의식'과 '상인적 현실감각'을 간직하십시오. '무엇이 옳으냐, 무엇을 해야 하느냐?' 하는 원리 원칙에 대한 문제의식을 갖고 판단하되, 이를 실천하는 데는 마치 장사하는 사람이 돈벌이하는 데 지혜를 발휘하듯이 능숙한 실천을 해나가야 합니다. 이 두 가지를 겸비하는 것이야말로 인생의 사업을 성공적으로 이끌어 가는 길입니다."

두 사람 모두 의로운 선비 정신과 사무라이 정신을 지키면서, 상인의 현실적인 감각을 키우는 것이 얼마나 중요한지를 주장하였다.

3) 현대 경영학의 아버지 피터 드러커

"나는 경영의 본질을 '시부사와 에이이치'에게 배웠다."

피터 드러커의 말이다. 원래 '경영의 본질'의 사전적 의미는 '이윤 창출'이다. 이윤이 있어야 기업이 존재할 수 있기 때문이다. 하지만 드러커는 경영의 본질을 '이윤 창출'로 생각하지 않았다. 그럼 드러커는 시부사와에게 어떠한 경영의 본질을 배웠을까?

드러커는 스승으로부터 "평생 사회공헌을 적게 한 부분에 대해서 항상 후회하였다."라는 말을 듣는다. 그래서 그는 '사회공헌'에 대해서 깊이 고민하였고, 이 부분을 인생 최대의 과업으로 생각하였다. 그러던 중 그는 시부사와의 철학을 접한 것으로 보인다.

그는 시부사와의 '논어 정신'으로 비롯된 '사회공헌'에 대해서 깊게 감화되었고, '사회공헌'을 깊게 고민하는 회사일수록 큰 발전을 할 수 있다고 생각하였다. 그리하여 "경영의 본질을 '시부사와'에게 배웠다."라고 그는 말한 것이다.

드러커의 명언 중에 다음과 같은 명언이 있다.

"매니지먼트란 일을 옳게 하는 것이고, 리더십이란 옳은 일을 하는 것이다(Management is doing things right; leadership is doing the right things)."

"할 수 있는 것부터 시작하지 말고, 옳은 것부터 시작해라(Start with what is right rather than what is acceptable)."

이러한 드러커의 명언들은 직간접적으로 시부사와의 '논어 정신'과 깊은 관련이 있다고 판단된다.

4) 소프트뱅크 손정의

손정의는 2010년 주주총회에서 〈소프트뱅크 향후 30년 비전〉을 발표하였다. 여기에서 그는 '이념 · 비전 · 전략'에 대해서 이야기하였다. 이 '이념'에 대해서 "소프트뱅크의 이념, 즉 무엇을 위해 사업을 하고 무엇을 이루려 하는지를 한마디로 이야기하면 이렇습니다. '정보혁명으로 사람들을 행복하게 하겠습니다.'"라고 그는 말하였다. 손정의는 정보혁명으로 많은 이들을 행복하게 하는 것이 그의 꿈이자 목표였다. 이것은 항상 공익을 우선시 생각하는 시부사와의 '논어 정신'과 같은 맥락이다.

5) 기업들

창립 38주년인 풀무원 회사는 '바른 먹거리'라는 회사 이미지를 강조한 회사다. 창립자 원경선 원장의 "내 자식에게 줄 수 없으면 만들지 말라"는 정신은, 풀무원 모든 제품에 반영되어서 '무방부제', '무첨가' 등 인체에 해로운 성분을 배제한 제품만 만드는 회사다. 그리고 수익의 0.1%를 사회에 환원하고, 제품 용기도 친환경적으로 만든다. 이런 철학을 가진 풀무원 회사는 한국에서 '가장 존경받는 기업'으로 오랫동안 평가받고 있다. '올바름', '사회 환원', '공익중시' 등, 이러한 이념들은 시부사와의 '논어 정신'과 일치하는 부분이다.

일본의 왕자제지(王子製紙) 회사는 제품을 만드는 과정에서 나무를 사용할 수밖에 없으므로, 나무와 자연을 훼손하는 대가로 '왕자제지의 숲'이라는 공원을 만들어서 사회에 환원하는 회사다. 이 회사의 설립을 시부사와가 직접 관여하였기 때문에 아직도 그의 정신이 깃들어 있다.

산토리 위스키(Suntory Whisky)라는 회사는 "위스키 한 병을 팔때마다 벽돌 한 개를 쌓는다."라는 이념을 가진 회사다. 회사의 수익이 나는 만큼 사회에 환원하는 회사이고, 유럽 최대의 엔지니어링 회사인 독일 지멘스(Siemens AG)는 "한순간의 이익을 위해서 영혼을 팔지 않겠다."라는 철학으로 전 세계에 190개의 국가 48만 명이 일하는 회사이다.

'논어와 주판 정신'을 실천하고 있는 사람들과 기업들은 많이 있겠지만, 이러한 정신들이 더욱 넘쳐나야 한다고 생각한다. 이러한 사람들과 기업들이 많을수록 우리 사회는 더욱더 윤택하고 살기 좋은 세상으로 변화될 것이기 때문이다. 미국 영화배우로 유명한 안젤리나 졸리는 2013년 아카데미 박애상을 수상하며 다음과 같은 소감을 남겼다.

　"어머니는 생전에 이렇게 말씀하셨어요. 남들에게 쓸모있는 인생을 살지 않으면, 아무것도 의미가 없다고요. 오랫동안, 그 말이 무슨 뜻인지 알지 못했어요. 이젠, 그 뜻을 알았고, 어머니의 뜻을 따르고자 합니다. 제가 사는 동안 최선을 다할 거에요. 쓸모 있는 사람이 되기 위해서…. 어머니가 살아계셨다면 매우 자랑스러워하셨을 거예요."

　그녀의 말대로 우리는 남들에게 쓸모있는 인생이 되도록 노력해야 한다. 남에게 많은 도움을 주기 위해서는 자신의 인생도 잘 가꾸어야 한다. 그래서 시부사와는 "나의 입신과 동시에 사회에 공헌한다."라고 말한 것이다. 자신을 성장시키면서 남에게 최선을 다하는 것, 이것이 바로 '논어와 주판 정신'이다.

7. '논어와 주판 정신'으로 이 세상에 당신의 흔적을 남겨라

『해리포터』의 작가 조앤 K. 롤링은 2008년 하버드대 졸업 강연에서 다음과 같은 말을 하였다.

"인생은 하나의 이야기와 같습니다. 관건은 길이가 아니라 흥미로운가입니다."

인생은 오래 사는 것이 중요한 것이 아니라, 얼마나 흥미롭고 의미 있는 일들이 많았냐에 따라 결정된다. 에이브러햄 링컨의 "당신이 넘어진 것에는 관심이 없습니다. 당신이 그 실패를 딛고 일어서는 것에 관심이 있습니다."라는 명언처럼, 사람들은 당신이 넘어진 것에 대해서 전혀 관심이 없고, 오직 그 실패를 딛고 일어서는 과정이 얼마나 흥미로운가에만 관심이 있을 뿐이다.

독인 시인 한스 작스는 "죽음은 삶보다 더 보편적이다. 모두가 죽지만 모두가 사는 것은 아니다."라고 말하였다. 이 말은 인생을 제대로 살기 위해서는 자신만의 이야기로 가득한 내용물이 있어야 한다는 의미이다. 남들과 전혀 공유되지 않은 자신만의 경험들이 많을수록 좋다. 하지만 많은 경험이 있다고 해서 무조건 인정받는 것은 아니다. 유한한 인생의 테두리 안에서 가치가 있는 일을 해야만 인정받을 수 있다. 인정받는 인생만이 훌륭한 인생은 아니지만, 한 번뿐인 인생을 소중히 보내기 위해서는 주위로부터 인정받는 삶도 나쁘지는 않다. 그래서 소크라테스는 "시험받지 않는 인생은 살 가치가 없다."라고 말한 것이다.

소크라테스의 말처럼 제대로 된 인생의 평가를 받기 위해서는, 우선 보란 듯이 성공을 해야 한다. 성공해야 남들이 주목할 것이고 주목해야 자신의 이야기도 필요한 것이다. 자신만의 흥미로운 이야기가 없는 삶은 공허할 뿐이다. 건강하고 오래 살면 그 나름대로 의미 있는 인생으로 간주하기 쉽지만, 시부사와는 이들을 영혼이 없는 사람으로 간주하였다. 명나라 사상가 이탁오(李卓吾)는 이런 영혼 없는 사람을 '한 마리 개'로 비유하며 다음과 같은 말을 하였다.

"나는 어려서부터 성인의 가르침이 담긴 책을 읽었지만, '성인의 가르침'이 무엇인지를 몰랐고, 공자를 존중했지만, 공자에게 무슨 존중할 만한 것이 있는지 몰랐다. 속담에 이른바 난쟁이가 굿거리를 구경하는 것과 같아, 남들이 좋다고 소리치면 그저 따라서 좋다고 소리치는 격이었다. 나이 오십 이전까지는 나는 정말 한 마리 개와 같았다. 앞의 개가 그림자를 보고 짖어대자 나도 따라 짖어댄 것이다. 왜 그렇게 짖어댔는지 그 까닭을 묻는다면, 그저 벙어리처럼 아무 말 없이 웃을 뿐이었다."

철학자 자크 라캉은 "인간은 타자의 욕망을 욕망한다."라고 말했다. 라캉과 이탁오의 말처럼 우리는 어떤 사람을 흉내 내거나 타인이 원하는 삶을 살면 절대 안 된다. 평생 누구의 아들딸로, 평생 누구의 아버지 어머니로, 평생 누구의 친구로 인생을 끝내서는 더더욱 안 된다. 우리는 자신의 가치를 낮춰서 생각해서는 절대 안 된다. 항상 자신이 가장 뛰어난 사람으로 생각하며 자기만의 방식대로 살아야 한다.

"자신에게 명령하지 못하는 사람은, 남의 명령을 들을 수밖에 없다."라는 니체의 명언처럼, 자신에게 명령을 내릴 수 있는 주도적인 사람이 되어야 한다. 스티븐 코비도 『성공하는 사람들의 7가지 습관』에서 첫 번째로 '자신의 삶을 주도하라'라고 주장하였다. 코비는 성공하는 사람들은 누구를 따르지 않고 항상 주도적인 습관이 몸에 배어 있다고 말한다. 주도적인 사람은 언제나 자신이 주체가 되려고 하고, 행동에 책임을 지며 결단을 내리기 전에는 심사숙고해서 대응한다. 물론 실패할 수도 있지만 반대로 적극적이고 주도적으로 행동하기 때문에 큰 성공도 할 수 있는 것이다. 이런 주도적인 태도에 대해서 헨리 데이비드 소로도 "주도적인 노력에 의해 스스로의 인생을 고결하게 하는 인간의 불가사의한 능력보다 더욱 고무적인 것은 없다."라고 말하였고, 잭 웰치 제너럴일렉트릭(GE) 전 회장도 "우리가 갈 길은 우리가 조종해야 한다. 안 그러면 다른 사람이 조종할 것이다"라고 말한 바 있다.

일본의 살아 있는 경영의 신이라고 불리는 이나모리 가즈오는 세상에는 세 종류의 인간이 있다고 말한다. 첫째가 스스로 자신에게 불을 붙이는 자연성(自然性) 인간이고, 둘째가 불에 가까이 가면 불이 붙는 가연성(可燃性) 인간이며, 셋째가 불에 가까이 가도 불이 붙지 않는 불연성(不燃性) 인간이다. 이나모리는 "불연성 인간은 회사에 없어도 좋다. 자네들이 스스로 탈 수 있는 자연성 인간이 되었으면 한다. 그렇지 않다면 최소한 자연성 인간의 옆에서 함께 잘 탈 수 있는 가연성 인간이라도 되었으면 좋겠다."라고 말하며, 스스로 동기 부여할 수 있고, 채찍질하며 자신에게 끊임없는 성장을 요구하는 자연성 인간을 권장하였다. 이 자연성 인간이란 인생을 항상 적극적이고 주도적으로 사는 인간을 의미한다.

이들의 말처럼 우리도 고귀한 인생을 보내기 위해서는 주도적으로 살아야 한다. "야생 코끼리 등에 올라탄 사람은 그 코끼리가 가는 곳으로 갈 수밖에 없다."라고 말한 미국 언론인 랜돌프 본의 말처럼, 야생 코끼리가 우리의 인생을 마음대로 끌고 가기 전에, 우리는 항상 주도적인 자세로 삶에 임해야 한다. 그렇지 않으면 사는 대로 생각할 것이고, 더욱 끔찍한 건 당신의 고귀한 인생을 남들이 결정한다는 사실이다. 시부사와도 이런 주도적인 삶과 유사한 자주적인 삶을 주장하였다. 그래서 그는 다음과 같이 말한 것이다.

"나쁜 짓을 하지 않는다는 것이 좋은 일을 한다는 의미는 아니다."

"인간 모두 자주적으로 독립해야 하는 존재다. 자립정신이 있어야 남들에게 베풀 수 있고, 인생의 근본을 이룰 수 있다."

〈기생충〉을 만든 봉준호 감독은 〈오스카 영화제〉에서 '작품상, 각본상, 감독상, 국제장편영화상'을 받았다. 그는 '감독상'에서 마틴 스코세이지와 쿠엔틴 타란티노를 제치고 수상했지만, 경쟁자였던 마틴 스코세이지의 말을 인용하며, 그를 극찬하였다. 소감 내용은 다음과 같다.

"제가 어렸을 때 항상 가슴에 새겼던 말이 있는데,
'가장 개인적인 것이 가장 창의적인 것'이라는 말이었다.
이 말은 책에서 읽었는데,
바로 마틴 스코세이지 감독이 하신 말이다."

봉준호 감독의 말대로, '가장 창의적인 것을 만들기 위해서는 가장 개인적인 것'이 있어야 한다. 남들과 공유되지 않은 자신만의 뭔가가 있어야 창의적인 것을 만들 수 있다. 영국의 경제학자 존 스튜어트 밀(John Stuart Mill)도 "사람은 누구든지 자신의 삶을 자기 방식대로 살아가는 것이 바람직하다. 그 방식이 최선이어서가 아니라, 자기 방식대로 사는 길이기 때문에 바람직한 것이다."라고 말한 것처럼, 우리는 자기 방식대로의 삶을 살아야 한다. 왜냐면 자기 방식대로 인생을 살아야 흥미롭고 의미가 있으며, 가장 창의적일 수 있기 때문이다. 그런 삶의 방식은 최선이 아닐지언정 바람직한 태도라고 할 수 있다.

그럼, 자기 방식대로 인생을 살기 위해서는 어떻게 해야 할까? 이 질문에 대해 천재 과학자 갈릴레오 갈릴레이(Galileo Galilei)는 "누구에게 무엇을 가르칠 수 없다. 스스로 깨닫는 것을 도울 뿐이다."라고 말한다. 그의 말처럼 누구도 당신을 변화시키지 못한다. 스스로 변화할 수밖에 없다. 남의 도움으로 인한 변화는 진정한 변화가 아니다. 진정한 변화는 자신의 내면에서부터 시작되고, 그 내면이 성숙할수록 그 변화의 힘은 더욱 강력해진다. 그래서 우리는 성숙한 내면이 완성될 때까지 자기 삶의 방식을 고수하며 버틸 수 있는 자신감이 있어야 한다. 이 자신감에 대해서 랄프 왈도 에머슨은 "나에 대한 자신감을 잃으면 세상이 나의 적이 된다."라고 충고한다. 자신감을 떨어지는 순간, 당신의 적들이 득실거린다는 것을 잊지 마라. "자신이 요구하는 바를 이루기 위해서는, 자신의 실제 모습보다 자기 자신을 더 훌륭하게 여겨야 한다."라는 니체의 말을 새겨들어야 한다. 자신을 훌륭하게 여기지 않고 자신감마저 잃는다면 그것으로 끝이다. 자신에 대한 무한한 긍정과 신뢰야말로 성공에서 제일 중요하다.

　필자가 감명 깊게 본 책 중, 『육일약국갑시다』라는 책이 있다. 저자 김성호씨는 마산 교방동에서 전국 최소 규모인 4.5평으로 시작해서 마산 전 지역 사람들에게 알려질 때까지 베풂과 나눔을 실천하면서 약국을 경영하였다. 그의 노력은 세월이라는 시간의 힘이 더해져 '육일약국'이라는 고유명사가 만들었다. 마산뿐만 아니라 근처 도시까지도 '육일약국'이라면 모르는 사람이 없을 정도였다. 참고로 필자도 그 근처에 살고 있고, '육일약국'의 명성을 들은 바 있다.
　'육일약국'처럼 우리 자신도 고유명사가 되기 위해 부단히 노력해야 한다. 이러한 노력이 없는 인생은 큰 의미가 없다. 이 세상을 의미 있게 보내기 위해서는 부단히 노력해서 스스로가 강력한 주체력을 지녀야 한다. 이 주체력을 지니기 위해서는 시부사와의 '지·정·의'를 익혀야 하고, 가장 근원이 되는 인성도 갖추어야 한다. 올바른 인성으로 인해 확고한 철학을 가진 사람은 흔들리지 않는다. 묵묵히 자신의 주장을 관철하며 앞으로 나아간다. 짧은 시간에 큰 성취를 이루지 못할 수도 있지만, 끝내 자신의 목표를 이룰 수 있다고 장담하는 이유는 올바른 인성으로 무장된 견고한 철학이 있어서다. 그래서 시부사와는 인성의 근원이 되는 '논어'를 가장 중요하게 생각하였다.

성공은 결과만 보고 판단할 수 있지만, 존경은 절대 결과만 보지 않는다. 반드시 과정을 본다. 과정 없이는 절대 존경받을 수 없다. 존경받기 위해서 인생을 사는 것은 아니지만, 자아실현을 하면서 주위에 좋은 영향을 주는 것도 나쁘지 않다. 그래서 사회에 조금이나마 도움이 되기 위해서는 무조건 결과만 중요시하지 말고, 과정을 더욱 중요시해야 한다. 그 과정에서 가장 도움이 되는 것이 바로 시부사와의 '논어와 주판 정신'과 같은 철학이다.

어릴 때 할머니가 방안에서 콩나물을 키우던 기억이 난다. 빨간 고무 대야 안에 있는 콩나물을 키우기 위해 하루에 몇 번이고 물을 주셨다. 위에서 아래로 물만 스쳐 지나는데도 콩나물은 무럭무럭 자랐다. 지금 생각해 보면 콩나물과 인간은 똑같다. 살짝 스치기만 해도 자라는 콩나물처럼, 많은 정보들이 주위를 지나가면 우리도 콩나물처럼 성장해야 한다. 물을 독사가 먹으면 독이 되고, 젖소가 먹으면 우유가 되듯, 우리는 같은 것을 보더라도 자신만의 것으로 승화할 수 있는 무기가 있어야 한다.

그럼, 여러분에게 묻겠다. 과연 여러분에게는 이러한 자신만의 콩나물이 있는가? 당신 눈앞에 지나가는 정보들을 취합할 수 있는 당신만의 무기가 있는가? 당신은 과연 남들과 무엇이 다른가? 이러한 질문에 대한 해답은 우리의 평생 과제일지 모르지만, 이 부분에 대해서 깊게 고민해야 한다. 그래서 경영사상가 찰스 핸디는 "우리 자신의 발견은 세상의 발견보다 중요하다."라고 말한 것이다.

이 질문에 대해서 마케팅으로 유명한 『린치핀』의 저자 세스 고딘은 인간은 '대체 불가능한 사람'이 되어야 한다고 주장한다. 누구나 핵심적인 사람이 될 수 있고, 차이를 만들어 낼 수 있는 역량을 가진 사람인데도 불구하고, 거대한 기계의 톱니바퀴가 되도록 훈련받았고 그렇게 살고 있다고 그는 말한다. 공자도 이 부분에 대해서 "뛰어난 사람은 단순한 도구가 되지 않도록 항상 주의를 기울인다."라고 말한 바 있다.

우리는 거대한 톱니바퀴와 같은 작은 존재가 아니다. 우리는 단순한 도구가 아니며 강력한 힘을 지닌 뛰어난 존재다. 현재 재능이 부족해서 많은 콤플렉스(complex)를 지녔다 하더라도, 이를 탁월하게 승화시킬 수 있는 뛰어난 재능을 모두가 지니고 있다. 우리의 능력은 무한대다. 우리는 태어날 때부터 수많은 정자와 엄청난 경쟁 속에서 치열하게 살아남아 1등을 한 경험(DNA)이 당신 몸속 깊이 박혀 있다. 그 어렵고 치열한 경쟁 속에서 살아남은 당신은 무엇이든 가능하다. 히스이 코타로의 저서 『내일이 내 생애 마지막 날이라면』을 보면 아래 내용이 나온다.

"사실 우리는 궁극적인 역경을 이미 뛰어넘었습니다. 그 역경이란 바로 우리가 태어난 순간입니다. 어머니 몸속의 좁은 산도를 지나 세상에 태어날 때 우리 몸에는 약 1.5톤의 어마어마한 압력이 가해진다고 합니다. 이것을 '퍼스트 트라우마(first traunma)'라고 합니다. 스페인에서 투우를 할 때 투우사가 감당해야 하는 소의 무게가 약 1톤이니까 약 1.5톤의 압력이 얼마나 클지 이해될 겁니다. 우리는 마치 두개골이 뒤틀릴 것 같은 엄청난 고통을 이기고 산도를 빠져나와 세상에 태어난 것입니다. 설마, 지금까지 살면서 두개골이 휠 만큼 지독한 역경은 없었겠죠?
인생에는 온갖 힘든 일들이 일어나지만, 우리는 이미 세상에서 가장 힘든 일을 뛰어넘었습니다. 태어날 때 고통을 '10'이라고 한다면, 태어난 후에 일어나는 일들은 '9' 이하의 고통입니다. 그렇다면 모두 뛰어넘을 수 있는 일이라는 거고, 그건 아직 여유가 있다는 뜻 아닐까요?
살면서 우리가 뛰어넘을 수 없는 문제는 결코 일어나지 않습니다. 우리가 태어난 일보다 더 힘든 일은 세상에 없기 때문입니다. 가장 밑바닥을 치고 올라왔으니 이제 남은 시간은 온 마음을 다해 열심히 살아갈 일만 남았습니다. 마지막 그날이 올 때까지."

위에 내용처럼, 우리는 살면서 경험할 어떠한 고통보다 더욱 힘든 고통을 태어날 때 이미 경험하였다. 그래서 우리를 더욱 고통스럽게 할 수 있는 고통은 없다. 가장 큰 고통을 경험한 당신에게 어느 누가 당신의 발목을 잡을 수 있겠는가?

두개골이 휠 만큼 엄청난 역경을 이겨낸 당신은 뭐든지 가능하다. 왕후장상(王侯將相)의 씨가 따로 있는 것이 아니다. 나는 왕후장상이 될 수 있다고 생각하면 생각대로 되는 것이 인생이다. 인생은 관 뚜껑 닫기 전까지는 아무도 모른다. 자신을 과소평가하는 사람은 자신 스스로가 만든 한계 때문일 수도 있다. 소설가 헤밍웨이는 "나에 대한 사람들의 평가는 내가 스스로를 어떻게 평가하느냐에 좌우된다."라고 말한 것처럼, 사람들이 당신을 섣부르게 판단하게 해서는 안 된다. 당신이 사람들에게 높은 평가를 받기 위해서는 당신 스스로에 대해서 무한히 신뢰해야 하고 사랑해야 하며 높이 평가를 해야 한다. 그래서 랄프 왈도 에머슨은 "자기 신뢰가 성공의 제1의 비결이다."라고 말한 것이다.

영국의 경제 · 정치학자 월터 배젓(Walter Bagehot)이 "인생에서 가장 큰 즐거움은 사람들이 '너는 불가능해'라는 것을 해내는 것입니다."라고 말한 진정한 의미는, 당신에 대해 섣부른 판단을 내리는 사람들에게 완벽한 복수를 하라는 의미이다.

이제부터라도 자신의 가능성을 믿고 자신의 역량을 발휘하는 것에 집중하자. 이러한 생각이 조금이라도 있는 사람들에게 세스 고딘은 다음과 같은 조언을 한다.

"네 살 때 우리는 예술가였다.
일곱 살 때 우리는 시인이었다.

열두 살 때 아이들에게 딱지를 팔았다면 우리는 기업가였다.
물론 사람은 누구나 중요한 일을 할 수 있다."

당신은 중요한 일뿐만 아니라 엄청난 일도 가능한 존재라는 사실을 잊지 마라. "낭중지추(囊中之錐)"라는 말처럼 시부사와의 성공철학을 꾸준히 익혀나가면, 컴컴한 주머니에서 삐져나오는 송곳처럼 당신의 인생에서 잠재력이 폭발하는 시점이 반드시 올 것이다.

실행의 중요성도 강조하고 싶다. '구슬이 서 말이라도 꿰어야 보배'이듯이 아무것도 안 하면 아무 일도 일어나지 않는 것이 세상 이치다. 실패가 두려우면 성공을 꿈꾸지 마라. 어떻게 보면 인생은 실수를 저질러서 많은 실패를 경험하고, 그 경험 속에서 실수를 줄이는 과정이라고 할 수 있다. 그래서 실행하지 않으면 의미 없다. 한 번도 실패하지 않았다는 말은 전혀 새로운 것을 시도하지 않았다는 의미다. "계단의 처음과 끝을 다 보려고 하지 마라, 그냥 발을 내딛어라."라고 말한 마틴 루터 킹의 말과 "때론 잘못 탄 기차가 목적지로 이끌 때가 있다."라고 말한 파울로 코엘료의 말처럼, 과감한 당신의 행동은 어떠한 결과를 낳을지 모른다. 괴테도 "할 수 있는 것이나 꿈꾸는 것이 있으면 그것이 무엇이든 지금 당장 시작하라. 그 속에 천재성과 힘과 마법이 들어 있다."라고 말한 것처럼, 행동하기 전에는 자신의 행동 안에 천재성이 있는지, 마법이 있는지 아무도 판단할 수 없다. 행동해야만 알 수 있다. 그래서 때로는 과감한 행동이 필요한 것이다.

이 과감함은 니체가 말하는 천재성과 신비한 마법을 가지고 있어서 생각만 하던 꿈을 이룰 수 있도록 결정적으로 도와준다. 그러므로 우리 안에 있는 천재성과 마법은 바로 과감한 실행력에서 나온다고 볼 수 있는 것이다. 『벼랑 끝에 나를 세워라』의 저자 박형미도 "불가능하기 때문에 못 하는 것이 아니라 도전하지 않기 때문에 못 하는 것이다."라고 말한 것도, 과감하게 도전할 수 있는 실행력만 있다면 불가능한 일은 전혀 없다는 뜻이다.

위대한 인생은 위대한 생각에서 나오지만, 행동으로 옮기지 못하는 위대한 생각은 의미가 없다. 공자도 "눌언민행(訥言敏行)"이라고 하였다. 말은 어눌하게 하더라도, 행동은 민첩하게 하라는 의미다. 그래서 우리는 명확한 목표가 정해졌다면 행동으로 빨리 옮겨야 한다. 시간은 절대 아무것도 해결해 주지 않는다.

영국 소설가 길버트 키스 체스터턴은 "나는 인간에게는 운명이 없다고 믿는다. 그러나 행동하지 않는 인간에게는 정해진 운명이 생긴다고 믿는다."라고 말하였다. 그만큼 행동하지 않는 사람들은 성공의 그림자와 멀어지는 것이다. 수학자이자 철학자인 버트런드 러셀도 "망설이기보다는 차라리 실패를 선택하라."라고 하였고, IBM 창업자 탐 왓슨도 "빨리 실패하고 자주 실패하라."라고 하였다. 그리고 인도 시인 타고르도 "물을 바라보는 것만으로는 바다를 건널 수 없다."라고 하였고, 현대 경영학의 아버지 피터 드러커도 "꿈과 목표와 신념을 실천하는 일, 즉 성공을 이루는 유일한 방법은 행동이다."라고 말한 바 있다. 이들은 모두 행동의 중요성을 언급한 것이다.

철학자 니체도 행동을 옮기지 않는 사람들에게 아래와 같은 조언을 한다.

"지구 구석구석은 기다리는 사람들로 가득하다.
자신이 마냥 기다리고 있다는 사실을 대부분은 모르며,
그 기다림이 헛수고라는 사실을 모르는 사람들은 훨씬 더 많다.
간혹 이들이 미명에서 깨어나는 경우도 있지만
사람들을 실제로 행동에 나서도록 해 주는 사건은 너무 뒤늦게 찾아온다.
가만히 앉아서 기다리기만 하다가
왕성하던 젊음과 기운이 다 사라져 버린 뒤에 말이다.
그래서 많은 이들이 '뛰어올라야 하는' 그 순간
팔다리는 감각을 잃고 영혼은 너무 둔해졌다는 사실을 깨닫는다.
스스로에 대한 믿음을 잃어 영영 쓸모없는 존재가 돼 버린 그들은
혼자 중얼거린다.
'너무 늦어 버렸어.'"

니체는 인생의 성공과 행복을 얻기 위해서는 '위험하게 살아라.'라고 말한 바 있다. 이것은 좌절과 실패를 경험하더라도 적극적이고 도전적으로 살아야 한다는 의미다. 그래서 우리는 실패를 너무 두려워하지 말고 과감하게 행동해야 하며, 위에 니체의 조언처럼 기다리지 말고 당장 행동으로도 옮겨야 한다. '너무 늦었다.'라는 말이 절대 나오지 않게끔 육체와 영혼이 조금이라도 젊을 때 과감히 결단하고 움직여야 한다. 마냥 기다려서는 절대 안 된다. "화무십일홍(花無十日紅)"이라고 했다. 열흘 동안 붉게 피는 꽃은 없다. 인생은 훌쩍 지

나간다. 다음으로 미뤄서는 안 된다. 빨리 행동하는 것이 중요하다.

링컨 대통령은 "기회는 기다리는 것이 아니라 찾아다닌 것이다."라는 어머니의 유언을 항상 가슴에 명심하고 살았다. 그러므로 우리도 시부사와의 성공철학을 몸에 익혀서 좋은 기회들을 많이 맞이할 수 있도록 과감하고 적극적으로 행동하자. 그럼, 이 세상은 논어 정신으로 무장된 과감한 행동을 하는 당신의 몫이 될 것이다.

『티베트 사자의 서』를 보면

"내가 태어났을 때 나는 울었고
내 주변의 모든 사람은 웃고 즐거워하였다.
내가 내 몸을 떠날 때 나는 웃었고
내 주변의 모든 사람은 울며 괴로워하였다."

라는 말이 나온다. 이어령 교수도 이와 비슷한 "우린 모두 태어날 때 울게 됩니다. 대신 곁에 있는 사람들은 다들 좋아하고 축하하지요. 반대로 세상을 떠날 때 나는 편안하게 웃고, 남들은 모두 보내기 싫어 슬피 우는 인생, 이것이 바로 성공적인 인생이지요."라는 말을 남겼다.

위에 말처럼, 필자도 내 몸을 떠날 때 나를 보내기 싫어서 슬퍼하는 사람들이 많았으면 좋겠다. 살아 있는 동안 많은 이들에게 도움되는 일들을 많이 해서 나의 죽음을 안타깝게 여겨주는 그리운 사람으로 남고 싶다. 시부사와의 장례식에도 많이 이들이 그의 죽음을 애도하였듯이, 필자의 장례식도 그랬으면 좋겠다.

그렇기 위해서는 우선 시부사와와 같이 많은 이들에게 도움을 주는 것이 필요하다. 크게 성공해야 크게 베풀 수 있으므로, 가능한 목표를 크게 세워서 큰 성공을 할 수 있도록 노력해야 한다. 어차피 인생은 "공수래공수거(空手來空手去)"다. 빈손으로 왔다가 빈손으로 가는 것이 인생인데, 한번 사는 인생 멋지게 살아보고 싶다. 이러한 멋진 삶을 살기 위해서는 우선 '논어와 주판 정신'을 익혀야 한다. 그래야 시행착오를 최소화하면서 큰 성공을 할 수 있다.

현재 필자의 과제는 크게 성공해서 이 세상에 나만의 흔적을 남기는 것이다. 많은 사람들이 필자가 남긴 흔적으로 많은 혜택을 보면서 많이 기뻐하면 좋겠다. 시부사와의 '논어와 주판 정신'이 인생의 성공에 있어서 틀림없는 사실이라는 것을 증명하고 싶다. 반드시 그렇게 할 것이다. 하루라도 빨리 그날이 올 수 있도록 더욱 노력할 것이고, 필자의 이런 비슷한 고민을 하는 사람이 넘쳐나길 바란다.

지금까지 '논어와 주판 정신을 가진 사람들과 기업들'에 대해서 언급해 보았다. 시부사와의 명언 중에 "가능한 많은 사람에게, 가능한 많은 행복을 주도록 행동하는 것이 우리의 의무다."라는 말처럼, '논어와 주판 정신'을 가장 잘 표현하고 있는 말은 없는 것 같다.

사회에 피해를 주지 않는다고 해서 올바른 인생이라고는 할 수 없다. 시부사와의 말처럼 우리도 자신을 잘 헤아려서 '논어와 주판 정신'을 극대화해야 하고 사회에 조금이나마 도움 되는 사람이 되도록 노력해야 한다. 마틴 루터 킹도 "삶에서 가장 중요한 질문은 '다른 사람을 위해 무엇을 하고 있습니까?'라는 질문이다."라고 말한 것도, 남에게 베푸는 삶이야말로 진정한 인생이라고 생각한 것이다.

미국의 시인이자 철학자인 랄프 왈도 에머슨도 '인생의 진정한 성공'에 대해서 다음과 같이 표현하고 있다.

"자주 많이 웃는 것,
현명한 사람에게 존경받고 아이들에게 사랑받는 것,
정직한 비평가의 찬사를 받고 친구의 배반을 참아내는 것,
아름다움을 구별할 줄 알고 다른 사람에게서 최선의 것을 발견하는 것,
건강한 아이를 낳든 한 떼기의 정원을 가꾸든 사회환경을 개선하든
자신이 태어나기 전보다 세상을 조금이라도 살기 좋은 곳으로
만들어 놓고 떠나는 것
그리고 자신이 한때 이곳에 살았음으로써
단 한 사람의 인생이라도 행복해지는 것,
그것이 진정한 성공이다."

'자신이 태어나기 전보다 세상을 조금이라도 살기 좋은 곳으로 만들어 놓고 떠나는 것', 이것이 바로 시부사와가 말하는 '논어와 주판 정신'이다.

에필로그

이 책을 통해서 아래 내용을 전달하기 위해 고민하였다. 시간이 지날수록 이 책의 내용들이 기억 속에서 희미해지더라도, 4가지 내용 정도만은 오랫동안 기억되길 바란다.

1) 시부사와 에이이치 인물과 그의 성공철학

시부사와에게는 '근대 일본의 아버지', '일본 자본주의의 아버지', '일본 설계자' 등 수많은 수식어가 따라 다닌다. 그가 오늘날 다시 주목받고 그의 정신이 필요한 이유는 그를 대표하는 저서인 『논어와 주판』에서 시종일관 주장하는 '올바름' 때문이다. 올바름이란 바로 '논어 정신'을 의미한다. 그는 '논어'를 통해서 평생 자아를 실현하며 국가와 사회를 위해 노력하였다. 그가 생각한 성공을 한마디로 표현하자면 '올바른 행동에서 비롯된 당신의 행위가 사회에 선한 영향력을 끼치도록 노력해야 하는 것'이라고 정의할 수 있다. 필자가 그에게 가장 큰 매력을 느낀 부분은 바로 이 부분이다. 자아실현과 동시에 사회에 선한 영향력을 주는 인생만큼 멋진 일은 없기 때문이다. 우리나라가 일류 국가가 되기 위해서는 많은 사람들이 시부사와의 이러한 정신들을 배워서 사회에 긍정적인 영향을 줄 수 있어야 한다. 잔잔한 호숫가에 돌 하나를 던지면 그 파문이 멀리까지 퍼져 나가듯, 이 책을 계기로 우리나라에서도 시부사와의 '논어와 주판 정신'이 큰 파문을 일으키면 좋겠다.

〈일러두기〉에서 언급하였지만, 우리나라에도 위대한 사람들이 많은데 왜 일본 사람을 존경하는가에 대해 지적하는 사람이 있을지 모르겠다. 민족의 사학자 함석헌은 우치무라 칸조(内村鑑三)라는 일본인 스승을 매우 존경하였다. "나는 모든 것에 있어서 우치무라가 표준이다."라고 말할 정도로 그는 스승의 정신을 계승하려고 노력하였다. 필자 생각도 이와 같다. 국적은 중요하지 않다. 인물을 평가하는 것은 그 사람의 철학과 행적이다. "온고지신(溫故知新)"의 교훈처럼, 그의 '논어 정신'과 그가 지녔던 유익한 모든 부분을 계승 발전시켜 나가고 싶다. 그리고 그가 말하는 성공철학 '지(방향성)·정(우수성)·의(지속성)'를 실천해서 필자가 가진 '주판'의 능력도 극대화해보고 싶다. "오늘 나의 불행은 언젠가 내가 잘못 보낸 시간의 보복이다."라고 나폴레옹은 말했지만, 시부사와의 성공철학을 제대로 알고 실천한다면, 시간은 우리에게 불행하고 비참한 모습이 아닌 인생의 진정한 성공을 선물해 줄 것이다.

2) 논어(도덕성)의 필요성

중국 역사상 가장 위대한 천재라고 불리는 왕필(王弼)은 노자 도덕경(道德經)을 한마디로 "숭본식말(崇本息末)"이라고 정의하였다. 즉, '근본(本)'을 숭상하면 말엽(末)은 번성(息)한다.'라는 의미다. 이 말을 '시부사와 성공철학'에 적용하면, '본(本)'에 해당하는 말은 '논어 정신

(도덕성과 인성)'이다. 즉 인성만 좋으면 무엇이든 번성할 가능성이 있다는 뜻이다. 그래서 인생의 성공을 위해서는 근본이 되는 인성이 제일 중요하다.

불교 경전인『금강경』을 보면 "하늘에서 황금비가 내려도 가진 그릇이 깨져 있다면 아무것도 담지 못한다."라는 말이 있다. 여기에서 '그릇'은 '인성'과 같은 의미다. 황금비가 내려도 아무것도 담지 못하는 깨진 그릇처럼, 인성이 제로이거나 마이너스면 아무리 뛰어난 재능을 지니고 있어도 큰 도움이 되지 않는다. 오히려 더 큰 문제가 될 수 있다. 속담에 '밑 빠진 독에 물 붓기'라는 말이 있듯이, 깨진 그릇과 잘못된 인성은 밑 빠진 독과 같은 것이다. 그래서 인성이 나쁘면 다른 것은 볼 필요도 없다.

이 이야기는 필자만의 생각이 아니다. 앞에서 언급했지만『성공하는 사람들의 7가지 습관』의 저자 스티븐 코비도 이 부분을 지적하였다. 그는 제1차 세계대전을 기점으로 성공의 기준이 '성품 윤리'에서 '성격 윤리'로 바뀌었다고 말한다. 이 성품 윤리는 '도덕성·인성·의로움'과 관련이 있고, 이들은 본(本)에 해당한다. 시부사와는 이러한 근본(本)을 '논어'에서 찾았다. 그래서 '자신 – 논어(本) = 0', 이것이 우리의 진정한 자아라는 것을 잊으면 안 된다.

'철학은 국가발전의 기초'라는 말처럼, '논어 정신'도 개인발전의 기초라는 사실을 알아야 한다. 아리스토텔레스의 명언 "탁월한 사람이라서 올바르게 행동하는 것이 아니라, 올바르게 행동하기 때문에 탁월한 사람이 되는 것이다."처럼, 올바른 '논어 정신'을 배양만 할 수 있다면 탁월해지는 것은 시간문제다.

3) 주판(경제력)의 필요성

인성이 제일 중요하지만, 인성이 밥을 먹여주지 않는다. 인성이 있어야 다른 것도 의미가 있지만, 좋은 인성을 지니고 있다고 해서 이 세상은 인정해 주지 않는다. 우리는 고귀한 자신만의 인성을 기르면서 '주판(경제력)'을 고민해야 한다. 왜냐면 자본이 사회를 지배하는 구조에서 경제력이 없다면 아무것도 할 수 없기 때문이다. 그래서 우리는 풍족하지 않더라도 최소한 생활에 지장이 없을 정도의 수입은 벌어야 한다.

맹자는 이 부분에 대해서 "항산이 없으면 항심을 지키기 어렵다(無恒産,難無保有恒心)."라고 말하였다. 그의 말처럼 '항산(일정한 수입)'이 없으면 '항심(평상심)'을 가지기 어렵다. 수입이 없는데 어떻게 평소와 같은 마음을 유지할 수 있겠는가? 그래서 우리는 일정한 수입뿐만 아니라, 만일을 대비해서 충분한 경제력을 가지고 있어야 한다. 경제력이 있으면 자식들이 원하는 것을 쉽게 해 줄 수 있고, 부모님이 아프실 때 좋은 병원과 좋은 환경에서 치료받게 해 줄 수 있다. 자신뿐만 아니라 주위 사람들이 필요로 하는 것들을 큰 고민 없이 해 줄 수 있으므로 '주판'은 꼭 필요하다.

하지만 무작정 '돈'만 밝혀서도 안 된다. 너무 돈만 밝히면 진정으로 소중한 것들을 놓치기 쉽다. 돈 때문에 남을 속일 수도 있고, 심지어 자신까지도 배반하면서 '돈의 노예'가 되는 속물(俗物) 인간이 될 수도 있다. 그래서 인생에는 논어와 주판의 조화가 필요한 것이다. 이것을 시부사와는 "사혼상재(士魂商材)"라고 하며, '사무라이 정신과 상인적 재능'을 갖춰야 한다고 주장하였다. 그리고 공자도

"견리사의(見利思義)", 즉 '이로움이 있을 때는 그것이 올바른가를 생각하라.'라고 말하였다. 김대중 대통령도 이것을 '서생적 문제의식과 상인적 현실감각'이라고 표현하였다. 세월이 쌓일수록 이 두 가지의 조화가 얼마나 중요한가를 절실히 느끼게 될 것이다. 오래 사는 것이 결코 천국이 아니다. 주판(경제력)이 있어야 천국이 될 수 있다. 노년에 주판 없는 인생은 지옥이다. 그래서 우리는 시부사와의 "훌륭한 인격과 돈 버는 것은 양립할 수 있다."라는 명언을 가슴 깊이 새겨야 한다.

4) 고유한 인생을 자신의 이야기로 가득 채워라

중국 당나라 고승인 임제(臨濟) 선사의 말 중에 "수처작주 입처개진(隨處作主 立處皆眞)"의 명언처럼, 우리는 머무는 곳마다 주인이 되어야 한다. 주인이 되지 못하는 인생은 의미가 없다. 그래서 우리는 의미 있는 인생을 만들기 위해서 우선 올바른 인성을 지녀야 하고, 역량을 키우기 위해 시부사와의 성공철학을 제대로 익혀야 한다. 고유한 자신의 인생에서 자신만의 이야기로 가득 채우기 위해서는 시부사와의 철학을 삶에 잘 적용해서 나만의 무기를 만드는 것이 중요하다.

"인생은 나를 찾는 과정이 아니다. 나를 창조하는 과정이다."라고 말한 조지 버나드 쇼의 말처럼, 우리는 나만의 무기를 만들어서 스스로를 창조해 나가야 한다. 이러한 생각들을 깊이 고민하지 않으면 사는 대로 생각하는 인생이 되는 것이다. 우리는 생각하는 대로 인생을 살아야 한다. 인생을 자기 생각대로 사는 사람들은 자신감으로 충만해 있다. 이 자신감은 다른 말로 '주체력'이다. 누구나 강력한 주체력을 가지고 있다. 우리는 누구에게 종속되는 그런 존재가 아니다. 누구에게 빌붙어서 기생하는 기생충이 될 바에는 차라리 숙주가 되자.

헤르만 헤세가 "모든 인간은 자기 자신 이상이다."라고 말한 것처럼, 어떻게 생각하고 행동하느냐에 따라 인생은 크게 변화시킬 수 있다. 당신은 당신이 생각했던 이상의 엄청난 존재다. 그래서 당신 자신을 더욱 소중하게 섬겨야 하고, 당신이 가진 고유한 힘을 자발적으로 키워야 한다. 맹자는 "만물의 이치가 모두 나에게 갖추어져 있으니, 나를 돌아보고 지금 하는 일에 성의를 다한다면 그 즐거움이 커질 것이다."라고 말한 바 있다. 이처럼, 당신 안에는 어떠한 일도 해낼 수 있는 모든 능력들이 준비되어 있다. 성의를 다한 진정한 노력만 발휘한다면, 당신 인생의 즐거움은 더욱 커질 것이다.

로마 철학자 에픽테토스는 "자기 자신의 주인이 자기가 아닌 사람은 자유롭지 못하다."라고 말한 것처럼, 우리도 자신의 인생을 자유롭게 살면서 주인이 되기 위해서는 시부사와의 '논어와 주판 정신'을 바탕으로 자신의 꿈과 신념에 집중해야 한다. 누구에게도 굽신하지 않고 우뚝 선 자신을 창조시켜는 것은 우리의 사명이다. "주도적인 노력에 의해 스스로의 인생을 고결하게 하는 인간의 불가사의한 능력보다 더욱 고무적인 것은 없다."라고 말한 헨리 데이비드 소로의 충고를 가슴 깊이 새겨서, 고유한 자신의 인생을 자신만의 이야기로 가득 채우자!

20대부터 책을 좋아했다. 유학 시절에도 시간 나면 헌책방에 가서 한 권에 100엔(약 1000원) 하는 책들을 사서 보는 게 취미였다. 그런 책들을 많이 보면서 언젠가는 나만의 책을 내고 싶은 막연한 꿈을 그때 가졌었다. 그래서 이번 책은 20년 넘게 필자가 생각만 했던 꿈을 실현한 일이다. 오랫동안 바랬던 꿈을 이룰 수 있어서 정말 기쁘다. 그동안 읽었던 책의 흔적들이, 이 책 구석구석에 스며있지만, 아쉬운 부분이 너무나 많다. 일관성이 있게 책을 적다가도 필자의 과한 욕심이 군데군데 드러나 있다. 재독 할 때마다 매끄럽지 못한 사족이 많이 보여서 아쉽다. "둔필승총(鈍筆勝聰)"의 말처럼, 이번 책은 서툰 내용으로 가득 차 있지만, 필자의 인생에서 중요한 계기가 된 거 같아서 너무 뿌듯하다.

박진영의 저서 『무엇을 위해 살죠?』를 보면 "가슴으로 시작해서 가슴으로 완성하는 사람은 대박을 터뜨릴진 몰라도 롱런하기 힘들고, 머리로 시작해서 머리로 완성하는 사람은 롱런을 할진 몰라도 대박을 터뜨리긴 힘들다. 가슴으로 시작해서 머리로 완성하라."라는 말이 나온다. 필자는 '가슴으로 시작해서 머리로 완성하라.'라는 이 말을 좋아한다. 많은 사람들이 이 책을 읽고 가슴에 작은 울림이라도 있었으면 좋겠다. 시부사와의 '논어와 주판 정신'이 가슴에 와 닿았으면, 올바른 인성을 갖추면서 시부사와의 성공철학을 실천해야 한다. 이러한 생각을 가진 자에게 시부사와는 다음과 같이 말한다.

'논어 정신을 꾸준히 실천하면 할수록, 머리로는 알지만 믿기지 않는 좋은 일들이 당신 눈앞에 나타날 것이다.'

라고…

마지막으로 언제나 필자를 응원해주시는 모든 분들에게 감사의 마음을 전하고 싶다. 특히 사랑하는 가족들과 묵묵히 기다려주는 멋진 아내가 너무 고맙다. 그리고 성빈이 시후는 빨리 커서, 아빠가 이 책에서 말하고자 하는 내용을 빨리 깨닫고 실천해준다면 더없이 기쁘겠다. 이 책으로 인해 많은 사람들이 조금이나마 희망의 빛을 보길 바라며 이만 글을 마친다.

시부사와 에이이치 경력 및 이력

연도	연령	주요 경력 및 이력	비고
1840	0	2월 13일 사이타마현 후가야시(埼玉県 深谷市)에서 태어남	아편전쟁
1847	7	종형 오다카 아쓰타다에게 한학을 공부	
1854	14	가업인 밭농사, 양잠, 염료에 전념	
1858	18	치요(오다카 아쓰타다의 누이)와 결혼	미일수호통상조약
1863	23	막부를 무너뜨리기 위해 다카사키 성을 탈취하고 요코하마를 화공하려고 했지만 계획을 멈추고 교토로 도망	
1864	24	히토쓰바시 요시노부(一橋慶喜)를 모심	서양함대가 시모노세키에 포격
1865	25	히토쓰바시가의 영내를 순시	
1866	26	도쿠가와 요시노부 쇼군에 올라, 막부의 신하가 됨	조슈정벌, 삿초동맹
1867	27	도쿠가와 아키타케(德川昭武)를 따라 프랑스로 출국(파리 만국박람회 사절단)	대정봉환, 왕정복고
1868	28	메이지 유신으로 프랑스에서 귀국 시즈오카에서 요시노부를 만남	무진전쟁
1869	29	시즈오카 번에 「상법회소」 설립, 메이지 정부 관료로 민부성(대장성)조세정과 개정괘괘장 겸임	도쿄로 천도, 도쿄 · 요코하마 전신 개통
1870	30	관영 도미오카제사장 설치주임	평민에게 성씨 사용 허가
1871	31	『입회약칙』 발간	폐번치현
1872	32	대장성 소보, 초지회사 설립 출원	신바시,요코하마 철도개통

1873	33	대장성 사직, 제일국립은행 개업하고 총감을 맡음, 초지 회사 창립(나중에 오지제지회사 이사장)	국립은행 조례 반포 지세 개정조례 포고
1875	35	제일국립은행 은행장, 상법강습소 창립	
1876	36	도쿄회의소 회장, 도쿄부 양육원 사무장(후에 원장)	미쯔이은행 개업
1877	37	택선회 창립해 나중에 도쿄은행집회소 회장 오지니시가하라에 별장 세우기 시작함	서남전쟁
1878	38	도쿄상법회의소 창립, 회장 역임 (후에 도쿄상업회의소 회장 역임)	
1879	39	그랜트 장군(제18대 미국 대통령)환영회 도쿄 접대위원장	
1880	40	박애사(나중에 일본적십자사) 창립	
1881	41	동경대학 문학부 강사로서 「일본재정(日本財政論)」을 강의	
1882	42	부인 치요사망	일본은행 개업
1883	43	오사카방직회사 공장 준공, 발기인(후에 상담역), 이토 카네와 재혼	외국사절 접대를 위한 로쿠메이칸 개관식
1884	44	일본철도회사 이사위원(후에 이사)	화족령 제정
1885	45	일본우선회사 창립(후에 이사), 도쿄양육원 원장, 도쿄와사회사 창립, 창립위원장(후에 이사장)	내각제도 제정
1886	46	출판사 용문사 창립, 도쿄전등회사 설립	
1887	47	일본연와제조회사 창립, 발기인(후에 이사장), 제국호텔창립, 발기인 총대표(후에 이사장)	
1888	48	삿포로맥주회사 창립, 발기인 대표(후에 이사장), 도쿄여학관 개교, 회계감독(후에 관장)	
1889	49	도쿄 이시카와지마조선소 창립, 위원(후에 이사장)	대일본제국헌법 공포

1890	50	귀족인 의원	제1회 제국회의
1891	51	도쿄교환소 창립, 위원장	
1892	52	일본저축은행 창립, 이사(후에 이사장)	청일전쟁
1894	54	『아마요가타리』 출간	
1895	55	호쿠에쓰철도회사 창립, 감사(후에 고문)	청일강화조약 조인
1896	56	일본정당회사 창립, 제일국립은행 영업 만기로 제일은행이 된 후 은행장역임, 일본권업은행 설립위원	
1897	57	시부사와창고부개업	금본위제 시행
1900	60	일본흥업은행설립위원, 남작이 됨	
1901	61	일본여자대학교 개교, 회계감독(나중에 교장), 도쿄 아스카산저를 본집으로 함	
1902	62	가네코 부인 함께 미국시찰 루즈벨트 대통령과 회견	영일동맹 협정 조인
1904	64	감기에 장기간 요양	러일전쟁
1906	66	도쿄전력회사 창립 이사, 게이한전기철도회사 창립, 창립위원장	철도국유법 공포
1907	67	제국극장회사 창립, 창립위원장	세계 대공황
1908	68	아메리카 태평양 연안 기업가들을 초대 중앙자선협회(현재 전국사회복지협의회)설립. 회장역임	
1909	69	많은 기업 단체의 임원을 사임, 도미실업단을 조직해 도미, 윌리엄 하워드 대통령과 회견	
1910	70	정부자문기간인 생산조사회 창립 부회장	한일합방
1911	71	사회 기여 공로로 즈이호쇼 훈장을 받음	
1912	72	뉴욕일본협회협찬회 창립, 명예위원장 귀일협회 성립	
1913	73	일본결핵예방협회 창립 회장, 일본실업협회 창립 회장	

1914	74	중일 경제계 제휴를 위해 중국 방문	제1차 세계대전
1915	75	파나마 운하 개통박람회를 위해 도미. 우드로 월슨 대통령과 회견	
1916	76	『논어와 주판』출판	
1916	76	제일은행 은행장 등을 사퇴하며 실업계에서 은퇴, 미일관계위원회 발족, 상임위원	
1917	77	미일협회 창립, 명예부회장	사실상 금본위제 정지
1918	78	『도쿠가와 요시노부 공전』간행	
1919	79	협조회 창립, 부회장	베르사유 조약 조인
1920	80	국제연맹협회 창립회장, 자작을 수여함	주식폭락, 전후 공황
1921	81	배일문제 대책을 강의하기 위해 도미, 미국 제29대 대통령 웨렌 하딩과 재회	
1923	83	대진재선후회 창립, 부회장	관동 대지진
1924	84	일본과 프랑스의 문화 교류를 위한 일불회관 개관, 이사장, 도쿄여학관 관장	미국 배일이민법 제정
1926	86	11월 11일 평화기념일에 라디오방송을 통해서 평화호소 노벨평화상 후보가 됨 일본태평양문제조사회 창립 평의원회장, 미일친선인형환영회 주최	
1927	87	일본국제아동친선회 창립회장,	금융 공황발발
1928	88	일본항공수송회사 창립위원장, 일본여자고등상업학교 발기인	
1929	89	중앙맹인복지협회 창립, 회장역임	세계대공황 시작
1930	90	해외식민학교 고문	
1931	91	11월 11일 영면	만주사변

참고문헌

【단행본】

고바야시 다다아키(옮긴이 정은지, 2016), 『지속하는 힘』, (아날로그)

김병완(2011), 『48분 기적의 독서법』, (미다스북스)

김성환(2018), 『절대긍정』, (스노우폭스북스)

김용옥(1999), 『노자와 21세기』, (통나무)

김용옥(2000) , 『도올 논어(1)(2)(3)』, (통나무)

김용옥(2011), 『중용 인간의 맛』, (통나무)

김용옥(2012), 『맹자』, (통나무)

김정운(2005), 『노는 만큼 성공한다』, (21세기북스)

나폴레온 힐(옮긴이 김정수, 2007), 『나폴레온 힐 성공의 법칙』, (중앙경제평론사)

댄 폰테프랙트(옮긴이 김지현. 2016), 『목적의 힘』, (KMAC)

러셀 로버츠(옮긴이 이현주, 2015), 『내 안에서 나를 만드는 것들』, (세계사)

막스 베버(옮긴이 박성수, 1988), 『프로테스탄티즘의 윤리와 자본주의 정신』, (문예
    출판사)

민석기(2012), 『호암 이병철의 義』, (리더스북)

박진영(2020), 『무엇을 위해 살죠?』, (은행나무)

박진영(2008), 『미안해』, (헤르메스미디어)

벤저민 하디(옮긴이 김미정, 2018), 『최고의 변화는 어디서 시작되는가』, (비즈니스
    북스)

브라이언 트레이시(옮긴이 정범진, 2003), 『목표 그 성취의 기술』, (김영사)

사이토 히토리(옮긴이 하연수, 2012)), 『부자의 운』, (다산북스)

시부사와 에이이치(옮긴이 노만수, 2009), 『논어와 주판』, (페이퍼로드)

시부사와 에이이치(옮긴이 박훈, 2018), 『일본의 설계자, 시부사와 에이이치 : 망국
    의 신하에서 일본 경제의 전설이 되기까지』, (21세기북스)

시부사와 에이이치(옮긴이 안수경, 2009), 『한 손에는 논어를 한 손에는 주판
    을』, (사과나무)

시부사와 에이이치(옮긴이 최예은, 2019), 『논어와 주판: 일본 자본주의 기틀을 만
    든 시부사와 에이이치』, (매경출판)

시부사와 켄(옮긴이 홍찬선, 2007), 『철학이 있는 부자』, (다산라이프)

스티븐 코비(옮긴이 김경섭, 김원석, 1994), 『성공하는 사람들의 7가지 습관』, (김영사)

쑤린(옮긴이 원녕경, 2015), 『어떻게 인생을 살 것인가』, (다연)

아리스토텔레스(옮긴이 강상진·김재홍·이창우, 2011), 『니코마코스 윤리학』, (길)

양의모(2019), 『시부사와 에이이치: 일본 경제의 아버지』, (살림)

엔젤라 더크워스(옮긴이 김미정, 2016), 『그릿GRIT』, (비즈니스북스)

오가와 히토시(옮긴이 이정환, 2017), 『아침 3분 데카르트를 읽다』, (나무생각)

오마에 겐이치(옮긴이 유정연, 2012), 『난문쾌답』, (흐름출판)

왕중추(옮긴이 허유영, 2005), 『디테일의 힘』, (올림)

왕중추(옮긴이 홍순도, 2009), 『디테일의 힘2』, (올림)

유원기/이창우(2016), 『인생교과서 아리스토텔레스』, (21세기북스)

이기동(2019), 『논어강설』, (성균관대학교 출판부)

이나모리 가즈오(2014), 『이나모리 가즈오 생각의 힘』, (한국경제신문)

이나모리 가즈오(2015), 『이나모리 가즈오, 그가 논어에서 배운 것들』, (카시오페아)

이나모리 가즈오(2017), 『이나모리 가즈오의 인생을 바라보는 안목』, (쌤앤파커스)

이민규(2011), 『실행이 답이다』, (더난출판)

이영권(2013), 『성공에세이』, (보는소리)

톰 콜리(옮긴이 김정한, 2019), 『습관이 답이다』, (이터)

틱낫한(옮긴이 최수민, 2002), 『화』, (명진출판)

홍하상(2004), 『이병철 경영대전』, (바다출판사)

홍하상(2004), 『오사카 상인들』, (효형출판)

히라다 마사히코(옮긴이 양억관, 2009), 『누구를 위한 부의 축척인가』, (멜론)

최진석(2001), 『노자의 목소리로 듣는 도덕경』, (소나무)

최진석(2017), 『탁월한 사유의 시선』, (21세기북스)

피터 드러커(옮긴이 이재규, 2001), 『프로페셔널의 조건』, (청림출판)

界屋太一(2006), 『日本を創った１２人』, (PHP文庫)

冬門冬時(2019), 『渋沢栄一：人間の礎』, (集英社)

林田明大(2019), 『渋沢栄一と陽明学：日本近代化の父の人生と経営哲学を支えた学問』, (ワニブックス)

渋沢秀雄(1956), 『渋沢栄一』, (渋沢栄一記念財団)

渋沢栄一(2008), 『論語と算盤』, (角川ソフィア文庫)

渋沢栄一(訳 守屋淳, 2010), 『現代語訳 論語と算盤』, (ちくま新書)

土屋喬雄(1989), 『渋沢栄一』, (吉川弘文館)

【논문】

신정근(2010), 「『논어』에 대한 경영학적 해석 -시부사와 에이이치의 『논어와 주판』
　　을 중심으로-」『동양철학연구61권』, (동양철학연구회)

원윤정(2009), 「시부사와 에이이치의 기업활동의 성공요인 -시부사와 에이이치에
　　게 정보, 자본, 인재를 제공한 인맥-」『한일군사문화연구8권』, (동양철학연
　　구회)

이용주(2013), 「도의와 책임의 경영철학 : 시부사와 에이이치의 "논어주의"에 대하
　　여」『유학연구28권』, (충남대학교 유학연구소)

최정헌(2020), 「시부사와 에이이치의 성공학:『논어와 주판』의 '지(智), 정(情), (意)'
　　와 성공학의 연계성을 중심으로」『일어일문학 제66집』, (대한일어일문학회),
　　pp. 321-338

【사이트】

https://business.nikkei.com/atcl/gen/19/00067/100300033/

http://blog.naver.com/PostView.nhn?blogId=m9714496&logNo=1400231007
　　67&parentCategoryNo=&categoryNo=&viewDate=&isShowPopularPo
　　sts=true&from=search

http://moneyman.kr/archives/1328

http://www.busan.com/view/busan/view.php?code=20150528000050

http://www.munhwa.com/news/view.html?no=2010020201070224152002

http://www.munhwa.com/news/view.html?no=2010020201070224152002

http://www.news2day.co.kr/37112

http://www.newspim.com/news/view/20140218000368

http://www.newspim.com/news/view/20140218000368

https://biz.chosun.com/site/data/html_dir/2014/01/02/2014010200774.html

https://blog.naver.com/251113/220601964703

https://blog.naver.com/2za/221027014801

https://blog.naver.com/5for10/220638033127

https://blog.naver.com/dlrwn918/221832700771

일문초록

日本設計者である渋沢栄一の成功哲学
-なぜ論語と算盤が必要なのか？-

　2024年、日本では新しい紙幣が発行される。この時、最も象徴的な1万円の紙幣の人物で「日本資本主義の父」と呼ばれる渋沢栄一(1840～1931)が採択された。彼が今回、選定された理由は、長期不況に多くの困難を経験している日本経済を復活させようとする意味を持ったと判断される。渋沢は、500以上の企業と600以上の教育·福祉施設を立てながら絶えず挑戦した。生涯を変化と革新のために生きてきた彼は、今日多くのことを残した。特に『論語と算盤』は、渋沢を代表する著書である。この著書は、多くの象徴性を持っている。彼が主張した「道徳·経済合一説」から「道徳」は「論語」を、「経済」は「そろばん」を意味する。彼は「道徳と経済」、「論語とそろばん」が必ず一致すべきであると主張した。

　この本では、彼の著書「論語と算盤」を中心に、彼の成功学をまとめてみた。『論語と算盤』には数多くの成功学的な要素があるにも関わらず、渋沢本人は成功学について具体的に言及しなかった。それで、筆者の主観的な意見を後押しし理解を得るために、次のような順序で本をまとめた。

　2章では、渋沢という人物に関する情報や人物の評価を説明し、3章では、渋沢が考える成功の意味と条件、基本的な価値概念について説明した。第4章で

は、渋沢の『論語と算盤』から彼の成功哲学の重要な要素を説明した。2章〜4章までの内容を見ても渋沢という人物と彼の哲学について、全体的に分かるように整理してみた。

　筆者は渋沢が言う成功の要因の中で「智、情、意」を選択して、これを再び「方向性、優秀性、持続性」に概念化した後、彼の成功学を説明してみた。筆者が第一に「智」の概念を方向性として定義した理由は、人生の成功のためには「方向性」が最も重要だと考えたからである。方向性が間違った場合、それほど損である。『論語と算盤』を読むと、渋沢自身も15年も遅れて自分の立志を立てたことについて後悔した。第二に「優秀性」も重要である。自分の仕事に対して優れた結果を出すことができれば皆から認められることができる。すべての成功者の共通点は、その分野での優れた優秀性を持っているという点である。渋沢が言う「情」は、常に卓越性を追求する徳目である。第三に、「持続性」である。渋沢は「意」について「頑固なる意思があれば、人生のおいては最も強味ある者となる。」と言うほど、絶えず努力することが重要であると言う。この「持続性」がないと何もできない。このように、人生の成功のためには「方向性」と「優秀性」、そして「持続性」が必ず必要である。渋沢は、これらの成功学の概念を「智、情、意」と表現したが、筆者はこれを「方向性、優秀性、持続性」に概念化して説明する。

　「方向性」である「智」がなければ、いくら優れた能力と強い意志があっても目的地を失った船のよう永遠に成功の港に着くことができない。そして優れた「情」がなければ、いくら方向性をよく立て強い意志があっても、成功の時間がいつ来るか分からない。最後に、絶えずに努力する「意」がなければ、どんなに方向性をよく立てて優れた能力を発揮しても、一時的な成功に過ぎない。だから人生の成功のためには「方向性」、「優秀性」、「持続性」が必要である。